上海图书馆馆藏拂尘·旧话经典

孟子读本

王缁尘 讲述
朱剑芒 胡山源 校点

上海科学技术文献出版社

图书在版编目（CIP）数据

孟子读本 / 王缁尘讲述. --上海:上海科学技术文献出版社，2011.2

(教科文行动)

ISBN 978-7-5439-4710-8

I.①孟… II ①王… III. ①儒家 ②孟子-研究

IV. ①B220.5

中国版本图书馆CIP数据核字(2010)第264403号

责任编辑：张　树

封面设计：许　菲

孟子读本

王缁尘 讲述

朱剑芒 胡山源 校点

*

上海科学技术文献出版社出版发行

(上海市长乐路746号　邮政编码200040)

全国新华书店经销

江苏常熟市人民印刷厂印刷

*

开本740X970　1/16　印张22.25 字数270 000

2011年2月第1版　2011年2月第1次印刷

ISBN 978-7-5439-4710-8

定价：40.00元

http://www.sstlp.com

广解四书读本序

余经营书业，垂四十年，凡草创计划，扩充维持，无不身自任之。其间丁艰辛，值国难，百度萧条，濒于颠踬，智困力瘁而不得出路者，盖数数也。每于无可如何之际，未尝不忆及幼时所读《四书》中一二语以自励。以为圣贤著书立说，为万古纲常，岂欺我哉！故惟求义之当然，以期勿负对己对人对社会之初心，而其后亦往往得即于坦途。今年五十五矣，重理旧经，礼聘同邑王缁尘先生为之讲授。先生研究经学，每多创见，舌敝唇瘏，不惮劳倦。往往积年翳障，为之一开，目前疑难，砉然理解。反悔幼时读书之随口滑过，为可惜也。幼少之时，心志未定，经事未多，不知此中意味。今于更事数十年后，重新温习，如遇老师宿儒。虽别离久矣，而声音面貌，犹仿佛得之。则幼时诵读，亦不无微功也。抑且讲师难求，通俗之讲师更难求。所谓通俗者，非其学理肤浅，见识平庸之谓；能即理而求其证，即事而为之喻，理或深入，言则浅出，人人能懂得，而却非人人能道得，不背圣贤立言之旨，而各有自得之妙。故吾于王先生之讲解，尤深感焉。夫《四书》之名，起于宋代，吾国数千年学术思想之所由出也。“登东山而小鲁，登泰山而小天下。”后贤诸集，东山也；《四书》，泰山也。登泰山，川泽之流瞭也，原野之产明也。昔之所谓仰止弥高者，今则丘垤之不如矣。汉、唐文学，宋、明理学，举而归之巨壑之中，吾又何患其不足哉。吾国政制，代有更易，而吏治之饬，多出于儒学。若《礼运》“大同”之义，《公羊》“三世”之说，进化有层次，变革有步骤，以渐抵于“老老幼幼”、“矜寡孤独废疾者皆有所养”、“货恶其弃于地也，不必藏于己；力恶其不出于身也，不必为己”，皆其原理所派生之条件办法也。行于己则身修，施于家则家齐，致于国则国治，行于天下而天下和平矣。如今世变日亟，国难频仍，无论老少男女，贫富贵贱，无不思所以安身立命者。而异说纷腾，莫得其衷，甲曰：“吾药起废疾之药也。”乙曰：“吾方针膏肓之方也。”扬子云云：“一哄之市，必立之平；一卷之书，必立之师。”呜呼！吾何师，吾其以圣为师乎？人人皆有子弟，即无不欲教其子弟。《四书》为必读之书，又人人之所知也。而奥文深义，莫得究竟，往往束之高阁，无由受用。有赀财者，思得经师。惟经师难求，通俗之经师尤难求，于此以白话为解释，以近事为譬喻，深入浅出，如文以释。

孟子读本编述大意

《史记·孟子本传》曰：孟轲，驺(驺通邹，本春秋时邾国)人也。受业子思之门人。道既通，游事齐宣王，宣王不能用。适梁，梁惠王不果所言，则见以为迂远而阔于事情。当是之时，秦用商鞅，楚、魏用吴起，齐用孙子、田忌，天下方务于合从连衡，以攻伐为贤，而孟轲乃述唐、虞、三代之德；是以所如者不合，退而与万章之徒，序《诗》《书》，述仲尼之意，作《孟子》七篇。此述《孟子》一书之由来也。

唐韩愈作《进学解》曰："孟轲好辩，孔道以明。"又曰："孟氏，醇乎醇者也。"盖推尊《孟子》书者，实始于韩氏。至北宋，遂以《论语》、《孟子》、《孝经》、《尔雅》，敕撰为疏。与《易》、《书》、《诗》三经、《春秋》三传，列于学官，于是有"十三经"之目。至南宋朱熹，更取《礼记》中之《大学》、《中庸》，合《论语》、《孟子》，名为《四书》，价值遂出《五经》之上。明、清两代，以之为考试取士之用。因此，士人未有不读《四书》者。其关系于我国之思想风俗，可想而知矣！

孟子

孔子之道，集大成，号至圣，自非其他诸子所能及。然至战国，杨、墨之言，与孔子之儒家，鼎立为三。有志之学者,莫知所从。得孟子之痛斥杨、墨,二氏遂微。至汉武帝尊崇六艺,罢黜百家,历用“夏正”,于是孔子所倡导之儒家,几与西洋之定“国教”,性质相等。盖人类内心之信仰,非有所归宿不可也。孔子虽非宗教家,而能得数千年人士之信仰者,孟子之力为多。比之西洋,孟子之于孔子,犹保罗之于耶稣,而《孟子》之于《论语》,亦犹《新约》之于《旧约》。又如汉学宋学之争,几等于新教徒与旧教徒之互相排击,此可证人类心理,大抵相同也。

不佞于去岁曾编述《论语读本》一书,期与一般学者共同研究。继思自宋以来,无不以孔、孟二子并举,则凡读《论语》者,自非益以《孟子》不可!于是在八月间,开始将《孟子》一书,加以解释。惟《论语》均属短章,而《孟子》则长篇大文,居其多数,如节节细解,反使读者难明其头绪。又《孟子》之文,与近世通行之文,甚相类近。因此之故,有时用语体文译之,不另解释。并于原文及译文,一律加新式标点,以便读者焉。愿海内贤达,有以教之。

1936 年 7 月 15 日,王缁尘识于海上粹芬阁。

目　录

第一篇

梁惠王

LIANG HUI WANG

孟子见梁惠王。王曰:“叟*!不远千里而来,亦将有以利吾国乎?”

叟,音首。

按《史记》,惠王三十五年,大招贤士,所以孟子到梁去见惠王。“叟”,老人之称。是梁惠王对孟子说:“你老人家!不顾千里的远路,到我这里来,也有什么方法,有利于我的国家吗?”

孟子对曰:“王!何必曰利?亦有仁义而已矣!王曰:‘何以利吾国?’大夫曰:‘何以利吾家?’士庶人曰:‘何以利吾身?’上下交征利而国危矣!万乘之国,弑*其君者,必千乘之家;千乘之国,弑*其君者,必百乘之家。万取千焉,千取百焉,不为不多矣!苟为后义而先利,不夺不餍*。

弑,音试。餍,音厌。

此孟子对梁惠王之语也。梁惠王所说之利，就是富国强兵，吞并他国以为自己的利益。孟子主张的是王道，王道所重的是仁义；仁是爱护百姓，义是讲究做人的道理，与当时诸侯，专以兵力灭亡他国，增益自己的财利者，旨趣绝然不同。所以孟子对梁惠王劈头一句就说："何必曰利？"怎么说何必曰利呢？因为你要国家兴盛，像商朝周朝，天下共尊为天子，只有仁义才做得到。故接着说："亦有仁义而已矣！"因为你用兵力去压迫他国，他国也会用兵力来抗拒你。只有你行仁义，使天下百姓的心一齐归向，那是别个国家没有法子来和你相争的。这两句话，不但对梁惠王如此说，就是全部《孟子》，也以此两句话为中心理论，所以特列于开端的第一章。

古时天子之国，有兵车万乘，天子则称王。诸侯之国，只有兵车千乘，诸侯则称公称侯，或称伯称子称男。到孟子时，各国诸侯都已自己僭称为王，都有兵车万乘，所以有万乘千乘之说。"上下交征利"者，是说上上下下的人，只知钱财利益，不讲做人的道理。"不夺不餍"者，夺是把别人的财利夺来，餍就是吃饱，这里比喻满足，是说不把别人的财利夺过来是绝不会满足的。

孟子既说了"何必曰利？亦有仁义而已矣"以后，又把专务争权夺利的害处，彻底痛说一番。意思是：你做王的说，何以利吾国？你手下的大夫看你的样，他就说，何以利吾家？更有底下的士人百姓看了这样，他又跟着说，何以利吾身？如此上下互相争夺财利，一个国家必定要危亡了。故曰："上下交征利而国危矣！"何以上下交征利，国会危亡呢？因为大家不讲仁心待人，不讲做人的道理（义），有一万乘兵车的大国，他的手下就有一千乘兵车的大夫，为了利，大夫就可把国君弑掉，来篡夺所有的财利。就是小些的千乘之国，他手下也有百乘兵车的大夫，为了利，也可以弑君而篡夺其财利的。故曰："万乘之国，弑其君者；必千乘之家。千乘之国，弑其君者，必百乘之家。"讲到万乘之国的千乘之家，千乘之国的百乘之家，已是万分中取了千分，千分中取了百分，不能算不多了；苟且把做人的道理（义）丢在后头，眼前看见的，无非是利，那就仍旧要争夺，决不会餍足的。只知财利的结果，必至弄到如此地步。只有仁义则不然，有仁心的人，从没有把父母遗弃的。讲做人道理（义）的人，从没有把君上丢在后头的。所以又接着大声呼道：

未有仁而遗其亲者也！未有义而后其君者也！

讲财利的害处，必至大家争夺，永没有休止。若大家都知仁义，那么，做君父的，就安安稳稳，没有祸患了。所以孟子再重申一句：

王亦曰仁义而已矣，何必曰利？

孟子的时候，称为乱世，不是亡国，就是弑君，根原无非是大家争利，所以孟子特地把利的害处和结果，彻底痛说一番。只有仁义，不但可免祸，而且还可以得天下的人心，如商周之王天下，故首章如此说法。

（问） 利的害处与结果是怎样？

（研究）大家争利，必至互相贼杀。大家讲仁义，则存一爱人之心（仁），又讲做人的道理（义），自然平安无事了。

孟子见梁惠王，王立于沼* 上，顾鸿雁麋* 鹿，曰："贤者亦乐* 此乎？"孟子对曰："贤者而后乐此，不贤者虽有此，不乐* 也。

沼，音早。麋，音靡。乐，音洛，欢乐之乐。

沼，小池也。此时梁惠王在园囿中沼上者，当是临池所建的亭，或是桥上。王回头看着鸿雁麋鹿，问孟子道："有贤德的人，也以此为荣吗？"意思是指孟子，你是个贤德的人，也以此为荣吗？不料孟子却对答道："贤者而后乐此，不贤者虽有此不乐"。这是什么道理呢？同是一个园，贤与不贤，都是一样的游玩，何以贤者能乐，不贤者不能乐呢？原来孟子此语，想把梁惠王引入王道，所以接着就引《诗经》里咏文王的故事来开导他。

《诗》云："经始灵台，经之营之，庶民攻之，不日成之。经始勿亟*，庶民子来。王在灵囿，麀*鹿攸伏。麀鹿濯*濯*，白鸟鹤鹤。王在灵沼，于*牣*鱼跃。"

亟，音吉。麀，音忧。濯，音浊。于，此读乌。牣，音刃。

《诗》，是《诗经》。此段引的是《诗经》里《大雅·灵台》篇的句子。"经始灵台，经之营之"者，言文王要造一座台。经始，是开始计划。经之营之，是有了规划而进行营治。攻者，是用力造这个台。"庶民攻之，不日成之"者，言文王叫百姓（庶民）来造这个台，百姓很高兴给文王出力，不到多日，就造成功了。亟同急。"经始勿亟，庶民子来"者，言文王并不督着百姓，急速完工，百姓自愿给文王造台，好像儿子为了父母的事，一齐都来了。囿，即花园。麀鹿，是雌鹿。攸伏者，言雌鹿已经有了胎，悠然伏着，并不惊慌，故曰"王在灵囿，麀鹿攸伏"。"麀鹿濯濯"者，麀鹿身上的毛，非常肥泽；"白鸟鹤鹤"者，白色的鸟，羽毛也是非常洁白；"于牣鱼跃"者，于是叹美的声气，牣作充满解，言文王到小池边去，看见水中充满的鱼，也像很高兴，而在那里跳跃。

"文王以民力为台为沼，而民欢乐之。谓其台曰灵台，谓其沼曰灵

沼，乐*其有麋鹿鱼鳖*。古之人与民偕乐*。故能乐*也。”

乐，皆音洛。鳖，音必。

上面所引的诗篇里说鸟兽及鱼都现着很自在而高兴的样子，这是人类心理作用。因为文王待百姓好，百姓自己出力，来给文王造台。等造成以后，文王到台上池边去游玩，心里欢喜百姓肯出力来给自己造台，而且不必督工，不到多日，就告成功，所以高兴。因此看得麋鹿白鸟鱼鳖，也觉悠然自乐。此段系孟子接下去说：“文王以民力为台为沼，而民欢乐。”就是说百姓自己情愿出力，给文王造台，所以大家欢乐。灵是神灵的意思。台沼虽已造成，尚无名称，百姓颂美文王，以为台沼之成，得之神灵的助力，就把此台呼为灵台，此沼呼为灵沼。并且以园中麋鹿鱼鳖之多为可乐，故曰：“乐其有麋鹿鱼鳖。”偕乐，即大家都欢乐。

《汤誓》曰：“时日害*丧，予及女*偕亡。”民欲与之偕亡，虽有台池鸟兽，岂能独乐哉？

害，此处同曷。女，今作汝。

《汤誓》，是《尚书》的一篇。上段是孟子引《诗经》，证明贤者而后乐此。此段孟子又引《尚书》，证明不贤者虽有此不乐也。因为夏朝天子桀王，暴虐百姓，后来商汤带兵去征伐，作此一文，以表明宣誓伐桀。“时日害丧，予及女偕亡”，是《汤誓》文中述百姓的话。因夏桀自己曾说：我犹如天上的日，日不亡，我也不亡。所以百姓就引了桀这句话，意思是说：这个时候，日何以还没有丧亡？我们这种苦楚，已吃够了，情愿与你大家都丧亡了罢！故曰：“时日害丧，予及女偕亡”也。孟子引了这句《汤誓》的文，又说道：百姓既不愿生存，希望和他大家都丧亡，虽然有台池鸟兽，一个人岂能独自欢乐呢？故曰：“民欲与之偕亡，虽有台池鸟兽，岂能独乐哉？”

（问） 台池鸟兽，何以贤者能乐？不贤者不能乐？

（研究）文王因与民同乐，故台沼都是百姓情愿出力来造，所以大家都乐。桀因只知自己独乐，百姓情愿和他同亡，所以大家都不乐。而其原因，由于人君之贤不贤。

梁惠王曰："寡人之于国也，尽心焉耳矣！河内凶，则移其民于河东，移其粟于河内。河东凶亦然。察邻国之政，无如寡人之用心者。邻国之民不加少，寡人之民不加多，何也？"

此又梁惠王对孟子说也。寡人，古时君主自称，含有谦虚的意思。河内河东，都是梁国的地方。梁惠王自己说：我（寡人）于治理国政，也算尽心的了！故曰："寡人之于国也，尽心焉耳矣！"河内的地方遇了凶灾，我把河内的百姓，迁移到河东的地方去就食。还有老弱的百姓，不能迁移的，我更把粮食运到河内去。后来河东地方也遇了灾荒，我也如此办理。故曰："河内凶，则移其民于河东，移其粟于河内。河东凶亦然"也。我这样体恤百姓，观察邻国的办理政治，都没有像我（寡人）这样用心思，故曰："察邻国之政，无如寡人之用心者。"梁惠王的意思，以为我这样体恤百姓，应该邻国的百姓，都到我这里来了！但他们却并不来。邻国的百姓，并不见减少，我国的百姓，并不见增加，这是何故呢？故曰："邻国之民不加少，寡人之民不加多，何也？"

孟子对曰："王好战，请以战喻*。填*然鼓之，兵刃既接，弃甲曳*兵而走，或百步而后止，或五十步而后止。以五十步笑百步，则何如？"曰："不可！直不百步耳，是亦走也。"

喻，音裕。填，音田。曳，音系。

梁惠王自己说如此尽心政事，孟子当时不好怎样驳他，因知梁惠王最喜战争，就用战事来做比喻，故曰："王好战，请以战喻。"喻者，取两事相比也。填，鼓声。"填然鼓之"，犹言蓬蓬声响把鼓擂起来。刃，刀枪的锋头。战时的兵士，听得鼓声，就向前冲锋，于是双方的兵器接触，开始打仗，故曰："兵刃既接。""弃甲曳兵而走"者，是说不敢对敌打仗，只得逃走。因为甲披在身上，力量很重，所以把甲弃掉，兵器也拖在手中。"或百步而后止"云云者，是有的逃了一百步而止住，有的逃了五十步而止住。大家都是一样的逃，那走五十步的，却取笑走百步的，以为你何以要逃到一百步外呢？走五十步的，对于走百步的如此取笑，你王以为怎样？"曰不可"者，是王说不可也。"直不百步耳，是亦走也"，是王又说，走五十步的，不过没有到一百步罢了！究竟是同样的逃走。

曰："王如知此，则无望民之多于邻国也。"

此段旧注疏中赵岐解得最好。"孟子曰：'王如知此，不足以相笑。王之政，犹此也。王虽有移民转粟之善政，其好战残民，与邻国同；而独望民之多，何异于五十步笑百步者乎？'"意思是：各国国君既都喜欢战争，百姓在这国里是死，到那国也是死，所以都不肯到别的国里去。你王虽有善政，和邻国相比，不过他们是百步之逃，王是五十步之逃，有什么分别呢？既没有分别，如何能希望邻国的百姓减少，而自己的百姓增加呢？

"不违农时，谷不可胜*食也；数*罟*不入洿*池，鱼鳖不可胜*食也；斧斤以时入山林，材木不可胜*用也。谷与鱼鳖不可胜*食，材木不可胜*用，是使民养生丧死无憾*也。养生丧死无憾*，王*道之始也。"

胜，音升。数，此处读促。罟，音古。洿，音乌。憾，音翰。王，此处应读如旺。

梁惠王感叹自己能体恤百姓，邻国之民既不减少，自己国内之民并不加多。孟子以为移民移粟，不过寻常的善政，和邻国比较，正如五十步的嘲笑百步，前段已经说明。此段即根据上文，再告王要使百姓加多，须先施以种种的善政。例如百姓辛苦种田，本想收谷来供食用的，无奈那时候的诸侯，专讲打仗，把百姓拉去当兵。兴工程时，又把百姓拉充工役，弄得百姓连种田的时间都没有了。田既种不成，谷便没得吃了。“不违农时”，就是百姓在种田的时候，不要去拉他当兵或作工。如此，五谷就吃不胜吃，故曰：“谷不可胜食也。”“数罟不入洿池”者，数，密也。罟，网也。洿池，是地面低陷的深池。不用密网，到深池里去捕鱼，使小鱼都能长大。故曰：“鱼鳖不可胜食也。”“斧斤以时入山林”者，山里的草木，要在适当的时节去砍伐。假使在春天，正是草木生长的时候，切不可入山砍伐。秋冬时，草木已黄落，或已枯槁，然后拣取不会再长的树木，用斧砍下，如此便保存了将来尚须生长的许多树木，故曰：“材木不可胜用也。”全国的百姓，能够谷与鱼鳖不可胜食，材木不可胜用，那时候食物器具，再不会缺少，无论生存的、死亡的，都没有什么怨恨（憾）了。故曰：“是使民养生丧死无憾也。”王天下的道理，是在得到民心，使百姓食用充足，绝无怨恨，实是推行王道的初步办法。故曰：“王道之始也。”

“五亩之宅，树之以桑，五十者可以衣*帛*矣！鸡豚*狗彘*之畜*，无失其时，七十者可以食肉矣！百亩之田，勿夺其时，数口之家可以无饥矣！谨庠*序之教，申之以孝悌之义，颁*白者不负戴于道路矣！七十者衣*帛食肉，黎民不饥不寒，然而不王者，未之有也！”

衣，应读去声。帛，音白。豚，音屯。彘，音治。畜，此处应读如蓄。庠，音详。颁，音班。

上段是说推行王道所不可做的事体，此段是说应该做的事体。“五亩之宅，树之以桑”者，譬如百姓有五亩地，造一所房屋，屋外墙边，教他们都种桑树，养蚕缫丝，使人到了五十岁的年纪，都可以穿绸（帛）衣，故曰：“五十者可以衣帛矣。”豚，是猪。彘，是小猪。鸡豚狗彘，是统言农家所豢养的牲畜等类。畜，养也。养鸡养猪，也都有一定的时候，故曰：“无失其时。”人到七十岁，非肉不能滋补。家中既常养着鸡豚狗彘，肉类就不会短缺，故曰：“七十者可以食肉矣！”“百亩之田”，是古时每一农家，常规定种田百亩。“勿夺其时”，就是上段所说不违农时。如此，凡有数个人口的人家，就不至于饥饿了。百姓有得吃，有得穿了，还要“谨庠序之教，申之以孝悌之义”。庠序，就是现在的学校。把乡村里的小学，很谨慎地举办，对于百姓，再反复地说明（申）做子要孝，做弟要悌的道理。颁白，就是头发半白的老人。负戴于道路，是说把重大的东西，用肩挑着或用头顶着，在道路上行来。这是说举办了学校，教百姓都晓得孝悌，遇着重大的东西，要掮挑的，或头顶的，做子弟的，都能替父兄去做。故曰：“颁白者，不负戴于道路矣！”到了这时候，七十的老人，能够衣帛食肉，少壮的黎民，也不忧饥寒，就是教化大行，王道成功。故曰：“然而不王者，未之有也。”意思是说只要这样去做，王天下的道理，再也不会达不到。

“狗彘食人食而不知检*，涂有饿莩*而不知发。人死，则曰：‘非我也，岁也。’是何异于刺人而杀之，曰：‘非我也，兵也。’王无罪岁，斯天下之民至焉。”

检，音简。莩，音缥。

此段系孟子再接着说当时的情形。检，就是把事体检点。饿莩，是饿死的人。孟子就梁国当时的情形说道：王所养的猪狗，常给它吃人的食料。道路上却有饿死的人。王不知检点这种现状，又不肯发仓库的米谷救济百姓。故曰：

“狗彘食人食而不知检，涂有饿莩而不知发。”“人死，则曰‘非我也，岁也’”者，是说百姓饿死了，王却说：这不是我饿死他，是因年岁灾荒而饿死的。这何异于拿了兵器把人刺死，却说：不是我杀死他，是兵器杀死他的。故曰：“是何异于刺人而杀之，曰：‘非我也，兵也。’”你王只要不归罪是年荒，而承认自己的过失，那么，天下的百姓，就会归向于你，都到你的国里来了！故曰：“王无罪岁，斯天下之民至焉。”意思是劝梁惠王爱护百姓，不要贵畜贱人，看待百姓比猪狗都不如。假使天下百姓，得知梁王推行仁政，自然会来的。

（问） 何谓王道？

（研究）一个国里，能使百姓没有饥寒，就是王道的成绩。

梁惠王曰：“寡人愿安承教。”孟子对曰：“杀人以梃*与刃*，有以异乎？”曰：“无以异也。”

梃，音艇。刃，音顺。

此章意思，是承上章而来，或是又一天的问答。“愿安承教”者，是梁惠王说，我情愿安心听承你的教训也。梃，木棍也。刃，刀也。孟子因梁惠王愿听教训，故问道：杀人用木棍与用刀，有没有异处？“曰：‘无以异也。’”是梁惠王答道：没有异处的。

“以刃与政，有以异乎？”曰：“无以异也。”

惠王既明白用棍打死人与用刀杀死人是无异的，所以孟子进一层说：用刀杀死人，与政治不良将人害死，有没有异处呢？王也说：没有异处的。

曰：“庖*有肥*肉，厩*有肥马，民有饥色，野有饿莩，此率兽而食人也。兽相食，且人恶*之。为民父母，行政，不免于率兽而食人，恶*在其为民父母也？

庖，音胞。肥，音惟。厩，音鸠。前恶，音忤，去声。后恶，音乌，平声。

惠王既明白用刀杀人，与政治不良将人害死是无异的，故孟子又进一层说：现在你王的厨房里，有很肥的肉；马房里，有很肥的马；但是百姓有饥饿的面色，甚至于野地上有饿死的尸首。所畜的兽常能饱食，百姓反不得饱食而饿死，这真无异率领兽类把人吃去了！故曰："庖有肥肉，厩有肥马，民有饥色，野有饿莩，此率兽而食人也。"接下去说：禽兽吃禽兽，这种残忍行动，人尚且恶恨它。现在你既为一国君主，等于百姓的父母，所行政治，不免叫禽兽去吃人，哪里像百姓的父母呢？故曰："兽相食，且人恶之。为民父母，行政，不免于率兽而食人，恶在其为民父母也？"

"仲尼曰：'始作俑*者，其无后乎！'为其象人而用之也，如之何其使斯民饥而死也？"

俑，音勇。

仲尼，是孔子之字。孟子又引孔子之言，以告惠王也。俑者，木雕的偶像。古时人死埋葬，常用草人，算是死者的随从。后来改用木偶，口眼耳鼻很像真人。孔子以为残忍，说创造这木偶从葬的人，恐怕要没有后代。故曰："始作俑者，其无后乎！"孟子引了孔子的话，做个比喻，自己又接着说：用木偶从葬，不过因它像个人形，孔子尚以为残忍。现在如何竟使百姓弄到饥饿而死呢？故曰："为其象人而用之也，如之何其使斯民饥而死也？"

（问） 何谓以刃与政？

（研究）梁惠王希望他国的百姓都来归向，竟没想到自己所行的都是虐政，他国百姓如何能来呢？

梁惠王曰："晋国，天下莫强焉，叟之所知也。及寡人之身，东败于

齐，长* 子死焉；西丧地于秦七百里，南辱于楚，寡人耻之。愿比* 死者一洒* 之！如之何则可？”

长，读作掌。比，读如庇。洒，同洗。

梁国又称魏国。魏的祖先，本是晋国的大夫，后来和姓赵姓韩的两个大夫，把晋国土地瓜分，自立为王，故魏、赵、韩三国，又称三晋。晋国未被瓜分的时候，是很强的。故曰：“晋国，天下莫强焉！”莫强者，犹言当时各国，没有强过于晋国的。“叟之所知也”，是说这是你老人家所知道的。梁国地方，就是现在的河南。齐是山东，秦是陕西，楚是湖北。梁既三面受敌，在惠王即位后，屡打败仗，故惠王说：到了寡人身上，东边被齐战败，大儿子死了。西边被秦战败，丧失了土地七百里。南边被楚战败而受了大辱。这都是寡人所羞耻的事情。故曰：“及寡人之身，东败于齐，长子死焉；西丧地于秦七百里，南辱于楚，寡人耻之。”比，是“为了”的意思。上面所说屡次败仗，死了许多人，所以惠王说：很愿为了一班战死的人，把这耻辱洒一洒——如衣上污渍，用水洗一洗——怎么样才可以呢？故曰“愿比死者一洒之，如之何则可”也。

孟子对曰：“地方百里而可以王。王如施仁政于民，省刑罚，薄税敛，深耕易耨*；壮者以暇日修其孝悌忠信，入以事其父兄，出以事其长上，可使制梃以挞* 秦、楚之坚甲利兵矣！”

耨，音 nòu。挞，音搨。

“地方百里而可以王”者，是说只要有一百里地方的一个国家，就可以施行王道的。现在梁国的地方有千里，难道不可施行王道吗？所以又说：“王如施仁政于民”也。什么叫做仁政呢？就是省刑罚等等。因为战国时候的刑罚，都是非常重，非常繁的。百姓常常受很重的刑罚，所以都是怨苦连天，不肯给君上出死力。今把刑罚减轻减少,百姓自然会感激君上的仁慈了。薄税敛者,税,就是现在的租税;敛,是搜括的意思。把租税减轻,不要尽量搜括,这也是百姓所感激的。深耕易耨者,系百姓既解除了重刑与厚税的痛苦,种田时就能努力耕土,耕得非常的深。耨,是耘苗。耕土耕得很深,耘苗也觉得容易了。壮者,是年纪强壮的人。暇日,是种田以外闲暇的日子。是说教导百姓,于耕种闲暇时,勤修其孝悌忠信的品行。如此,则这些壮年百姓,在家知道孝敬父兄,出门也能给国君尽力做事了。故曰"壮者以暇日修其孝悌忠信,入以事其父兄,出以事其长上"也。梃,是木棍。挞者,用力打也。是说你王若把百姓训练到这种程度,虽叫他们执一条木棍,对着秦国、楚国强盛的兵,也能迎头痛击,无论他们有很厚的甲和很利的兵器,都可以制止的。故曰:"可使制梃以挞秦、楚之坚甲利兵矣!"

"彼夺其民时,使不得耕耨以养其父母。父母冻饿,兄弟妻子离散。彼陷*溺其民,王往而征之,夫*谁与王敌?故曰:'仁者无敌。'王请勿疑!

陷,读如艳。夫,音扶。

"彼夺其民时",是说他们夺了百姓种田的时候。百姓不能种田,饭没得吃,必致父母冻饿,兄弟妻子离散。陷,是把人推在土坑里;溺,是推在水里;这都是形容国君的虐待百姓。他们待百姓如此苦楚,百姓哪里还肯替他们的国君打仗?这时候,你王带了兵去征伐他,还有谁人敢与王抵敌?故曰"彼陷溺其民,王往而征之,夫谁与王敌"也。"仁者无敌",是一句从前的旧话,是说仁人的兵,没有人敢抵敌的。孟子引了这句话,又告诉梁惠王道:王请勿疑心。故曰:"王请勿疑!"

(问) 木棍何以能制坚甲利兵?

(研究)一国虽有坚甲利兵,因为其君暴虐百姓,百姓心怀怨恨,必不肯出力。假使能爱护百姓,又教百姓以孝悌忠信之道,百姓既感怀君上,又要保卫身家,故虽持一木棍,也能出死力御敌的。

孟子见梁襄王,出,语人曰:"望之不似人君,就之而不见所畏焉。卒*然问曰:'天下恶*乎定?'吾对曰:'定于一。'"

卒,同猝。恶,此处音乌。

梁襄王,是梁惠王的儿子。惠王死后,襄王即位,孟子特地去见他,"出,语人曰",是孟子见过梁襄王,出来告诉他人也。"望之不似人君,就之而不见所畏焉"者,意思是做人君的,要有威严不可侵犯的态度,所以臣下都敬惧他。现在这位梁襄王,远望去竟不像个人君的态度;到他面前,(就之)更没有使人畏敬的地方。卒然,同忽然;襄王见了孟子,没头没脑地忽然问道:天下怎么能够平定呢?故曰:"天下恶乎定?""吾对曰"者,是孟子向人说,我当时对答襄王所说也。"一"者,就是把天下统一。这时候大国有七,彼此用武力相争,必须并合为一国,然后战争会平定,故曰:"定于一"也。

"'孰能一之?'对曰:'不嗜*杀人者能一之。''孰能与之?'对曰:'天下莫不与也。王知夫*苗乎?七八月之间旱,则苗槁*矣。天油然作云,沛*然下雨,则苗浡*然兴之矣。其如是,孰能御之?今夫*天下之人牧,未有不嗜*杀人者也。如有不嗜*杀人者,则天下之民,皆引领而望之矣。诚如是也,民归之,由*水之就下,沛然谁能御之?'"

嗜,音侍。夫,音扶。槁,音考。沛,读如配。浡,音勃。由,与犹通。

“孰能一之”，是梁襄王又问，哪个人能够统一呢？嗜，嗜好也。那时的国君，大半是嗜好杀人的，故孟子又对道：惟有不嗜好杀人的才能够统一。故曰：“不嗜杀人者能一之”也。“孰能与之”，是梁襄王又问也。“与”，朱子注曰：犹归也。梁襄王的意思，是说天下百姓怎能够都归向他呢？“对曰：‘天下莫不与也’”者，是孟子又对道：天下的百姓，没有不来归向的。“王知夫苗乎”者，是孟子用农田的稻苗，来做譬喻。七八月之间，天时大旱，那么，苗都要枯槁了。油然，是很盛的样子。久旱之后，将要下雨，空中就满布着浓厚的云，故曰：“天油然作云。”沛然，朱注曰：雨盛貌。是说空中满布了云，就下极大的雨。故曰：“沛然下雨。”浡然，是突然起来的样子。将要枯槁的苗，已多奄奄无生气地垂着，一经着雨，那就突然复活，依旧直立起来，故曰：“则苗浡然兴之矣。”“其如是，孰能御之”者，是说照这个样子，哪个人能将其阻止呢？“今夫天下之人牧”云云者，人牧，是专司教养百姓像司畜牧的人，即指当时的人君。是说当时的人君，没有不嗜好杀人的；假使有不嗜好杀人的，普天下的百姓，必定伸着颈项，盼望这个不嗜杀的人君来主持政治。故曰：“皆引领而望之矣。”意思是说：这时候天下的百姓，只盼望有个不嗜杀人的君主，正和种田人逢到七八月间大旱，伸着颈项，盼望天空降下一场大雨，是同样的急切。故接下去又说：“诚如是也，民归之，由水之就下，沛然谁能御之？”水是无不向下流的，并且没有人能抵御得住的。王如不嗜杀人，则天下之民都来归王，犹如水之向下奔流一样。若照这种趋势，哪一个人可以抵御呢？

（问） 何谓一之？

（研究）各国君主，都嗜杀人；倘若其间有一不嗜杀人的君主，百姓一定都来归向的。

齐宣王问曰:“齐桓、晋文之事,可得闻乎?”孟子对曰:“仲尼之徒,无道桓、文之事者,是以后世无传焉,臣未之闻也。无以则王乎!”

孟子想推行儒家的王道,也学孔子周游列国,所以梁、齐等国,他都到过。齐桓公、晋文公,都是春秋时诸侯,即五霸中最著名的两个君主。齐宣王问孟子齐桓公、晋文公的事情,你可否说些给我听吗?故曰:“齐桓、晋文之事,可得闻乎?”“孟子对曰:‘仲尼之徒,无道桓、文之事者。”仲尼,即孔子。孟子受业子思之门人,是孟子为孔子数传以后的儒家。仲尼之徒,从来不说齐桓公、晋文公的事迹,所以儒家相传下来,直到后世,关于齐桓、晋文之事,并无人传述过。“臣未之闻也”是孟子自己说我也没有听见过。如今你齐王既来问我,我只有王道是知道的。无以,与无已同,意思是一定要我说而不容我止住,那就只有说王道了。故曰:“无以则王乎!”

曰:“德何如,则可以王矣?”曰:“保民而王,莫之能御也。”

齐宣王知道霸者是以力服人的。王道则须以德感人。故又发问:“德何如,则可以王矣?”孟子因宣王之问,便说道:你只要能保养人民,就是王道,这是天下没有人能够抵御的。故曰:“保民而王,莫之能御也。”

曰:“若寡人者,可以保民乎哉?”曰:“可!”曰:“何由知吾可也?”

宣王听了孟子说保民的就可王,所以再问:像寡人,也可以保民的吗?孟子又对道:可以的。何以知吾可也,仍是宣王所问。意思是说:你初来见我,我的为人尚没有深切认识,怎么能知道我可以保民而王的呢?

曰:“臣闻之胡龁*曰:王坐于堂上,有牵牛而过堂下者,王见之,曰:‘牛何之?’对曰:‘将以衅*钟。’王曰:‘舍之!吾不忍其觳*觫*,若无罪而就死地。’对曰:‘然则废衅钟与*?’曰:‘何可废也?以羊易

之。'不识有诸?"

龁,音核。衅,读作信。觳,音斛。觫,音速。与,今作欤。

此段是孟子对宣王转述胡龁的话。胡龁,是当时齐国的一个官吏。衅钟,是将牲畜的血涂在钟上。古时铸钟,必杀一牲畜,将血涂其罅隙,算是一种祭礼。觳觫,是非常恐惧可怜的状态。孟子对宣王道:"臣听得胡龁说:'有一天,你王坐在堂上,有人牵一头牛,走过堂下。你王看见了,问道:"这头牛,到何处去?"牵牛的答道:"将要去杀了衅钟。"你王道:"舍了它罢!我不忍看见它这种非常恐惧的状态,好像它并没有犯罪,要把它牵到死的路上去。"牵牛的道:"这样说,衅钟的礼节废除了吗?"你王道:"哪里可以废除呢?用一只羊来换了它罢!"'孟子把胡龁所说的转述完了,接着就问宣王道:"不晓得有这件事吗?"故曰:"不识有诸"也。

曰:"有之。"曰:"是心足以王矣!百姓皆以王为爱也,臣固知王之不忍也。"

曰:"有之",是宣王说这件事是有的。"是心足以王矣",是孟子又接着说:照这种心思,已足以王天下了!但是百姓都以为王是器量小而爱惜这头牛罢了;臣却晓得王的心思,实在由于仁慈而有所不忍。故曰:"百姓皆以王为爱也,臣固知王之不忍也。"

王曰:"然!诚有百姓者,齐国虽褊*小,吾何爱一牛?即不忍其觳觫,若无罪而就死地,故以羊易之也。"

褊,音扁。

褊,狭也。褊小,犹言狭小。齐是大国,此言虽褊小,是宣王自谦的话。宣王听了孟子所说,又道:是的!确实有百姓说过这句话的。齐国虽然狭小,我何至于爱惜一头牛？就是不忍看见它那种非常恐惧的状态，像没有犯罪，要把它牵到死的路上去，所以用一只羊去替换了它。

曰："王无异于百姓之以王为爱也。以小易大，彼恶*知之？王若隐其无罪而就死地，则牛羊何择焉？"王笑曰："是诚何心哉？我非爱其财而易之以羊也，宜乎百姓之谓我爱也。"

恶，音乌。

孟子又说"王无异于百姓之以王为爱也"，意思是：你王无庸怪异百姓，都说你爱惜这头牛。你把小些的羊去替换这大些的牛，他们百姓哪里知道你王是为了不忍看见这牛的怕死状态呢？故曰："以小易大，彼恶知之？""王若隐其无罪而就死地，则牛羊何择焉"者，是说你王痛惜（隐）它无罪而就死地，那么，牛与羊，又有什么分别（何择）呢？意思是：牛羊同是牲畜，对于牛既不忍它就死，则羊的就死，何以又不加痛惜呢？"王笑曰"者，宣王听了孟子的解释，不觉自己好笑起来，说道：这到底是什么心思呢？我并非因为牛的价钱多些，才用羊去换它的；照这样讲来，应该使百姓说我是爱惜这头牛了！故曰："是诚何心哉？我非爱其财而易之以羊也，宜乎百姓之谓我爱也！"

曰："无伤也，是乃仁术也，见牛未见羊也。君子之于禽兽也，见其生，不忍见其死；闻其声，不忍食其肉。是以君子远庖厨也。"

以羊易牛，宣王自己也觉得好笑。因此孟子又解释道：这对于王的本心并没有什么伤害（无伤也），实在就是王的仁心仁术（是乃仁术也）。因为你单看见牛，不看见羊啊（见牛未见羊也）。君子对于禽兽，见它活着，就不忍见它就死，听它被杀时凄惨的叫声，就不忍吃它的肉。为了这个，所以君子的住处，常和厨房离得很远。故曰"君子之于禽兽也"云云。

王说*曰："《诗》云：'他人有心，予忖度*之。'夫子之谓也。夫*我乃行之，反而求之，不得吾心。夫子言之，于我心有戚*戚*焉。此心之所以合于王者，何也？"

说，今作悦。度，读若踱。戚，读若切。夫我之夫，音扶。

孟子把宣王所以不忍之心解释明白，当时王也欢喜起来，特引《诗经》里的句子，对孟子道："他人有心，予忖度之。"这是《诗经·小雅·巧言篇》的两句。忖度，犹思量也。是说他人的心想，被我思量着也。夫子者，是宣王对孟子的尊称。宣王说：他人的心思，被你夫子猜着了！这两句诗，正是为夫子而说的。"夫我乃行之"云云者，是说这件事体，我这样行去，回转来自己想想（反而求之），竟会想不到这所以然的道理（不得吾心）。现在被夫子说明白了（夫子言之），倒反使我的心戚戚地动起来了（于我心有戚戚焉）！戚戚，是心动的样子。但这个心所以能合于王道，又是什么道理呢（此心之所以合于王者，何也？）？

曰："有复于王者曰：'吾力足以举百钧，而不足以举一羽；明足以察秋毫之末，而不见舆薪。'则王许之乎？"曰"否！"

举者，把一件物，从下向上提起。钧，系三十斤也，百钧，即三千斤。秋毫，是秋天极细微的毫毛。舆，即车。薪即柴，此段因宣王问不忍之心，何以合于王道，孟子又设一个譬喻，说给王听。"有复于王者曰"，是说假定有一个人，来对王说。他所说的是：我的气力伟大，足能够举起三千斤的重物，却不能举起一片鸟毛。我的目光明亮，足能够察见秋天毫毛的末梢，却不看见一车子的柴。这种说话，你王觉得他说得不错吗？如正文云云。宣王听了这譬喻，即回答："那是不对的。"（曰"否"！）意思是：世间绝没有这种人和这种事。

今恩足以及禽兽，而功不至于百姓者，独何与*？然则一羽之不举，为不用力焉；舆薪之不见，为不用明焉；百姓之不见保，为不用恩焉。故王之不王，不为也，非不能也。

与，今作欤。

此段又是孟子说的。省去一"曰"字，是取文法上的简便，而读者自能明白的。宣王既否认世间有能举百钧，不能举一羽，能见秋毫，不能见舆薪的人，孟子于是更进一层说道：今王的恩德，足能够加到禽兽身上——即不忍牛之觳觫，而易之以羊。但王的功业，从没有加到百姓身上（今恩足以及禽兽，而功不至于百姓）。独是什么意思呢（独何与）？孟子说到这里，再把不举一羽等的道理解释出来，故接着说：然则一片鸟毛的不举起来，因为是不肯用力；一车柴薪的不看见，因为是不肯用目光；百姓的不见保爱，因为是不肯用恩德。所以像你王的不施行王道，是自己不肯去做（不为也），并不是没有力量而不能够做呀（非不能也）。

曰："不为者与不能者之形何以异？"曰："挟太山以超北海，语人曰：'我不能。'是诚不能也。为长*者折枝，语人曰：'我不能。'是不为也，非不能也。故王之不王，非挟太山以超北海之类也，王之不王，是折枝之类也。"

长，音掌。

宣王初听孟子说自己有不忍之心，合于王道，故非常高兴。不料孟子又加以“恩足以及禽兽，而功不加于百姓”的一句严重质问，好像当头浇了一勺冷水。没有别的可说，只得把不为与不能的情形，再问一句。故曰：“不为者，与不能者之形，何以异？”孟子因宣王之问，遂设一个极浅显的譬喻，对王道：“叫人用两只手臂挟着太山，从北海上跳过去（超即跳过去），他说：‘我不能够’，这是真的不能够。倘若叫人替一位尊长去折取树上的枝条，他说：‘我不能够’，这是他不肯去做，并不是真的不能够。所以你王的不行王道，决不是挟了太山跳过北海一类，而是替一位尊长折取树枝的一类呀。”

老吾老，以及人之老；幼吾幼，以及人之幼，天下可运于掌。《诗》云：“刑*于寡妻，至于兄弟，以御*于家邦。”言举斯心，加诸彼而已！故推恩足以保四海，不推恩无以保妻子。古之人所以大过人者，无他焉，善推其所为而已矣。今恩足以及禽兽，而功不至于百姓者，独何*与？

刑，今作型。御，读若迓。与，今作欤。

孟子既把挟太山与为长者折枝的譬喻，说给宣王听了，又说明：王之不王，是不为，并不是不能。此段根据上文，再把极容易可为的道理说出来。又因宣王曾引《诗经》的句子，于是也引《诗经·大雅·思齐篇》的句子，好使王容易明白。老吾老的上一个老，作奉养解。幼吾幼的上一个幼，作慈爱解。这就是实字虚用的方法。此段说的，凡是敬奉自己的长辈，再推广开去敬奉人家的长辈；慈爱自己的子女，再推广开去慈爱人家的子女。照这样子去治理天下，好像在手掌中转运（天下可运于掌），非常容易了。《诗经》上说：“刑于寡妻，至于兄弟，以御于家邦。”刑，今作型，就是典型，也称模范。寡妻，是国君自称其妻的谦词，犹国君常自称为寡人。所谓刑于寡妻，是说国君立法，先从妻室开始，再推而至于兄弟，更推及于一家一国，故曰“以御于家邦”也。御，是迎合的意思，孟子引了《诗经》句子，自己接下去说：这句话，就是把自己这个心，加在别人身上罢了！故曰：“言举斯心，加诸彼而已。”能照这样把恩德推开去，四海的民心一齐归向，那就连四海都保全了。不照这样并不把恩德推开去，结果连自己的妻子，也是保不住的。故曰：“故推恩足以保四海，不推恩无以保妻子”也。至于古时的人，所以能高过人的地方，没有其他道理，不过善用这个推恩的方法罢了！故曰：“古之人所以大过人者，无他焉，善推其所为而已矣！”说到这里，再把宣王以羊易牛的事重提一遍，使他知道这些都不是空话，都是说明推恩的道理。所以又说：“今恩足以及禽兽，而功不至于百姓者，独何与？”仍旧回到上文，而前后呼应。

权，然后知轻重；度，然后知长短。物皆然，心为甚。王请度*之！

度之的度音踱。

权，是秤；度，是尺。凡百事物，都是一样，而人心的感动，更为容易。王如肯推行王道，请再仔细思量，像用秤称物，就知轻重；用尺量物，就知长短。“王请度之”，犹说请你王再思量一下。

抑王兴甲兵，危士臣，构怨于诸侯，然后快于心与*？

与，同欤。

上段劝王思量王道的推行，此段又把王心里的计划加以推测而向王问道：王是不是要兴起甲兵来和他国战争，使自己国内的士人百姓都弄到危险的地步，又与各国诸侯结了仇怨（构怨即结怨）。这样，你王心里才快乐吗？即正文云云。

王曰：“否！吾何快于是？将以求吾所大欲也。”曰：“王之所大欲，

可得闻与*?”

与,同欤。

宣王听孟子说他兴甲兵的话,便说道:不是的(否)。“吾何快于是”者,是说我何尝这样做心里才痛快呢?大欲,是极大的欲望。“将以求吾所大欲也”者,是说我将求得我最大的一种欲望。孟子于是说:你王这个极大的欲望,可以讲给我听听吗?故曰:“王之所大欲,可得闻与?”

王笑而不言。曰:“为肥甘不足于口与*?轻暖不足于体与?抑为采色不足视于目与?声音不足听于耳与?便*嬖*不足使令于前与?王之诸臣,皆足以供之,而王岂为是哉?”曰:“否!吾不为是也。”曰:“然则王之所大欲可知已,欲辟*土地,朝*秦、楚,莅*中国而抚四夷也。以若所为,求若所欲,犹缘木而求鱼也。”

与,皆同欤。便,音 pián。嬖,音闭。辟,同阔。朝,音潮。莅,音利。

孟子问宣王的大欲,宣王只笑而不说。孟子又故意问他,是否为肥的肉、甜的菜,口中尚不够吃吗?轻而又暖的衣裳,身上尚不够穿吗?各种饰物的光彩,眼中尚不够看吗?微妙的声音,耳中尚不够听吗?常在身旁宠幸的人(便嬖),在面前尚不够供差使吗?这种种嗜欲,你王的许多臣子想来都能供应的,难道你王竟为了这些吗?王答道:不是!我并不为这些。孟子又继续说道:那么,你王所说的大欲,我可以晓得了。你是想要开辟土地,使秦、楚各国的王都来入朝。你就居上临下(莅)对着中国,安抚四方的各民族(四夷)。不过,照这样子去做,想求到你的大欲,好像爬在极高的树木上(缘木),想求取水中的鱼。意思是说那是万万做不到的。故正文云云。

王曰:“若是其甚与*?”曰:“殆有甚焉!缘木求鱼,虽不得鱼,无后

灾;以若所为,求若所欲,尽心力而为之,后必有灾。"

与,同欤。

求鱼当在水边,今孟子以为宣王求取其大欲,好像爬在树木上求取水中的鱼。宣王听了,心中很以为不是,故曰:"若是其甚与?"意思说竟像这样的难到极点吗?孟子又回答道:"殆有甚焉!"意思是:比之缘木求鱼,更要难到极点。何以呢?因为缘木求鱼,虽然不能得鱼,但是绝没有后来的灾祸。照你的行事,想求取你的大欲,虽则尽心尽力地去做,后来必定有大灾祸的。故正文云云。

曰:"可得闻与*?"曰:"邹* 人与楚人战,则王以为孰胜?"曰:"楚人胜。"曰:"然则小固不可以敌大,寡固不可以敌众,弱固不可以敌强。海内之地,方千里者九,齐集有其一;以一服八,何以异于邹敌楚哉?盖亦反其本矣!"

与,同欤。邹,音周。

邹,是当时的小国。楚,是大国。宣王想辟土地,朝秦、楚,故孟子问以假使邹国的人与楚国的人开战,你王以为哪一国可望战胜呢?宣王道:楚人胜。孟子遂根据宣王的话而加以说明道:然则小国固然不可以抵敌大国,人数少的固然不可以抵敌人数多的,兵力弱的固然不可以抵敌兵力强的了。你王既晓得邹国敌不过楚国,现今海以内的土地,千里见方的共有九方,齐国的土地,统共集合拢来,不过九方里头的一方。你王要用一方土地的力量,去征服其余八方,何以异于邹国抵敌楚国呢?"盖亦反其本矣",是说你王所求的大欲,必不可得,不如回复到爱民的根本政治上去做吧!

今王发政施仁,使天下仕者皆欲立于王之朝,耕者皆欲耕于王之野,商贾*皆欲藏于王之市,行旅皆欲出于王之涂,天下之欲疾其君

者,皆欲赴愬于王。其若是,孰能御之?

贾,此处读如古。

孟子又道:现今你王在政治上发动,推行仁德,使天下做官的人,都要来立在你王的朝廷里;耕田的人,都要来耕种你王的田野;做生意的商人贾客,都要把货物藏在你王的市场里;出门的旅客,都要来进出你王的道路。天下百姓凡是痛恨他自己国君的,都要把苦楚来告诉你王。照这个样子,还有什么人可以抵御得住呢?故正文云云。

王曰:"吾惛*,不能进于是矣!愿夫子辅吾志,明以教我。我虽不敏,请尝试之。"曰:"无恒产而有恒心者,惟士为能。若民,则无恒产,因无恒心;苟无恒心,放辟*邪侈*,无不为已。及陷于罪,然后从而刑之,是罔民也。焉*有仁人在位,罔民而可为也?"

惛,同昏。辟,今作僻。侈,音此。焉,音烟。

宣王听了孟子的譬喻,心中也明白以一服八是做不到的,所以自己承认道:我昏了(吾惛)!"不能进于是矣",是说自己知道必不能向这条路进行的。"愿夫子辅吾志"云云者,是说:我愿你夫子帮助我的志向,明明白白地教导我。我虽不是个做事敏捷的人,愿把你教我的道理来尝试一下。

上几段孟子教宣王还是回复到爱民的根本政治上做事,宣王听了,情愿请教。故此段孟子就把民心不归向的原因,细说出来。恒者,久常也。恒产,是能永久保守的财产。恒心,是能永久不变的心志。孟子说:没有永久可守的财产而抱有永久不变心志的,只有读书明理的士人才做得到,故曰:"无恒产而有恒心者,惟士为能。"一般没有知识不明事理的平常百姓,既没有永久的产业,为了生活,不得不另觅途径,因此也没有永久不变的心志了!百姓没有永久不变的心志,不免要放荡、偏僻、奸邪、奢侈,种种行为,那就无恶不作了!故曰:“若民,则无恒产,因无恒心;苟无恒心,放辟邪侈,无不为已。”百姓做了种种恶事,陷入犯罪境地,然后加以刑罚,这种政治,实是欺罔百姓的举动。何以呢?百姓犯罪,由于作恶;而之所以作恶,是因为饥寒交迫、没有恒产的缘故。做人君的,能使百姓都有恒产,百姓自然不至于作恶犯罪。现在做人君的,不知道推行仁政,使百姓增加产业,只知用刑罚禁制百姓犯罪,这就是欺罔了。所以又接着道:岂有抱有仁心的国君在位,而可以做出欺罔百姓的事情?故正文云云。

是故明君制民之产,必使仰足以事父母,俯足以畜妻子;乐*岁终身饱,凶年免于死亡;然后驱而之善,故民之从之也轻。今也制民之产,仰不足以事父母,俯不足以畜妻子;乐岁终身苦,凶年不免于死亡。此惟救死而恐不赡*,奚暇治礼义哉?王欲行之,则盍*反其本矣!

乐,音洛。赡,音占。盍,音合。

此段连接上文,仍为孟子所说。上文说民之作恶犯罪,由于无恒产。此段说:所以贤明的国君,制定人民财产,必使他向上(仰)足以供奉父母,对下(俯)足以养活妻子。好的年岁,可以饱食终身;就是遇着凶年,因为有剩余的粮食,也不至于饿死。人人都有饭吃,然后驱使他们去做善事,人民听从你的话,也觉得非常轻易。现今控制人民的财产,向上既不足以供奉父母,对下又不足以养活妻子。好的年岁,尚不免终身痛苦;凶的年岁,就难免饿死。如此,人民想救活自己的生命尚且不够,哪里还有闲工夫,来讲求礼节,讲求做人的道理呢?现在你王要施行政治,何不(盍)回复到这个本原上做起呢!如正文云云。

五亩之宅,树之以桑,五十者可以衣帛矣;鸡豚狗彘之畜,无失其时,七十者可以食肉矣;百亩之田,勿夺其时,八口之家可以无饥矣;谨

庠序之教，申之以孝悌之义，颁白者不负戴于道路矣。老者衣帛食肉，黎民不饥不寒，然而不王*者，未之有也。

王，读如旺。

当时诸侯只知富国强兵，以为王道仁政是一件非常难的事；然照孟子所说，推行王道仁政，并没有什么困难。盖所谓王道仁政者，第一，使百姓人人有饭吃，有衣穿，年小者得长成，年老者得安乐，而这种种事情，无非是教百姓尽力农业方面的工作。假使为了好大喜功的战争，为了养尊处优的大兴土木，动不动把百姓拉来做苦工，或是当兵，使他们废弃农事，不能安度其生活。这就不是王道、不是仁政了。等到百姓已经安居乐业，再到各处乡村开设学校，教百姓以孝悌忠信、做人的道理。百姓既得衣食，又明理义，对于国君和父母，自然能尽忠尽孝了。那时虽有强大邻国举兵来侵夺土地，百姓既要保全自己身家，又素来受了孝悌忠信之说的感化，自然会努力拼命，和敌国抵抗。这就是推行王道仁政所收的效果。孟子对梁惠王、齐宣王所说的千言万语，归到本原，不过要使百姓人人有饭吃、有衣穿，再教以孝悌忠信等做人的道理。王道仁政的推行，虽并不繁难，无奈当时各国国君终于不悟，以至相继灭亡，这真是可叹极了！

（问）　恒产与王道，有何关系？

（研究）百姓之所以作恶犯罪，都由无产业而起。使人人温饱，自然不至于作恶犯罪了。

庄暴*见孟子，曰：“暴见于王，王语暴以好乐，暴未有以对也。”曰：“好乐何如？”孟子曰：“王之好乐甚，则齐国其庶几乎！”

暴，音抱，乐，皆读如浴。

庄暴是齐国的一个臣子，他来见孟子，对孟子说：“我进见齐王时，齐王对我说喜欢音乐，我当时并没有话对答他。”“曰”者，是庄暴说完了进见齐王的情形，因为自己不知道国君喜欢音乐，有没有害处，所以再问孟子：“好乐何如？”意思是说齐王喜欢音乐，于政治上可有什么妨碍？“王之好乐甚，则齐国其庶几乎”者，是孟子答庄暴的话。庶几，是相近的意思。因为礼和乐，是王道仁政中很重要的两件事，所以孟子说：齐王果然喜欢音乐而喜欢到极点，那么，齐国就与王道仁政相近了！

他日，见于王，曰：“王尝语庄子以好乐，有诸？”王变乎色，曰：“寡人非能好先王之乐也，直好世俗之乐耳！”

另外一天（他日），孟子去见齐王，问齐王道：“你王曾对庄暴说喜欢音乐，有这句话吗？”此处孟子称庄暴为庄子，是含有尊敬的意思。“王变乎色”者，齐王实在不知音乐的意义，今见孟子说出自己从前对庄暴说过好乐，不觉羞惭起来，所以脸色改变，回答孟子道：“寡人不是真能够喜欢古代圣君传下来的音乐，不过喜欢些今世极鄙俗的音乐罢了！”

曰：“王之好乐甚，则齐其庶几乎！今之乐，犹古之乐也。”曰：“可得闻与？”曰：“独乐乐*，与人乐乐*，孰乐*？”

可得闻与之与，作欤。乐乐，上是音乐之乐，下是欢乐之乐，音洛。孰乐之乐，也音洛。下同。

孟子又对齐王道：“你王喜欢音乐到极点，齐国就近于王道了！现在世俗的音乐，正相等于古时圣君的音乐呀。”王又问道：“可得闻与？”是说这个道理，可以让我听听吗？孟子道：“一个人独自弄着音乐的快乐（独乐乐），和别人一起弄着音乐的快乐（与人乐乐），究竟哪一种更来得快乐（孰乐）？”如正文云云。

曰：“不若与人。”曰：“与少乐乐，与众乐乐，孰乐？”曰：“不若与众。”

齐王答孟子道：不如与人家一起弄的好，故曰："不若与人。"孟子又问："与少数人一起弄音乐的快乐，与多数人一起弄音乐的快乐，究竟哪一种更来得快乐？"王又道："不如与多数人一起弄的更快乐。"故正文云云。

臣请为王言乐。今王鼓乐于此，百姓闻王钟鼓之声，管籥*之音，举疾首蹙*頞*而相告曰："吾王之好鼓乐，夫*何使我至于此极也！父子不相见，兄弟妻子离散。"今王田猎于此，百姓闻王车马之音，见羽旄*之美，举疾首蹙頞而相告曰："吾王之好田猎，夫何使我至于此极也！父子不相见，兄弟妻子离散。"此无他，不与民同乐也。

末句同乐的乐音洛。籥，音药。蹙，读如促。頞，同额。夫，音扶。旄，音毛。

鼓乐，弄音乐的意思。管籥，是箫笛等的乐器。疾首蹙頞，犹言头痛而皱着眉心。举者，是大都这样的意思。羽旄，是旗帜上插的羽毛和挂的飘带。此段仍是孟子告齐王的话。"臣请为王言乐"云云者，是说："臣请为王讲讲音乐吧！今天你王在这里作乐，百姓听得你王钟鼓的声音、箫笛的声音，都是头脑作痛，皱着眉心，大家互相告语道：'我们的王，只是喜欢音乐，却怎么使我们弄到这样极苦的地步，父子不能相见，兄弟妻子也离散了！'今天你王在这里打猎，百姓听得你王车马的声音，看见旗帜上羽毛和飘带的美丽，都是头脑作痛，皱着眉心，大家互相告语道：'我们的王，只是喜欢打猎，却怎么使我们弄到这样极苦的地步，父子不能相见，兄弟妻子也离散了！'这种情形，没有其他缘故，就是不与百姓一同欢乐，所以如此的。"

今王鼓乐于此，百姓闻王钟鼓之声，管籥之音，举欣*欣*然有喜色而相告曰：'吾王庶几无疾病与*，何以能鼓乐也？'今王田猎于此，

百姓闻王车马之音，见羽旄之美，举欣欣然有喜色而相告曰：'吾王庶几无疾病与*，何以能田猎也？'此无他，与民同乐也。今王与百姓同乐，则王*矣！

欣，音新。疾病与之与，作欤。王矣之王，读如旺。

上段言不与百姓同乐，故百姓见王作乐，都怨恨而兴悲叹！此段言能与百姓同乐，故百姓见王作乐，都很高兴(欣欣然，是形容高兴的状态)，露着欢喜的神色，大家互相告语道："我们的王，近来没有疾病吧，否则何以能玩弄音乐呢？"又见王打猎，也互相告语道："我们的王，近来没有疾病吧，否则何以能打猎呢？"这种情形，也是没有其他的缘故，就是能够与百姓一同欢乐，所以如此的。"今王与百姓同乐，则王矣"者，是说：现在你王只要能够与百姓一同欢乐，就可以王天下了！

又按上段言百姓互相告语中，有"父子不相见，兄弟妻子离散"等语，因为当时各国君主，都喜欢打仗，争夺他国的土地，所以国内的百姓弄到如此地步。倘能不贪他国土地，与百姓共同取乐，那么百姓的心都来归向，自然可以王天下了！前后两段，一正一反，详细说给王听，想将王感化，不再虐待百姓，不再和他国争夺土地，这就是本章中主要的意思。

(问)　音乐与王道，有何关系？

(研究)无论何事，只要能够和百姓同甘共苦，就是王天下的根本。

此章不过借齐王好乐一语，劝王与百姓同乐而已！

齐宣王问曰："文王之囿*方七十里，有诸？"孟子对曰："于传有之。"曰："若是其大乎？"曰："民犹以为小也。"曰："寡人之囿，方四十里，民犹以为大，何也？"

囿，音右。

文王，周文王也。囿，是畜养禽兽的园。齐宣王问孟子道："周文王的园见方有七十里大，是确有的吗？"孟子对道："书本传下来有这句话的。"宣王又问道："竟这样的大吗？"孟子道："百姓还以为小哩。"宣王又道："寡人的园，见方只有四十里，百姓还以为太大，是何道理呢？"

曰："文王之囿，方七十里，刍* 荛* 者往焉，雉* 兔* 者往焉，与民同之，民以为小，不亦宜乎？"

刍，音初。荛，音饶。雉，音志。兔，音吐。

宣王以为自己的园只有四十里，百姓尚嫌太大，问孟子是何道理，孟子因将文王七十里的园百姓不以为大的缘故先行说明。刍，草也。荛，柴也。雉兔，即野鸡和兔，是小的禽兽。孟子回答宣王道："文王的园，虽有七十里之大，因为割草的能自由进去割草（刍），砍柴的能自由进去砍柴（荛），里面的雉鸡和兔，也任凭百姓自由去捕捉，他的园，既与百姓共同享用，百姓以为太小，岂不是应该的吗？"

臣始至于境，问国之大禁，然后敢入。臣闻郊* 关之内，有囿方四十里，杀其麋鹿者如杀人之罪，则是方四十里为阱* 于国中。民以为大，不亦宜乎？

郊，音交。阱，音净。

孟子又继续说明齐宣王四十里的园，百姓尚以为太大的缘故道："臣刚到齐国的境内，曾经问明国中最大的禁令，然后才敢进来。臣听得郊野关以内的地方，有个见方四十里的园，若有人把园里的麋鹿杀掉，就犯了与杀人同样的罪名。那是方四十里一个陷人的地坑（阱）设在国中了，百姓以为太大，岂不是应该的吗?”

(问) 何以七十里的囿尚以为小,四十里的囿反以为大?

(研究)与民同乐的囿,在百姓心中,自然是愈大愈好。囿中杀一麋鹿,要人抵命,百姓自然要生怨恨,虽只四十里,百姓也以为太大了。

齐宣王问曰:“交邻国有道乎?”孟子对曰:“有。惟仁者为能以大事小,是故汤事葛,文王事昆夷。惟智者为能以小事大,故大* 王事獯* 鬻* ,句* 践* 事吴。

大,同太。獯,音薰。鬻,音育。句,音钩。践,音见。

汤,是商代第一世的王。葛,是商汤时一个小国。文王,即周文王。昆夷,是文王时一个小国。太王,是文王之祖,那时周国的区域还很小。獯鬻,是西北一个戎狄所建的大国。句践,是春秋时越国的国王,越国就是现在绍兴的地方。吴国就是现在苏州的地方,春秋时也是个大国。此章系齐宣王问孟子道:“结交邻国,也有方法的吗?”孟子对道:“有的。只有具有仁心的国王,方能够以大国的地位,却去奉事邻近的小国;像古时商汤是个大国,曾经奉事过极小的葛国。周文王是个大国,也曾奉事过极小的昆夷国。只有具有智力的国王,方能够以小国的地位去奉事邻近的大国,像古时周太王是个小国,曾经奉事极大的獯鬻国。越王句践是个小国,也曾奉事过极大的吴国。”

以大事小者,乐天者也;以小事大者,畏天者也。乐天者,保天下;畏天者,保其国。《诗》云:“畏天之威,于时保之。”王曰:“大哉言矣!寡人有疾,寡人好勇。”

乐,皆音洛。

[illegible]畏天者，是不敢违背天理，很谨慎[illegible]地过日子。孟子说了“以大事小”、“以小事大”的话，又把所以然的道理申说一番，他说：以大国去奉事小国，是只要大家欢乐地过日子，这叫做乐天；以小国去奉事大国，是恐怕大国来攻伐，只是谨慎小心地过日子，这叫做畏天。《诗经》里说：“畏天之威，于时保之。”于时，同于是。这是引的《周颂·我将》之篇的两句，是承小国事大国接下去说：小国之事大国，要像敬畏上天的威严，时时小心，方能保得住这个国家。“王曰：‘大哉言矣’”云云者，是宣王听了孟子的议论，心中也很佩服。大哉言矣，是说这句话真是伟大极了。只是我不能照这样去做，因为寡人有一个毛病，寡人是好勇的。好勇者，意思是说我时常想用武力压服邻国，决不能像仁者之“以大事小”，或智者之“以小事大”也。

对曰：“王请无好小勇。夫抚剑疾视，曰：‘彼恶* 敢当我哉？’此匹夫之勇，敌一人者也。王请大之！《诗》云：‘王赫* 斯怒，爰整其旅*，以遏* 徂* 莒*，以笃周祜*，以对于天下。’此文王之勇也。文王一怒而安天下之民。”

恶，音乌。赫，音黑。旅，音吕。遏，音饿。徂，音租。莒，同旅。祜，音户。

宣王说自己有好勇的毛病，孟子即对他说道：“你王请不要喜欢小勇。”怎么叫小勇呢？好像“一个人按着一柄剑，恶狠狠地看着人说道：‘他们哪里敢来抵挡我？’这不过是匹夫之勇，只能抵御一个人罢了。你王请把所喜欢的勇，扩大起来。”故曰：“王请无好小勇。夫抚剑疾视，曰：‘彼恶敢当我哉！’此匹夫之勇，敌一人者也。王请大之。”

《诗》云者，是孟子引的《诗经·大雅·皇矣篇》的句子，都是赞叹周文王之大勇的，赫，发怒的状态。“王赫斯怒”者，是说：文王赫然发动他的怒气。爰，犹说于是。整，整顿也。旅，军队也。……

遏止。当文王的时候，有一个密国，屡次侵犯周国土地，文王因此发怒，……兵去遏止密国的侵犯。徂，往也。莒，《诗经》里作旅，古时音同者多借用。“以遏徂莒”，是说因密国来侵犯，特发兵前往遏止其进攻。笃，增厚也。祜，福也。“以笃周祜”者，是说增厚周国的福祚也。“以对于天下”者，言文王以此态度，对待天下的诸侯也。孟子请宣王不必好小勇，还是好大勇，故引《诗经》的句子，表出周文王当时的大勇。文王因此一怒，竟能使天下的百姓都安定了。故曰：“文王一怒而安天下之民。”

《书》曰：“天降下民，作之君，作之师，惟曰其助上帝，宠之四方，有罪无罪惟我在。天下曷敢有越厥志？”一人衡*行于天下，武王耻之，此武王之勇也。武王亦一怒而安天下之民。今王亦一怒而安天下之民，民惟恐王之不好勇也！

衡，此处同横。

上段引《诗经》称赞文王之好勇，此段又引《书经·泰誓篇》中称赞武王之好勇。“天降下民，作之君，作之师”者，言上天降生下界的百姓，特立一个君主（作之君）使他治理百姓，更立一个师长使他教导百姓。“惟曰”者，是说上天的意思是这句话也。“其助上帝，宠之四方”者，是说上天所立的这个君，这个师，为了要他帮助上帝，所以使他居天子的位，常受上天的宠异而安抚四方的百姓也。“有罪无罪惟我在”者，是武王对人说：“天下有罪的人、无罪的人，都由我在此治理”也。意思是有罪者我去诛灭他；无罪者，我去安抚他也。“天下曷敢有越厥志”者，是说天下的人，哪里敢有逾越这个志向也。“一人衡行于天下，武王耻之。”衡，同横。周武王未即天子位以前，商朝的纣王横行天下，暴虐百姓，武王以为世界上有这个无道的王，是一件羞耻的事，因此带了兵，把纣诛灭，这就是武王之大勇，武王亦因一怒而使天下的百姓安定。现今你王也像文王、武王，一怒而安天下的百姓；天下的百姓，只恐你王不肯好勇哩！故曰："今王亦一怒而安天下之民，民惟恐王之不好勇也！"

（问） 何谓一怒而安天下之民？

（研究）朱子《集注》云："此章言人君能惩小忿，则能恤小事大，以交邻国；能养大勇，则能除暴救民，以安天下。"又采张敬夫注云："小勇者，血气之怒也；大勇者，理义之怒也。血气之怒不可有，理义之怒不可无。知此，则可见性情之正，而识天理人欲之分矣！"

齐宣王见孟子于雪宫，王曰："贤者亦有此乐*乎？"孟子对曰："有。人不得，则非其上矣！"

乐，音洛，下同。

雪宫，齐国宫名，是齐宣王的离宫，相当于现在的别墅。王在雪宫和孟子相见。王问孟子道："贤德的人也有在这种地方居住的乐趣吗？"孟子对道："有的。"是说贤德的人，也喜欢住在别墅这样的地方。要知道任何一个人不能得到这种地方，他们心里，必定要批评其君上而表示反对的，故曰："人不得，则非其上矣！"意思是：不得住这地方的人，心里气不过，怎么王有这种地方居住，我们没有这种地方居住，那就要批评其君上的不是，故曰，"则非其上"也。

不得而非其上者，非也；为民上而不与民同乐者，亦非也。乐民之乐者，民亦乐其乐；忧民之忧者，民亦忧其忧。乐以天下，忧以天下，然而不王*者，未之有也！

不王之王，读如旺。

此段系继续上文申明凡为君上必与民同乐的意思，是说“这班人，因不得这种地方居住，就心怀不是，而将君上批评，那是不应该的。故曰：‘不得而非其上者，非也。’但是既居百姓之上的人君，只知自己欢乐，不与百姓共同欢乐，也是不应该的。故曰：‘为民上而不与民同乐者，亦非也。’假使人君能重视百姓，以百姓的欢乐为欢乐，百姓自然也将君上的欢乐视同自己的欢乐了；以百姓的忧患为忧患，百姓自然也将君上的忧患，视同自己的忧患了，乐则与天下同乐，忧则与天下同忧，上下同一心思，若说再不能王天下，那是从来没有的。”故正文云云。

昔者，齐景公问于晏子曰：“吾欲观于转附朝*儛*，遵海而南，放于琅*邪，吾何修而可以比于先王观也。”

朝，音潮。儛，音舞。琅，音郎。

齐景公是齐国上代的君主。晏子名平仲，是齐景公时的名臣。此段是孟子引齐景公对晏子的话，告诉齐宣王也。转附、朝儛，是齐国东北近海的两座山名。琅邪，是齐国东南境的地名。齐景公问晏子道：“我要看看转附、朝儛两座高山，一直沿海边（遵海）向南方，再到琅邪地方一游。我将怎么办方能与古代圣王的巡游相比呢？”古书上说前代帝王，常有周游四海的事情，所以齐景公也如此着想。

晏子对曰：“善哉，问也！天子适诸侯曰巡*狩*，巡狩者，巡所守也；诸侯朝*于天子曰述职，述职者，述所职也。无非事者，春省耕而补不足，秋省敛而助不给。”夏谚*曰：“吾王不游，吾何以休？吾王不豫*，吾何以助？一游一豫，为诸侯度。”

巡，音旬。狩，音兽。朝，音潮。谚，音彦。豫，音预。

此段系当时晏子回答齐景公之语。因齐景公要游观南方名山，又想仿效古代圣王之巡游，所以晏子就将古代圣王游观的道理说了出来。先说："善哉问也。"意思是：你这句话，真问得好极了！又说道：古代圣王的游观，凡是天子到诸侯的国内，叫做巡狩。怎么叫巡狩呢？就是巡察诸侯所守的地方。故曰："天子适诸侯曰巡狩，巡狩者，巡所守也。"诸侯去朝见天子，叫述职。怎么叫述职呢？就是陈述自己职务上所办的事件。故曰："诸侯朝于天子曰述职，述职者，述所职也。""无非事者，"是说从没有无事而出行的。此外，像春天去省察耕田的人，见了种子肥料有不足的，去补给他；秋天去省察收稻的人，见了谷食有不够的，也去补助他。故曰"春省耕而补不足，秋省敛而助不给"也。夏谚者，是夏朝的俗语，当时有这两句话，是："吾王不游，吾何以休？吾王不豫，吾何以助？"意思是说：我的王不到这里来游，我们辛辛苦苦地种田，怎能得到休息呢？我的王心中不快乐（豫是快乐的意思），我们逢到不足的地方，怎能得到补助呢？"一游一豫，为诸侯度"者，度即法度，是晏子说明夏谚的意思，圣王的一游一豫，都是各国诸侯应当取法的。

今也不然，师行而粮食，饥者弗食，劳者弗息，睊*睊*胥*谗*，民乃作慝*。方命虐民，饮食若流；流连荒亡，为诸侯忧。

睊，音绢。胥，读如须。谗，音禅。慝，读如脱。

此段仍是晏子所说。"今也不然"，是晏子说现今的时候，却不是这个样子了。"师行而粮食，饥者弗食，劳者弗息"，这是当时的情形，诸侯只知兴兵打仗。兵士奉令出发叫师行，粮食是军中的粮饷。国中米粮既供给军中，百姓就受饥而弗能得食了；劳动者更是得不到休息。睊睊，是侧着眼睛看人。胥谗，是都出谤恨的言语。慝，怨恶的意思。这两句是说百姓都侧着眼睛，口出谤恨的言语，心里怀着非常的怨恶。"方命虐民，饮食若流，"方，违背的意思；命，即国君的命令。是说诸侯本应奉天子的命令去安抚百姓，现在变成违背命令而虐待百姓了，而且自己只顾饮酒吃食，靡费好像水流一般去也。"流连荒亡，为诸侯忧"者，是说像这流连荒亡（四字详解见下面正文）的行动，使那些附庸的小国诸侯也是非常忧虑的。

"'从流下而忘反谓之流，从流上而忘反谓之连，从兽无厌谓之荒，乐酒无厌谓之亡。先王无流连之乐，荒亡之行，惟君所行也。'

上段说流连荒亡四件，都是自己所属各小国诸侯很为忧虑的。此段更说明"流连荒亡"四个字的意义："从流下而忘反，"是说像行舟时从上向下淌去，忘记回来的叫做流。"从流上而忘反，"是说行舟时从倒流的水里，硬要把船撑上去的叫做连。"从兽无厌，"是说打猎不知道厌足的叫做荒。"乐酒无厌，"是说饮酒不知道厌足的叫做亡。这四件事情，是古代圣王所没有的。你做人君的，可行则行，不可行则不行，那是要自己主张的。故曰："先王无流连之乐，荒亡之行，惟君所行也。"

"景公说*，大戒于国，出舍于郊，于是始兴发，补不足。召太师曰：'为我作君臣相说*之乐*。'盖《徵*招》、《角招》是也。其诗曰：'畜*君何尤？'畜君者，好君也。"

说，今作悦。乐，均读如浴。徵，此处音止，畜，音蹙。

景公听了晏子的话，非常欢喜，故曰：景公说也。"大戒于国"者，是在国内大加戒备也。“出舍于郊”者，不敢安居宫内，搬到郊外去住也。“于是始兴发，补不足”者，是开了仓库，把米谷发给不足的农民也。太师，是掌管音乐的官。景公又对乐官说：给我制造些君与臣互相欢悦的音乐。后来就制定了《徵招》、《角招》两种乐歌。这乐歌中有一句“畜君何尤”。畜者，阻止的意思，是说晏子能这样阻止景公的欲望，还有什么过失呢？孟子讲到这里，又补充一句说：人臣而能阻止其君上的欲望，实是表现其爱好君上的心理，故曰：“畜君者，好君也。”

此章是孟子引晏子谏齐景公的话，转告齐宣王。自“昔者齐景公问于晏子曰”以后，都述晏子与景公之事，意思是齐宣王住在雪宫里，只顾自己欢乐，而忘了百姓，所以特引晏子谏齐景公的话，借此感悟宣王。最后说“景公出舍于郊，始兴发，补不足”，是教齐宣王须看景公的样，应该停止自己取乐，从早开出仓库，补救这些饥寒困苦的百姓。

（问）何谓流连荒亡？

（研究）人君独自在宫中取乐，不知百姓的饥寒，势必造成国家祸乱，以致于灭亡。

齐宣王问曰：“人皆谓我毁明堂，毁诸？已乎？”孟子对曰：“夫*明堂者，王者之堂也。王欲行王*政，则勿毁之矣！”

夫，音扶。王政之王读如旺，下同。

明堂者，据汉赵岐注：“泰山下明堂，本周天子东巡狩朝诸侯之处也。”此明堂在齐国境，这时候诸侯已不朝，天子也不巡狩，故齐宣王问孟子道：“人家对我说，这个明堂，可毁坏它。”“毁诸？已乎？”是宣王问：“毁了它呢？还是不毁它而保存呢？”孟子对道：“这个明堂，是天子的堂，你王如要行王政，那么，还是勿毁坏它吧！”

王曰:"王＊政可得闻与＊?"对曰:"昔者,文王之治岐＊也,耕者九一,仕者世禄,关市讥＊而不征,泽梁无禁,罪人不孥＊。老而无妻曰鳏＊,老而无夫曰寡,老而无子曰独,幼而无父曰孤。此四者,天下之穷民而无告者。文王发政施仁,必先斯四者。《诗》云:"哿＊矣富人,哀此茕＊独。"

与,作欤。岐,音其。讥,音机。孥,音奴。鳏,音关。哿,音可。茕,音穷。

孟子对宣王说,王要行王政,勿要毁明堂。故宣王问:"怎样叫王政,可以说给我听听吗?"孟子对道:从前(昔者)周文王治理岐山地方,使耕田的人种谷,耕田的得八分,国家取其一分,故曰:"耕者九一。"做官的人,世世有禄米可得,故曰:"仕者世禄。"讥,同稽,稽查也。对于关里市里,只稽查出入而并不征商民的税,故曰:"关市讥而不征。"泽者,有水的地方。梁者,堰水捕鱼的场所。是说有水的地方,听民养鱼捕鱼,没有禁令。故曰:"泽梁无禁。"犯罪的只惩办其本人,并不带累家小,故曰:"罪人不孥。"又说:"老而无妻的人叫鳏,老而无夫的人叫寡,老而无子的人叫独,幼而无父的人叫孤。这四种人,是天下最穷苦无靠的人。文王发出政令,施行仁德,必先拯救这四种苦人。《诗经》里说的:'哿矣富人,哀此茕独。'"这是引《诗经·小雅·正月之篇》的句子,意思是:富足的人尚可以过日子;最可悲哀的,就是这些没有依靠而孤独的人(茕是没有依靠的意思)。故正文云云。

王曰:"善哉,言乎!"曰:"王如善之,则何为不行?"王曰:"寡人有疾,寡人好货。"对曰:"昔者公刘好货,《诗》云:'乃积乃仓,乃裹＊糇＊粮,于橐＊于囊,思戢＊用光,弓矢斯张,干戈戚扬,爰方启行。'故居者有积仓,行者有裹粮也,然后可以爰方启行。王如好货,与百姓同之,

于王*何有?”

裹,音果。糇,音侯。橐,音托。戢,读如七。于王之王读如旺。

宣王听了孟子所说的王道仁政,心中也以为不错,故称赞道:“善哉言乎!”孟子因宣王既明白这些话是善的,遂加以诘问道:“你王如果认为此话是善的,那么,为何不照着做呢?”宣王说道:“因为寡人有一个毛病,寡人是最好货财的。”于是孟子又乘间对道:“昔者,公刘好货。”公刘,是周代祖先,夏朝的一个诸侯,因为在以前,故称昔者。意思是说:像古时的公刘也是喜欢货财的。《诗经》里所说:“乃积乃仓”云云,这就是歌咏公刘好货的事情。

孟子所引乃《诗经·大雅·公刘篇》的第一章。“乃积乃仓”,是说把米谷堆积在仓库里面。“乃裹糇粮”者,糇粮,即干粮,出行的人常包裹带在身边的。“于橐于囊”者,橐与囊,都是盛粮食的袋,是说把糇粮都包裹在囊橐之中。“思戢用光”者,是人民安集,国威发扬。“弓矢斯张,干戈戚扬,爰方启行”者,因为古时候是游牧民族,从甲地方搬到乙地方去,常要防异族或野兽的侵袭,所以要张着弓箭,带着干戈、斧钺(戚即斧,扬即钺),然后开始行路。“故居者有积仓,行者有裹粮也,然后可以爰方启行”,此三句,是孟子更说明所引诗句的意义。居者,系指住在原地方的人民,他们都有积满米谷的仓库。行者,系指移居他处的人民,他们都带有干粮,带有防卫兵器,所以能拣定地方而动身出发也。接着说:“王如好货,与百姓同之,于王何有”者,意思是:你王如果真好货,只要像公刘一样,把所有的货财,与百姓共同享用,就是王道仁政了,对于王天下,何尝有什么难处呢?

王曰:“寡人有疾,寡人好色。”对曰:“昔者大*王好色,爱厥妃。《诗》云:‘古公亶*父,来朝走马,率西水浒*,至于岐下。爰及姜女,聿*来胥宇。’当是时也,内无怨女,外无旷夫。王如好色,与百姓同

之，于王何有？”

大，作太。亶，音但。浒，音虎。聿，音玉。

宣王听了孟子的话，知道好货是与王道无妨碍的，因此又另提一问题，对孟子说：“寡人还有一个毛病，寡人是最好女色的。”孟子又对道：以前有位太王，也是性喜女色，而非常宠爱他的王妃的，故曰：“昔者，大王好色，爱厥妃。”太王，是公刘之孙，周文王之祖，那时候，周还是一个小国诸侯，故称古公。亶父，是古公的名号。孟子又引《诗经·大雅·绵》之篇中所说：古公亶父因避狄人侵犯，一日很早起来，带着自己的百姓，走马向西方沿着水滩（水浒），停留在岐山下面，于是带了个姜姓女子，同来察看房屋（胥宇），从此就住在这里。故曰：“古公亶父，来朝走马。率西水浒，至于岐下。爰及姜女，聿来胥宇。”“当是时也”下，是孟子又补充说明太王当时是怎样的一种好色。怨女，是无夫之女。旷夫，是无妇之夫。太王因为自己好色，使部下的男女各有配偶，故曰“内无怨女，外无旷夫”也。现在你王如果好色，只要推己及人，使百姓都成配偶而无怨女旷夫，那就是与民同乐，对于王天下，何尝有什么难处呢？

（问） 好货好色，何以就是王道？

（研究）凡为国君，无论做的何事，只要和百姓共同享受，那么，人心归向，就可以王天下了。

孟子谓齐宣王曰：“王之臣，有托其妻子于其友，而之楚游者，比其反也，则冻馁其妻子，则如之何？”王曰：“弃之。”

此章是孟子见齐宣王，不待宣王之问，先对宣王说道：“你王的臣子，假使有把妻子托给朋友，请他照管，自己到楚国去游历。等到回来，他的妻子，衣也没得，食也没得，而受着冻饿了。对于这所托的朋友，应当怎么样呢？”王曰：“弃之"者，是王说：像这种朋友，只好弃掉他，不再和他做朋友了！如正文云云。

曰："士师不能治士，则如之何？"王曰："已之。"

"曰"者，孟子又问也。士师，掌管监狱的官。宣王既说不可托的朋友，只有弃掉他，孟子又问他："假使有管狱员不能管理他的属员（治士），那又怎么样呢？"王曰"已之"者，是王说：只好把这管狱员革掉，再不要他做官了。如正文云云。

曰："四境之内不治，则如之何？"王顾左右而言他。

宣王既知不可靠的朋友只好弃掉他，不能管属员的管狱员只好罢黜他，那都是很明白道理的话。孟子听他这般回答，于是问道："你王四面国境内弄得非常的乱而不加治理，那又怎么样呢？"宣王听了这话，才知道孟子是说自己的不能治国，因此没有话可以对答，只好把头看着旁边的人，说到别的事情上去了，故曰："王顾左右而言他"也。

（问） 齐王何以顾左右而言他？

（研究）做人办事，都有责任。只知他人不负责，不知自己不负责，那实是一般人的通病。

孟子见齐宣王曰："所谓故国者，非谓有乔木之谓也，有世臣之谓也。王无亲臣矣！昔者所进，今日不知其亡也。"

故国，是年代久远的国家。乔木，是高大的树木。世臣，是世代做官与国家极有关切的臣子。此章记孟子去见齐宣王，对宣王说道："所谓年代久远的国家，不是称国中有高大树木的话；是说有世代做官与国家极有关切的臣子。现在你齐王，连亲信的臣子都没有，前天所进用的臣子，今天不知道他已经避去而不在这里了！"故正文云云。

王曰："吾何以识其不才而舍*之？"曰："国君进贤，如不得已，将使

卑逾 * 尊，疏逾 * 戚，可不慎与 * ？”

舍，今作捨。逾，音俞。与，作欤。

宣王听了孟子的话，反而问孟子道：“我怎么能预先晓得这个臣子没有才能，把他舍弃而不任用呢？”孟子道：“做国君的进用贤人，本当留心拣择。如以为不得已而姑且任用，必然弄到卑下的人跨越过尊显的人，疏远的人跨越过亲密的人，难道可以不谨慎吗？”

左右皆曰“贤”，未可也；诸大夫皆曰“贤”，未可也；国人皆曰“贤”，然后察之。见贤焉，然后用之。左右皆曰“不可”，勿听；诸大夫皆曰“不可”，勿听；国人皆曰“不可”，然后察之。见不可焉，然后去之。左右皆曰“可杀”，勿听；诸大夫皆曰“可杀”，勿听；国人皆曰“可杀”，然后察之。见可杀焉，然后杀之。故曰：“国人杀之也。”如此，然后可以为民父母。

孟子又接下去说明选用贤才的方法。左右，是在王左右的人。诸大夫，是朝中诸位职官。国人，是国内的百姓。孟子道：“做国君的进用臣子，当先听听自己左右的人说他怎样，假使左右的人都说某人是贤的，绝不可就用他。再听听在朝诸位职官的批评怎样？假使也说某人是贤的，还不可就用他。再听听国内百姓的批评怎样？等到国内百姓都说某人是贤的，然后再细细地考察。发现这个人果然是贤的，然后才任用他。要去掉一个臣子，但听左右的人说某人不可用，那是不可听从的。再听到诸大夫也说是不可用，但也不可就听从。要等到国人都说是不可用，然后再细细地考察，发现这个人果然不可用，然后才去掉他。至于左右的人说某人可杀，那是不可听从的。诸大夫也说某人可杀，但也不可就听从。要等到国人都说某人可杀，然后再细细地考察，发现这个人果然有可杀之罪，然后才杀他。那被杀者实在是全国百姓的公敌了，所以也可以说是国人杀他的。这样，然后可以做百姓的父母了！”即正文云云。

（问） 国君任用官吏，专听左右或诸大夫的称赞，可有什么弊病？

（研究）国人皆曰可用或可杀，然后加以考察而用之杀之，此即得到百姓的同意；想推行王道仁政，百姓的意旨是万不可轻视的。

齐宣王问曰：“汤放桀*，武王伐纣*，有诸？”孟子对曰：“于传有之。”

桀，音杰。纣，音宙。

桀，是夏朝末代的王，因暴虐百姓，被成汤举兵讨伐，把他驱逐掉，故曰：“汤放桀。”纣，是商朝末代的王，也因暴虐百姓，被周武王举兵去讨伐，将他的国家灭掉的，故曰“武王伐纣”。有诸者，是宣王问：有这件事吗？孟子对道：从古代书籍上流传下来，是有这些事的。故曰：“于传有之。”

曰：“臣弑*其君可乎？”曰：“贼仁者谓之‘贼’，贼义者谓之‘残’；残贼之人，谓之‘一夫’。闻诛*一夫纣矣，未闻弑*君也。”

弑，音试。诛，音朱。

寻常杀人称杀，臣子杀害其君父称弑。弑的罪名，是非常重的。汤放桀，武王伐纣，在当时汤与武王都是诸侯，是臣；桀与纣都是天子，是君。故宣王问道：“像汤对于桀，武王对于纣，那是臣弑君了，这种事情，究竟可使得吗？”贼，是盗贼之贼，盗贼专以杀害他人为事，故贼字又可借做伤害的意思。“贼仁者谓之贼，”是说伤害仁德的人，只可称他为贼，不再承认他的王位了。残，残忍的意思，凡有伤害天理的人，也只可称他为残，不再承认他的王位了，故曰：“贼义者，谓之残"也。像桀、纣虽然是国君,他既专事残贼,这种人只能称作匹夫(一夫),所以孟子说:我只听得诛杀了匹夫纣罢了,并没有听得过臣子能弑其君上的。故正文云云。

(问) 何谓贼仁,贼义?

(研究)为国君者,能使天下人心归向,然后可王天下。假使人心失去,那就生命都难保了。

孟子见齐宣王曰:"为巨室,则必使工师求大木。工师得大木,则王喜,以为能胜其任也。匠*人斫*而小之,则王怒,以为不胜其任矣。夫*人幼而学之,壮而欲行之,王曰:'姑舍*女*所学而从我。'则何如?"

匠,音酱。斫,读如足。夫,音扶。舍,作捨。女,今作汝。

孟子见齐宣王说道:造一所大房屋,必定要使工程师去求得极大的木头。工程师得了极大的木头,那么,你王心里欢喜,以为这个工程师确能担任这职务的。故曰:"为巨室,则必使工师求大木;工师得大木,则王喜,以为能胜其任也。"不料工程师虽把大木找来,却被工匠把这大木刨削(斫)得太小了,于是你王必定发怒,以为这个工匠,是不能担任这职务的。故曰:"匠人斫而小之,则王怒,以为不胜其任也。"现在有个人,年少的时候,学了推行仁义的道理;到了年纪大些(壮),总想把他所学的用于国家,你王却对他说道:且放弃你自己的学问,依照我的主张办事,这是怎么讲呢?故曰:"夫人幼而学之,壮而欲行之,王曰:'姑舍女所学而从我。'则何如"也。

"今有璞*玉于此,虽万镒*,必使玉人雕*琢*之。至于治国家,则曰:'姑舍女所学而从我,'则何以异于教玉人雕琢玉哉?"

璞，音朴。镒，读如亦。雕，音刁。琢，音捉。

上段说工师得大木则王喜，匠人斫而小之则王怒，是譬喻一个人，所学要能施之于用。此段仍用譬喻而意思与上文相同。"今有璞玉于此"云云者，是说现今有一块没有雕琢过的玉(璞)在这里，虽然值到一万镒的价钱(按一镒为二十两，万镒即二十万两)，必定要使玉器匠来雕琢，然后才能制成一件玉器。至于治理国家时，你王却对人说道："且放弃了你自己的学问，来依照我的主张来办事，这样，和硬教玉器匠依着你的主张去雕琢玉器，有什么相异呢?"

(问) 何谓教玉人雕琢玉?

(研究)所学非所用，所用非所学，一切政治就无从办理了。

齐人伐燕，胜之。宣王问曰："或谓寡人勿取，或谓寡人取之。以万乘之国伐万乘之国，五旬而举之，人力不至于此。不取，必有天殃*，取之何如?"

殃，音央。

战国时的各大国，都僭称为王，都有兵车万乘，故称"万乘之国"。齐国在今山东省，燕国在今北平，那时候燕国有内乱，齐国去讨伐，竟打了胜仗。殃，即祸害；旬，十日也。齐国伐燕得胜，宣王问孟子道："有人叫寡人不要把燕国的土地取来，也有人叫寡人，竟把燕国的土地取来。像齐是个万乘的国家，燕也是个万乘的国家，用万乘国家的力量，去讨伐一个万乘的国家，本来是势力平均的，现在只有五十日工夫就把它攻破(举)了，这里面一定是上天帮助，光靠人的力量绝不会这样容易。倘若不取燕国的土地，恐怕违反天意，必然有祸殃降下来。所以我的意思，想把燕国的土地取来，你以为怎样?"如正文云云。

孟子对曰："取之而燕民悦，则取之。古之人有行之者，武王是也。

取之而燕民不悦，则勿取，古之人有行之者，文王是也。以万乘之国伐万乘之国，箪 * 食壶浆，以迎王师，岂有他哉？避水火也。如水益深，如火益热，亦运而已矣。”

箪，音丹。

宣王要取燕国的土地，问孟子可取不可取。孟子对道：取他的土地，能使燕国百姓表示乐意的，那就取了它。古时候的人，已经有做过这种事的，像周武王伐纣，把殷国灭掉，而取了它土地就是。故曰：“取之而燕民悦，则取之。古之人有行之者，武王是也。”假使取它的土地，燕国百姓并不表示乐意的，那就不要取。古时候的人，也有做过这种事的，像周文王时，天下百姓的归向已有三分之二，并不取殷国的土地，就是个例子。故曰：“取之而燕民悦，”至“文王是也。”现在齐国伐燕国，以一万乘兵车的国家，去伐一万乘兵车的国家，燕国的百姓，用竹器（箪）盛着饭食，瓦壶盛着酒浆，来迎接你王的军队（师），他们难道有别的心思吗？不过像避水溺火烧的灾难罢了！故曰：“以万乘之国伐万乘之国，箪食壶浆，以迎王师，岂有他哉？避水火也。”你王如得了他的土地，并不行王道仁政，那么，他的百姓，仍旧受着水溺火烧的苦，而且经过燕王的苦，再吃齐王的苦，好像溺在水里，更其深陷了，被火烧着，更其焦热了，亦不过转望（运的意思同转）他国再来攻伐，挽救他们的生命罢了。故曰：“如水益深，如火益热，亦运而已矣！”

（问） 武王于殷，何以取之？文王何以勿取？

（研究）五旬而举燕国，因燕的百姓对于燕王已有了叛心，不肯再替燕王出力。齐若不行仁政，百姓仍不归心，土地终不能为齐所有也。

齐人伐燕，取之。诸侯将谋救燕。宣王曰："诸侯多谋伐寡人者，何以待之？"孟子对曰："臣闻七十里为政于天下者，汤是也。未闻以千里畏人者也。"

齐人伐燕得胜后，竟把燕国的土地取来。别国诸侯因妒忌齐国，大家谋划，想去救燕伐齐，故宣王对孟子说：用什么方法，去对待各国诸侯的兵。孟子对曰："臣闻七十里为政于天下者，汤是也。未闻以千里畏人者也"者，是孟子回答说：商朝的汤王，最先只有七十里的地方，后来他的仁政普遍天下，就代替夏朝做了天子。现今齐国地方，有千里之大，却怕诸侯来攻伐，那是从来没有听见过的。

《书》曰："汤一征，自葛始，天下信之。"东面而征西夷怨，南面而征北狄怨，曰："奚为后我？民望之，若大旱之望云霓*也。"归市者不止，耕者不变，诛其君而吊其民，若时雨降，民大悦。《书》曰："徯*我后，后来其苏！"

霓，音泥。徯，音以。

孟子又引《尚书·仲虺之诰》的句子，证明汤以七十里为政于天下的事实。葛，是当时的一个国家。汤王初次出兵，先伐葛国，故《尚书》说，"汤一征，自葛始"也。汤征葛的时候，天下的人都相信汤是个仁君，故曰"天下信之"。当汤王带了兵向东出征的时候，西方的夷人发生怨望。向南出征的时候，北方的狄人也发生怨望，都说道："为什么先到别处征伐，后来征伐我们呢？"故曰"东面而征西夷怨，南面而征北狄怨，曰，奚为后我"也。这时候天下人民盼望汤王带兵去征伐，像大旱时希望天空起云，早些降雨；不要现出虹霓，变成晴天。及至汤的兵到了，在市上做交易的人，并不停止他的买卖；在田间耕种的人，也照样耕种。

汤把他们的暴君诛杀了，又去抚慰百姓（吊其民），好像久旱时候降下时雨一样，百姓无不大悦。故曰"民望之，若大旱之望云霓也。归市者不止，耕有不变，诛其君而吊其民，若时雨降，民大悦"也。孟子又另引《尚书·仲虺之诰》的两句道："徯我后，后来其苏！"徯，等待的意思。后作人君讲。苏者，已死而醒转的意思，《尚书》里又说：等待这个仁德的君，这个仁德的君到了，我们就像死而复活了。

今燕虐其民，王往而征之，民以为将拯*己于水火之中也，箪食壶浆，以迎王师。若杀其父兄，系累其子弟，毁其宗庙，迁其重器，如之何其可也！天下固畏齐之强也，今又倍地而不行仁政，是动天下之兵也。

拯，音整。

上段说天下的百姓，只望汤的兵早些来到，因为汤是去救百姓的。现在燕国的国君，因虐待他的百姓，你王带了兵去征伐他，那些百姓本来像溺在水里、烧在火里，知道你王的兵到了，都以为要把他们从水中火中拯救出来，所以备了箪食壶浆，来迎接你王的军队。现今若把他们的父兄都杀死（若杀其父兄），把他们的子弟都缚了（系累其子弟），又毁坏他们祖宗的祠庙（毁其宗庙），搬取他们贵重的器物（迁其重器），照这样子，怎么可以呢？天下的诸侯，本来已很怕齐国的强大，现在并吞燕国，土地又加了一倍，再不施行仁政，那么天下的诸侯必定要共同起兵来攻打齐国的。故正文云云。

王速出令，反其旄*倪*，止其重器，谋于燕众，置君而后去之，则犹可及止也。

旄，音毛。倪，音泥。

旄，同耄，老人也。倪，同儿，小儿也。孟子又告诉宣王："你王赶快发出命令，把掳来的老人小儿放回去。停止搬取他们贵重的器物，再和燕国的大众商量(谋于燕众)，替他们另外置立一个君主，然后班师而去，那么天下诸侯还可停止兵队，不来攻打你的齐国。”故曰：“置君而后去之，则犹可及止也。”

按齐宣王乘燕国内乱，进兵攻燕，因之大胜；但是不听孟子的话，后来燕国重兴，使乐毅攻齐，齐国也几至灭亡。不得已用反间之计，使燕王疑心乐毅，乐毅奔赵，齐国大将田单方能将失地收复。此役为战国时一大事，和孟子当时的话很有关系，所以附记于此。

(问)　齐攻燕，何以能如此胜利？

(研究)齐并燕则土地加倍，势必激动各国诸侯，而宣王又不善处置，所以得而复失，几至于亡国。

邹*与鲁哄*，穆公问曰：“吾有司死者三十三人，而民莫之死也。诛之，则不可胜诛；不诛，则疾视其长上，之死而不救，如之何则可也？”

邹，音周。哄，音讧。

邹国、鲁国都是当时的小国。哄，是发生冲突。穆公是邹国的国君。邹穆公问孟子道：“自从同鲁国开仗，我的官吏(有司)已死了三十三人，百姓却没有一个肯出力而死的。这种百姓，杀他也杀不了这许多；不杀，他们好像仇视自己的长官，任其被敌人杀死，并不去救，这种情形该怎么办呢？”故正文云云。

孟子对曰：“凶年饑*岁，君之民，老弱转乎沟壑*，壮者散而之四方者，几千人矣。而君之仓廪*实，府库充，有司莫以告，是上慢而残下也。曾子曰：‘戒之！戒之！出乎尔者，反乎尔者也。’夫*民今而后得反之也；君无尤焉！君行仁政，斯民亲其上，死其长矣。”

饑，同饥。壑，音霍。廪，音凛。夫，音扶。

邹穆公因战争失败，官吏死而百姓不肯从死，不明白什么道理，特地请问孟子，孟子将百姓不肯从死的原因向穆公述说。沟，水沟也。壑，是山间低下的地方。仓廪，即谷仓。府库，即钱库。尔，对人之称，犹说你。孟子对邹穆公道："逢了水旱各灾闹饥荒的年岁，你那些百姓，老的弱的，辗转饿死在水沟山壑之中，强的壮的，离散到四方去谋食，有好几千人了。这时候，你的谷仓里仍是满积着米谷，钱库里仍是满积着金钱，这些官吏并不把百姓困苦情形来告诉你。眼看百姓饿死，这是在上位的对于百姓的生命太觉轻忽(上慢)，遂至杀害许多百姓(残下)。曾子曾经说过：'警戒些啊！警戒些啊！你所做出来的，结果也要加到自己身上的啊！'意思就是你怎样对待人家，人家也怎样来对待你。所以这些百姓把官吏待他们的方法，回转来也对待那些官吏。你不必去怨恨百姓，只要推行仁政，这些百姓自会亲近在上的官吏，逢到战争，必然肯拼死救取那些长官了！"如正文云云。

(问) 有司死三十三人，百姓不肯出死力相救，是何原因？

(研究)国库内充满钱谷，忍心把百姓饿死，实与杀害百姓无异。

滕文公问曰："滕，小国也，间于齐、楚，事齐乎？事楚乎？"孟子对曰："是谋，非吾所能及也。无已，则有一焉：凿斯池也，筑斯城也，与民守之，效死而民弗去，则是可为也。"

滕亦当时一小国，齐、楚皆大国，滕适在齐、楚中间，事齐则楚怒，事楚则齐恨，所以滕文公想不出法子，问孟子道："是奉事齐国呢，还是奉事楚国呢？"孟子道："这个谋划，不是我的才力所能想得周到的。实在不得已，只有一个方法：是把城池凿得很深，把城墙筑得很坚，和百姓一同守御，国君自己先尽死力，百姓必然团结而不愿散去，这样，是可以做到的。"

此段说小国夹在大国中间，无论想借哪一国的助力，总是靠不住的。只有与百姓同苦乐，百姓自然与国君同生死。如果全国的人都愿同死，邻国虽强，就不敢来侵犯了，这也是能行王道仁政应收的效果。

（问） 小国事大国应如何？

（研究）与民同生死，所谓万众一心，其锋锐不可当，虽介乎两大国之间，更无所用其畏惧了。

滕文公问曰："齐人将筑薛*，吾甚恐，如之何则可？"孟子对曰："昔者，大*王居邠*，狄人侵之，去之岐山之下居焉。非择而取之，不得已也。苟为善，后世子孙必有王者矣！君子创业垂统，为可继也；若夫成功，则天也。君如彼何哉？强*为善而已矣！"

薛，音雪。大，今作太。邠，音宾。强，读作"强迫"的"强"。

薛，是当时的小国，为齐所灭。齐攻灭薛后，又在薛地筑城。文公以其逼近滕国，恐齐又来灭滕，所以甚为恐惧。邠，地名。狄，北狄也。创业者，创立事业也。垂统者，把君位相继不断，传于后世子孙也。滕文公恐齐来侵灭自己的国家，故问孟子："怎样才可以避免？"孟子对道："从前周太王居于邠地，狄人来侵犯他，自知力不能敌，只得离开邠地，住到岐山下面。这不是喜欢岐山这地方，特地拣择了去住的，因为避狄人之难，那是不得已的事情。"意思是以齐国比狄人，叫滕文公也学太王。故接下去说："为人君的，苟能为善，他的后世子孙，必有能王天下的。"此是说太王的孙子文王、曾孙武王，后来果王天下也。君子，是称有道的君主。凡是有道的君主，创立事业，把君位传给后人，为的是使后来的子孙，可以继续下去。至于能不能一定成功，那只好听天由命，自己是没把握的。现在齐国如此强盛，它若要来侵伐，你有什么法子抵抗呢？也只有自己勉力，行些善政罢了！

（问） 太王何故去邠至岐？

（研究）敌人势强，无力抵抗，还是避开的好。但能力行善政，民心总不会失去的。

滕文公问曰："滕，小国也，竭力以事大国，则不得免焉。如之何则可？"孟子对曰："昔者大王居邠，狄人侵之，事之以皮币*，不得免焉；事之以犬马，不得免焉；事之以珠玉，不得免焉。乃属其耆*老而告之曰：'狄人之所欲者，吾土地也。吾闻之也，君子不以其所以养人者害人，二三子何患乎无君，我将去之。'去邠，逾梁山，邑于岐山之下居焉。邠人曰：'仁人也，不可失也。'从之者，如归市。"

币，音敝。耆，音其。

此章与上章同意。文公因自己国小力弱，对孟子说："滕是个小国，竭尽力量去奉事大国，终于不能免祸，怎样才可以呢？"孟子仍用太王之事来回答，不过更说得详细些。他说："从前太王住在邠地，因狄人来侵，用皮货钱币去供奉，不能免去相侵的祸害；再用猎狗战马去供奉，仍不能免去相侵的祸害；再用珠玉等珍宝去供奉，仍不能免去相侵的祸害。到这地步，太王只得告诉（属）邠地的老年人（耆老）道：'狄人所要的，是我的土地。我听得有句话说，有道的人君，本来是爱养人民的。今狄人来侵，我不去，反而害了人民，这是我所不能做的。像你们这班人（二三子），何必忧虑到没有君主？（意思是狄人来也可做你们的君主。）我将避开此地了！'于是就离开邠地，经过梁山，去在岐山下面，辟一个小都邑住着。邠地的人民说道：'这是个仁人，我们不可失了他的。'因此，从了太王到岐山去的人，像到市镇上做买卖一样。"故正文云云。

“或曰:‘世守也,非身之所能为也,效死勿去。’君请择于斯二者。”

上段说:强敌来侵,避到别的地方去,那是一个法子。但或者说:这个国土是祖宗传下来,只能世世代代守下去,不是自己所能作主放弃的,那只好拼着一死,和敌人抵抗到底,决不离开。请你拣择这两个法子里的一个吧。故正文云云。

(问) 何谓效死勿去?

(研究)强敌来侵,可避则避,无处可避则死,这都是正当的办法。

鲁平公将出,嬖*人臧*仓者请曰:“他日君出,则必命有司所之。今乘舆已驾矣,有司未知所之,敢请。”公曰:“将见孟子。”曰:“何哉?君所为轻身以先于匹夫者,以为贤乎?礼义由贤者出,而孟子之后丧逾前丧。君无见焉!”公曰:“诺。”

嬖,音闭。臧,音庄。

鲁平公,当时小国诸侯。将出者,将出外也。嬖人者,是称人君左右极宠幸的小人。臧仓,姓臧,名仓,常在鲁平公左右而素来得到宠幸的。“请曰”者,是请问鲁平公而说道。他所请问的是:“往常的日子,你国君出外,必先传命给司事的官,说明所要到的地方。今天你那车子,已经马都驾好了,那司事的官还不晓得究竟到哪里去,我敢来请问一声。”平公道:“我将要去见孟子。”臧仓又道:“为什么呢(何哉)?”接下去说道:“像你是一国的君主,不尊重自己的身份,先去见一个匹夫。难道以为他是个贤人吗?世上所说的礼义,是从贤德的人做出来的;现在孟子后来举办的丧事,胜过前番举办的丧事,你做国君的不必去见他了!”按所说后丧逾前丧者,是孟子先丧父,后丧母,孟子对于父的丧事,办得省减,母的丧事办得丰富,臧仓因认孟子厚于母而薄于父,不知礼义,劝阻鲁平公不要去见也。“公曰诺”者，是平公听了臧仓的话，以为不错，遂答应他不去了。

乐*正子入见曰：“君奚为不见孟轲*也？”曰：“或告寡人曰：‘孟子之后丧逾前丧，’是以不往见也。”曰：“何哉？君所谓逾者，前以士，后以大夫；前以三鼎，而后以五鼎与*？”曰：“否，谓棺*椁*衣衾*之美也。”曰：“非所谓逾也，贫富不同也。”

乐，读如浴。轲，音柯。棺，音官。椁，音郭。衾，音钦。与，作欤。

乐正子，是孟子的弟子。孟轲，即孟子，名轲也。士，谓士人，大夫，是公卿以下的官职。鼎，是丧祭所用盛食物的器皿。乐正子早就知道鲁平公要去见孟子，后来见平公忽然不去了，所以进去问平公道：“君为什么不去见孟轲呢？”平公道：“有人告我说：‘孟子后来举办的丧事，胜过前回的丧事，为了这个，所以不去见他了。”乐正子又道：“为什么呢(何哉)？你鲁君所说的后丧胜前丧，这是因为孟子丧父的时候仅是个士人，后来丧母的时候，却做了大夫。前一次丧事的祭器仅有三个鼎，后来所用祭器是五个鼎，就为了这个吗？”平公道：“不是的(否)，我说他用的棺木石椁、敛的衣服衾褥，都是后来所办的来得完美。”乐正子又道：“这个是不能算他对母胜于对父的，因为前后境地有贫富不同的啊！”故曰：“非所谓逾也，贫富不同也。”

乐正子见孟子曰：“克告于君，君为来见也。嬖人有臧仓者沮*君，君是以不果来也。”曰：“行，或使之，止，或尼*之；行止非人所能也。

吾之不遇鲁侯，天也，臧氏之子，焉*能使予不遇哉！”

沮，音咀。尼，此处音拟。焉，音烟。

克是乐正子的名。沮，阻住也。尼，亦是阻止的意思。鲁侯，即平公，谓鲁国的诸侯也。乐正子同平公说过话，来见孟子道：“克（乐正子自称）将你的贤能告诉过鲁君，鲁君为了相信我的话，已预备来见你了。有个嬖人叫臧仓的，忽然拦住了鲁君，鲁君所以又不来了。”孟子听了这话，便道：“我的王道学说要是能推行，就有人劝鲁君来见我；要是不能推行，就有人阻止鲁君来见我。所以或行或止，都不是个人所能为力的。现在我不能与鲁君（即鲁侯）相遇，这是天意，像这姓臧的人，难道真能使我不遇见鲁君吗？”

（问） 臧仓何故说孟子后丧逾前丧？

（研究）君子执政，小人必不能做坏事，所以臧仓先毁孟子，使鲁平公不与孟子相见，贤能的孟子既不见重用，像臧仓一类小人，便可肆行无忌了。

第二篇

公孙丑

GONG SUN CHOU

公孙丑问曰:“夫子当路于齐,管仲、晏子之功,可复许乎?”孟子曰:“子诚齐人也,知管仲、晏子而已矣!”

公孙丑,姓公孙,名丑,孟子弟子也。当路者,居重要地位,如在当道,系指掌握国家政权的大臣。管仲、晏子都是齐国从前的大臣,很有功劳。晏子,本名婴,因口头称惯晏子,故仍之也。公孙丑问孟子道:“像你夫子倘然身居齐国重要的地位,从前管仲、晏子的功劳,想可以再期许到的吗?”“孟子曰:子诚齐人也,知管仲、晏子而已矣”者,因为公孙丑是齐国人,对于齐国的人物事迹,比较容易知道,所以孟子说:“你真正是个齐国人,只知道管仲、晏子两个人罢了!”

“或问乎曾西曰:‘吾子与子路孰贤?’曾西蹴* 然曰:‘吾先子之所畏也。’曰:‘然则吾子与管仲孰贤?’曾西艴* 然不悦曰:‘尔何曾比予于管仲! 管仲得君,如彼其专也;行乎国政,如彼其久也;功烈,如彼其卑也:尔何曾比予于是!’”

蹴，读如促。艴，音弗。

此段系孟子引曾西所说告公孙丑也。曾西之父名参，即《论语》中之曾子，与子路同为孔子弟子。蹴然，是很不安的样子。艴然，是变了颜色，含有不屑的神情。吾子者，对人表示亲爱尊敬的称呼，犹说你也。先子者，是对人自称已经死了的父亲，犹说先父。此段是孟子答公孙丑道："从前有人问曾西道：'你和子路比较，哪个来得贤呢？'曾西觉得很不安而对道：'子路是我先父所敬服（畏）的。'意思是我的父亲曾参尚不敢和子路比较，自己怎么好跟子路相比呢？故曰：'吾先子之所畏也。'那个人又问道：'那么，你和管仲比较，哪个来得贤呢？'曾西变了颜色，显出很不屑的神情道：'你何至于把我去比管仲呢？'故曰'尔何曾比予于管仲'也。得君者，是说得到国君的信任，行乎国政，是说施行国家的政治。功烈，即功劳也。曾西又接下去说道：管仲当时得到齐桓公的信任，像他那样的专一。施行政治，又像他那样的长久。但是他所建的功劳，只做了一些霸业，是卑卑不足道的。故曰：'功烈，如彼其卑也。'曾西又对问的人道：'你何至于拿我跟他相比！'故曰'尔何曾比予于是'也。"

曰："管仲，曾西之所不为也；而子为我愿之乎？"

此段也是孟子对公孙丑所说的，孟子说："像管仲那样的人，曾西尚表示过不愿意做的，现在你以为我是愿意的吗？"故曰："管仲，曾西之所不为也，而子为我愿之乎？"

曰："管仲以其君霸，晏子以其君显，管仲、晏子，犹不足为与*？"曰："以齐王*，由反手也。"

与，作欤。王，读如旺。

此段又是公孙丑问也。孟子说管仲这种人，曾西尚且不愿学他，何况是我？意思是看不起管仲。所以公孙丑又问道："管仲做齐国的宰相，能使齐君成当时的霸主；晏子做齐国的宰相，能使齐君显名于列国：像这样的人，难道还不足取法吗？”孟子答道：“以齐王由反手也，”意思是说齐是一个很强大的国家，只要行仁政，就可以王天下，犹（由）如把手掌反转，那是很容易的。今管仲、晏子不知推行王道，所以说他是不足学的。

曰：“若是，则弟子之惑滋* 甚！且以文王之德，百年而后崩，犹未洽于天下。武王周公继之，然后大行。今言王* 若易* 然，则文王不足法与* ？”

滋，音之。王若之王读如旺。易，容易之易。与，作欤。

公孙丑又道：“这样说，使我弟子的疑惑更加多（滋）了！”故曰“若是，则弟子之惑滋甚”也。接着再问道：“有了周文王那样的道德，做到百年的君主而后死（国君的死称崩），如此长时期，尚且不能使天下完全和洽，直到武王、周公接下去，然后周的王道，始得大行于天下。今夫子说王天下这样容易，那么，周文王也不足以取法吗？”意思是以文王之圣，又加以百年之久，尚未得为天子，故曰：“则文王不足法与？”

曰：“文王何可当也？由汤至于武丁，贤圣之君六七作，天下归殷久矣；久则难变也。武丁朝* 诸侯有天下，犹运之掌也。纣之去武丁未久也，其故家遗俗，流风善政，犹有存者；又有微子、微仲、王子比干、箕子、胶鬲，皆贤人也，相与辅相之，故久而后失之也。尺地莫非其有也，一民莫非其臣也，然而文王犹方百里起，是以难也。

朝，音潮。

汤是商朝开国的贤君，武丁也是殷朝（商朝传至盘庚，迁居于殷，遂改国号为殷）的贤君。微子、微仲、王子比干、箕子、胶鬲等，都是殷朝纣王时候的贤臣。

公孙丑以为文王未成为天子，想来也是不足取法的，所以孟子又解释给他听道："像文王这种人，哪里有人敢当呢？"故曰："文王何可当也。"又道："从汤王到武丁，贤圣的君主出了六七个，天下的人已经长久归心于殷朝了，归心既久，那是不容易变动的。武丁既作天子，使天下诸侯来朝，好像在手掌上运东西那么容易。纣王作天子的时候，距离武丁的时候还不远，所以天下的人心还都记念殷朝。许多武丁时候旧臣的家族、遗留的习俗，以及流传的风化、善良的政治，尚有存在的；而且纣王时候，又有微子、微仲等都是贤人，大家辅助纣王，所以纣王的天下，一时不至于失掉，经过很长时间，方才失国。在纣王作天子时，天下的土地，没有一尺不是他所有的；天下的人民，没有一个不是他的臣子。这时候的文王，还刚刚只有一百里的国土，从这百里地方起来施行王政，所以要达到王天下的地步是极难的。"

"齐人有言曰：'虽有智慧*，不如乘势；虽有镃*基，不如待时。'今时则易然也。夏后、殷、周之盛，地未有过千里者也，而齐有其地矣；鸡鸣狗吠相闻，而达乎四境，而齐有其民矣。地不改辟*矣，民不改聚矣，行仁政而王*，莫之能御也。

慧，音惠。镃，音兹。辟，今作辟。王，读如旺。

智慧，是人的才识。镃基，是种田的器具。孟子引齐国人通行的几句话道："一个人虽有才识，不如乘着时势，容易立业；虽有种田的器具，不如等待相当的天时，容易种田。"这两句，是齐人的俗语。孟子又接下去道："现在的时势，只要推行王道，那是极容易做到的。"故曰："今时则易然也。"又道："从前如夏朝的君主（夏后），以及殷朝、周朝，当他强盛的时候，土地没有到过一千里的。现在齐国已有千里的土地了。鸡鸣狗吠的声音，彼此能听见，直到四周边境的地方，可见户口不少，齐国是已经有这许多人民了。照这样讲起来，土地不必再开拓，人民也不必再增加了，只要力行仁政，就可以王天下，没有人可以抵御得住的。”故正文云云。

“且王者之不作，未有疏*于此时者也！民之憔*悴*于虐政。未有甚于此时者也！饥者易为食，渴者易为饮。孔子曰：‘德之流行，速于置*邮*而传命。’当今之时，万乘之国行仁政，民之悦之，犹解倒悬也。故事半古之人，功必倍之，惟此时为然。”

疏，今作疎。憔，音樵。悴，音遂。置，音志。邮，音由。

憔悴者，是说人脸黄肌瘦，形容极困苦的样子。虐政，是虐待人民的政治。置邮，犹现在设置邮局。倒悬，是将人缚着倒挂。解者，意即解除其束缚，使得复活也。此段是孟子论当时的情形。“且王者之不作”云云，是说：“而且国君不起来推行仁政，没有像现今时候已很疏远的；百姓的困苦在暴虐政治下面，没有像现今时候这般厉害的。”这时候，倘若有仁君出来施行仁政，百姓的欢迎爱戴，“正像肚饥的人，得着食物，不甘美也容易觉得甘美；口渴的人，得着饮料，不解渴也容易觉得解渴的。”孟子更引孔子的话道：“道德的流行，使人家感化，比设了邮务机关传播命令还来得快。”“当今的时势，有万乘兵车的国家，一旦施行仁政，百姓的欢迎，像把倒挂的人解救下来一样。所以用的气力，只消用古人的一半，而所收的效果却可加倍，只有现今的时候，是这个样子的。”

（问） 何谓犹解倒悬？

（研究）人民长久困苦于虐政，假使有国君能行仁政的，天下的民心，自然都归向了。所以在此时期最容易王天下，比诸周文王时，真是事半功倍了。

公孙丑问曰:"夫子加齐之卿相,得行道焉,虽由此霸王不异矣。如此,则动心否乎?"孟子曰:"否!我四十不动心。"

动心者,是说担了重大责任,心中有所疑惧而不安定也。此时孟子在齐,极受齐王尊敬,假使授以政权,定是上卿或宰相,故公孙丑问道:"夫子在齐,倘齐王加你卿相的官职,使你得行素来怀抱的大道,从此造成齐国的霸业或王业,那是不足为怪的。"故曰:"虽由此霸王不异矣。"因又问道:"这样,你的责任却很重大,不知道你心里,也有所疑惧而不安定吗?"孟子曰"否!我四十不动心"者,是孟子说:"不会的!我在四十岁的时候,做事已无所疑惧,心中再没有不安定。"

曰:"若是,则夫子过孟贲远矣!"曰:"是不难,告子先我不动心。"

孟贲,是古时候的勇士,他的生平,从没有什么怕惧,故公孙丑以为孟子对于重大责任,无所疑惧,那是胜过孟贲了。孟子又告诉他道:"这是不难的,像告子这个人,在四十岁以前早已不动心了。"故曰:"告子先我不动心。"

曰:"不动心有道乎?"曰:"有。北宫黝之养勇也,不肤挠,不目逃,思以一毫挫于人,若挞之于市朝*,不受于褐*宽博,亦不受于万乘之君;视刺万乘之君,若刺褐夫,无严诸侯;恶声至,必反之。

朝,音潮。褐,音曷。

北宫,是姓。黝,是名。据高诱《淮南子》注:他也是齐国人。养勇者,是养成一种勇敢不怕的精神。"不肤挠"者,是有人刺他的肌肤,他也不缩做一团。"不目逃"者,是有人刺他的眼睛,他也不逃避。"思以一毫挫于人,若挞之于市朝"者,是说若有人拔他一根毫毛,他好像在朝廷上、市场里被人殴打的羞耻。"褐宽博"者,穿宽大布衣的穷人,犹说下等社会的人。"万乘之君"是称大国的

亞聖孟子贊
戰國春秋又異其世陷溺人心豈惟功利時君
爭雄處士橫議為我兼愛黃鼓樹幟魯連高風
陳仲廉士所謂英賢不過若是於此有人入孝
出弟一髮千鈞道脉永繫能不動心知言養氣
治世之略堯舜仁義愛君澤民惓惓餘意欲入
孔門非孟何自孟丁其難顏丁其易語默故殊
道無二致卓哉亞聖功在天地
乾隆戊辰仲春月御筆

诸侯。“不受于褐宽博”云云，意思是：无论一个平常的穷人，或大国的国君把他羞辱时，他都不愿意承受的。并且他对于刺一万乘之君，和一个穿布衣的平民一样。严，畏惧的意思。说他对于诸侯更没有什么畏惧的心理。假使有人将恶骂的声气对他，他也必定将恶骂的声气回答的。故曰：“恶声至，必反之”也。此段说的是北宫黝的养勇，他有这样勇敢的精神，所以遇事绝无疑惧，心中从没有不安定。

“孟施舍之所养勇也，曰：‘视不胜犹胜也。量敌而后进，虑胜而后会，是畏三军者也。’舍岂能为必胜哉？能无惧而已矣！”

上段说北宫黝的养勇，此段说孟施舍的养勇也。孟施舍常说：“和人打仗，明知不能取胜，也当作必能取胜的。假如先估量敌人的力量才去进攻，先考虑能否取胜才去交锋，这种人若遇到强大的敌军一定会害怕的。”以上引的是孟施舍所说，孟子又加以说明道：“孟施舍哪能一定打胜仗呢？不过能够不惧怕罢了！”

“孟施舍似曾子，北宫黝似子夏，夫* 二子之勇，未知其孰贤？然而孟施舍守约也。”

夫，音扶。

约，要紧的所在。守约者，能守住要紧的所在也。孟子又说："孟施舍这个人，很像曾子（即孔子弟子曾参）；北宫黝这个人，很像子夏（即孔子弟子卜商）。这两个人的勇，虽不能认定哪一个更胜一筹，只是孟施舍却能守住要紧的所在。"

"昔者，曾子谓子襄曰：'子好勇乎？吾尝闻大勇于夫子矣：自反而不缩，虽褐宽博，吾不惴*焉。自反而缩，虽千万人，吾往矣！'"

惴，读如醉。

此段系孟子述曾子之言也。子襄，曾子的弟子。缩，作"直"字解。惴，怕惧也。从前曾子对他的弟子子襄道："你喜欢勇气吗？我在孔子（夫子）那里曾经听见过大勇的道理，只要自己想想（自反），道理是不直的，虽然有个穿短布衣的平民责备我，我也不能不惧怕他。自己想想，道理是直的，虽有千万人，我也不怕，要挺身出去抵抗。"如正文云云。

"孟施舍之守气，又不如曾子之守约也。"

此段仍是孟子所说。"孟施舍之守气，又不如曾子之守约，"是说孟施舍之遇敌，不问胜败曲直，一味鼓着勇气，是他所能守的，不过一身之气，究竟还不如曾子所守的理，尤其来得核要。

曰："敢问夫子之不动心，与告子之不动心，可得闻与*？""告子曰：'不得于言，勿求于心；不得于心，勿求于气。'不得于心，勿求于气，可；不得于言，勿求于心，不可。夫志，气之帅也。气，体之充也。夫志，至焉。气，次焉。故曰：'持其志，无暴其气。'"

与，作欤。

上文孟子说过告子的不动心，较自己更先，故公孙丑又问道："我敢请问夫子的不动心,和告子之不动心,这里面的道理,可以讲给我听听吗?"孟子就引告子的话回答公孙丑。告子说:"不得于言,勿求于心;不得于心,勿求于气。"所谓不得于言,勿求于心,意思是勿合于道理的话,不必再用心思去想他,所谓不得于心,勿求于气,意思是这道理既于心有不安,不必更动气与人争论了。孟子再用自己的意思批评告子所说:不得于心,勿求于气,是不错的(可)。至于不得于言,勿求于心,是错的(不可)。孟子的意思,以为言语而不合于道理,正应该用心思去想,使它合于道理,既知道不合于道理,就不再用心去想它,那道理将终于不能明白了。

孟子既批评告子之说,又自己申说这个道理,故又接以"夫志,气之帅也"云云。意思是说:一个人心里想着去做的叫做志。一个人充满身体的是气。气对于志,正像兵士之跟随将帅。将帅出令,兵士不得不从。志要做事,气也不得不从。故曰:"夫志,气之帅也。气,体之充也。"气不过充满在身体,只得听从志的命令,所以做一切事情,能守志才算到了极点,养气尚在其次,故曰:"夫志,至焉。气,次焉。"故曰"持其志无暴其气"者,是孟子再说明用志用气的道理,所以另加"故曰"二字。意思是一个人要把志向拿稳(持),不可乱动而随便表显其气力。

"既曰:'志至焉,气次焉,'又曰'持其志,无暴其气'者,何也?"曰:"志壹则动气,气壹则动志也。今夫蹶* 者、趋者,是气也,而反动其心。"

蹶,音厥。

"既曰"者,是公孙丑又问也。公孙丑道:"既然说守志是到了极点,而养气尚在其次,何以又说拿稳志向,不可随便表显其气呢?"孟子再告以"志壹"云云者,壹,专一也。是说一个人志向专一,去做一件事,气必随之而动。故曰:"志壹则动气。”假使人在勇气专一的时候，志也会随之而动的。故曰：“气壹则动志也。”蹶，是倾跌。趋，是向前急走。是说一个人逢到倾跌趋走，都是气的作用，然而因此就将心震动，这便是气壹则动志的一个实例。故曰“今夫蹶者、趋者，是气也，而反动其心”也。

“敢问夫子恶*乎长？”曰：“我知言，我善养吾浩然之气。”

恶，音乌。

公孙丑听了上面所说，又问孟子道：“我敢问问你夫子有什么长处？”意思是说：你既批评告子，总有胜过于告子的地方。故曰：“敢问夫子恶乎长？”孟子道：“我对于他人的话能明了其意思所在，又善于蓄养我极大的一股勇气。”故曰“我知言，我善养吾浩然之气”也。

“敢问何谓浩然之气？”曰：“难言也。其为气也，至大至刚，以直养而无害，则塞于天地之间。其为气也，配义与道，无是馁*也。”

馁，读如乃。

公孙丑又问，“什么叫做浩然之气？”孟子道：“这是很难说明的。”故曰：“难言也。”“因为这一种气是极大而没有限量，极强而不受屈折，但能依据直道好好的蓄养它，能够塞满在天地的中间。这一种气，能合乎（配）人心所宜（义）以及自然的天理（道），那就决不会不充满身体，像受饥饿（馁）一样的。”故正文云云。

“是集义所生者，非义袭而取之也。行有不慊*于心，则馁矣。我故曰：‘告子未尝知义，’以其外之也。”

慊，读如怯。

“集义”者，朱子注曰：“犹言积善。”因为义是应该做的事，如韩愈说“行而宜之之谓义”是也。把这种种的义，都聚集于一处叫“集义”，意思是浩然之气，是聚集了种种道义而自然发生的。“非义袭而取之也”者，袭的意思，朱子说“如齐侯袭莒之袭。”就是不明显地取得。意思是说并不是所做的事偶然合乎人心所宜，就能袭取而得到这个浩然之气的。“行有不慊于心，则馁矣”者，慊，朱子注：“快也，足也。”是说一个人行事，自己觉得有所不足，那就心中惧怯，像受着饥饿了。孟子把浩然之气讲明后，又道：“告子实未尝晓得这个意义，因为他的能不动心，尚是外面的力量，硬把这颗心止住的。”故曰：“以其外之也。”

“必有事焉而勿正，心勿忘，勿助长也，无若宋人然。宋人有闵*其苗之不长而揠*之者，芒芒然归，谓其人曰：‘今日病矣！予助苗长矣。’其子趋而往视之，苗则槁矣。天下之不助苗长者寡矣。以为无益而舍之者，不耘苗者也；助之长者，揠*苗者也。非徒无益，而又害之。”

闵，今作悯。揠，读如挖。

此段朱子注曰：“此言养气者，必以集义为事，而勿预期其效。其或未充，则但当勿忘其所有事，而不可作为以助其长，乃集义养气之节度也。”此说甚精。孟子说：养浩然之气，必须如上述的以集义为事，故曰“必有事焉而勿正”也。“勿正”者，即朱子所说“未充”。“心勿忘”者，是一心想着集义的养气，不可忘却也。“勿助长也”者，是说养气功夫未到纯熟，不可硬做而助其长大也。下接“无若宋人然”者，是说不要像宋国某一个人的样子也。“宋人有闵其苗之不长而揠之者”，闵，今作悯，忧虑也。揠，拔取也。是说宋国有一个人，忧虑自己所种的稻苗还没有长成，却把那苗茎拔高一些。芒芒，是急迫的样子。宋人把苗拔高后，很急忙地回到家里，对人说道：“我今日用力用得疲困（病）了！我已经帮助这苗茎长起来了。”故曰：“今日病矣！予助苗长矣。”他的儿子急走到田中去观看，那苗已枯死了。故曰："其子趋而往视之，苗则槁矣。"

上面说宋人揠苗，是比喻养气未成，硬把此心止住，正是同一样子。"天下之不助苗长者"以下，是孟子批评一般学者，能不像宋人揠苗以为苗长者，实在很少的。"以为无益而舍之者，不耘苗者也"，是说一般学者以为养气是无益，因而放弃的，那就等于种田而不去耘苗，也是得不到效果的。"助之长者，揠苗者也"，是说假使养气未成，硬要止住此心不动，正等于揠苗助长的一类。像这种种，都是非但没有益处，反而有害处的。故曰"非徒无益，而又害之"也。

"何谓知言？"曰："诐*辞知其所蔽，淫辞知其所陷，邪辞知其所离，遁辞知其所穷。生于其心，害于其政；发于其政，害于其事。圣人复起，必从吾言矣！"

诐，读如避。

上面公孙丑问"夫子恶乎长"，孟子曰："我知言，我善养吾浩然之气。"前段所说，单是"养吾浩然之气"。故此段公孙丑又问"何谓知言"也。孟子遂答以"诐辞知其所蔽"各句。诐，朱子注曰："偏陂也。"偏陂，即不平正。蔽，是遮掩。"诐辞知其所蔽"，是有人用不平正的话来对我说，我知道他是把真情遮掩的。淫，朱子注曰："淫，放荡也。"陷，朱子注曰："陷，沉溺也。""淫辞知其所陷"，是有人用放荡的话对我说，我知道他已经沉溺在什么地方了。邪，是邪僻。离，是离叛。有人用邪僻的话对我说，我知道他已离叛了正道了。遁，是逃避。有人用勉强而像逃避的话对我说，我知道他已说不出道理而非常困穷了。人的言语，都从心中发出，故曰："生于其心。"意思是凡说上面四种话的人，都是他心里发出来的。这种话，倘然施行到政治上，那就有害于一切的事了。故曰："发于其政，害于其事"也。这个道理，虽然再有圣人起来，必然也照我这些话说的。故曰："虽圣人复起，必从吾言矣！"

"宰我、子贡,善为说辞。冉牛、闵子、颜渊,善言德行。孔子兼之。曰:'我于辞命,则不能也。'然则夫子既圣矣乎?"

此段据朱子注"林氏以为皆公孙丑之问,是也。"公孙丑听孟子说:"我知言,我善养吾浩然之气。"这是圣贤的才德,一身兼备了,所以问道:"像孔子的弟子,宰我、子贡,善于说话。冉牛、闵子、颜渊,是善讲德行。他们各有一长,只有孔子能兼具这许多长处。"故曰:"孔子兼之。"但孔子自己说:"我于辞命不能也。"辞命,是应对他人的言语。孔子尚且不能辞命,现今夫子(称孟子)才德兼备,那么,已经成了圣人了吗?故曰:"然则夫子既圣矣乎?"

曰:"恶*!是何言也!昔者子贡问于孔子曰:'夫子圣矣乎?'孔子曰:'圣则吾不能;我学不厌而教不倦也。'子贡曰:'学不厌,智也,教不倦,仁也:仁且智,夫子既圣矣!'夫圣,孔子不居,是何言也!"

恶,音乌。

此段是孟子回答的话。公孙丑以为孟子已经是个圣人了,所以孟子道:唉!这是什么话呢?"恶!是何言也!"又道:"从前子贡问孔子道,'夫子成了圣人了吗?'孔子道:'圣人,那是我尚不能做到。我不过对于学问,不怕厌烦;教训弟子,不怕疲倦罢了。'子贡道:'学问不怕厌烦,就是智慧;教训不怕疲倦,就是仁德。既有仁德,且有智慧,夫子已经是个圣人了!'"孟子引子贡与孔子的一段谈话后,又道:"这个'圣'字,孔子尚且不敢自居这地位,如今你说我是个圣人,是什么话呢!"

"昔者窃闻之:子夏、子游、子张,皆有圣人之一体。冉牛、闵子、颜渊,则具体而微。敢问所安?"曰:"姑舍是。"

此段又是公孙丑所问。因为孟子既不敢自比于孔子,再把孔子弟子的为人，提出来请教。“昔者窃闻之”，是说：“从前我私自听人说过，子夏、子游、子张，都有圣人一部分的长处，冉牛、闵子、颜渊，虽有圣人全部分的长处了，不过比起圣人，毕竟没有那么博大精深。敢于请教你夫子，你夫子自处(所安)，是做哪一个呢?”如正文“子夏、子游”等云云。曰“姑舍是”者，孟子答道：且抛开这些话吧！

曰：“伯夷、伊尹何如?”曰：“不同道。非其君不事，非其民不使，治则进，乱则退，伯夷也。何事非君？何使非民？治亦进，乱亦进，伊尹也。可以仕则仕，可以止则止，可以久则久，可以速则速，孔子也。皆古圣人也。吾未能有行焉，乃所愿，则学孔子也。”

此段仍是公孙丑问的话，他问的是：“像古时伯夷同伊尹怎样呢?”伯夷，系殷末孤竹君的长子。周武王伐纣，得了天下，伯夷情愿在首阳山饿死，不食周朝的粟米。伊尹，夏末时人，他尝助汤伐桀，后来做了商朝的宰相。公孙丑问伯夷、伊尹二人怎样？孟子答道：“这二人也是不同道的。不是贤明的君主，不去事他，不是应该使用的百姓，不去使他。天下治的时候，进去做官，天下乱的时候，退出来不做官；这是伯夷的为人。随便怎样的君主，都可事他；随便怎样的百姓，都可使他。天下治的时候，进去做官；天下乱的时候，也进去做官；这是伊尹的为人。”孟子说明了二人的不同道，接下去说到孔子的为人。仕，是做官。止，是不做官。可以做官就做官，可以不做官就不做官；可以做得长久就做得长久，可以立刻(速)脱离就立刻脱离：这是孔子的为人。这三个都是古时的圣人，我还没有能力可以做到。至于我所愿意那是要学孔子的。故正文云云。

“伯夷、伊尹于孔子，若是班乎?”曰：“否！自有生民以来，未有孔子也。”

公孙丑又问：伯夷、伊尹对于孔子，是相等（班）的吗？孟子道：“并不相等（否）！自从天地间产生了人民以来，没有一个能及得孔子的！”故正文云云。

曰：“然则有同与*？”曰：“有。得百里之地而君之，皆能以朝*诸侯，有天下。行一不义，杀一不辜*，而得天下，皆不为也，是则同。”

与，作欤。朝，音潮。辜，音孤。

公孙丑问“这三个人，亦有相同的地方吗？”孟子道：“有的！这三个人假使得到百里的地方，做个君主，都能使诸侯服从，一齐来上朝，因而取得天下。”“行一不义”者，是行一件不应做的事体。“杀一不辜”者，是杀一个无罪（不辜）的人。要照这样取得天下，这三个人又都是不肯做的。这就是他们相同的地方。故曰：“行一不义，杀一不辜，而得天下，皆不为也，是则同。”

曰：“敢问其所以异？”曰：“宰我、子贡、有若智足以知圣人，污*不至阿其所好。

污，音蛙。

公孙丑又问：“我敢问问三个人的不同之处在哪里？”宰我、子贡、有若，都是孔子的弟子。污，据焦循《正义》本作洿，是夸大之“夸”的借用。阿者，是私心爱好的意思。孟子说：“像宰我、子贡、有若的才智，都能知道怎样的是个圣人（智足以知圣人）。即使说话夸大一点，也不至于偏于私心的爱好（污不至阿其所好）”。意思是宰我、子贡、有若，决不至于为了自己所爱好的人而过于恭维他也。

“宰我曰：‘以予观于夫子，贤于尧、舜远矣！’子贡曰：‘见其礼而知其政，闻其乐*而知其德，由百世之后，等百世之王，莫之能违也。自生民以来，未有夫子也。’有若曰：‘岂惟民哉！麒麟之于走兽，凤凰之

于飞鸟，泰山之于丘垤*，河海之于行潦*，类也。圣人之于民，亦类也。出于其类，拔乎其萃，自生民以来，未有盛于孔子也。'"

乐，读如浴。垤，音迭。潦，音老。

公孙丑问三个人之异点，其实孟子早就说过，如非其君不事，何事非君，及可以仕则仕等，这就是三个人的相异处，现在公孙丑还要问三个人的"所以异"，孟子只得把宰我、子贡、有若称赞孔子的话，述说一遍，意思是把三个人比较，伯夷、伊尹都不及孔子，这就是所谓"异"了。

上段先将宰我、子贡、有若三人智足以知圣人的话说明。此段再引三人称赞孔子的话，说给公孙丑听。宰我说："在我看来，孔子（夫子）的贤能远胜于尧、舜。"故曰："以予观于夫子，贤于尧、舜远矣！"子贡曰云云者，是古时最重礼节，只要事事遵礼而行，政治就上了轨道。故曰"见其礼而知其政"也。又古时大功告成，然后作乐，所以听到乐声，就能晓得他的德化怎样，故曰"闻其乐而知其德"也。这两句，因为孔子尝制定先王的礼乐，子贡知道孔子得了国土，一定有极好的政治和德化，所以下面接着说："从孔子以后，虽传到百世，将百世的君主分别等级，无论怎样，终不能违反孔子的政治与德化。自从天地间产生了人民以来，没有及得到孔子（夫子）的。"

麒麟，是走兽中最尊的兽。凤凰，是飞鸟中最尊贵的鸟。泰山，是最高的山。丘垤，是一堆土石，或小山。行潦，是沟中之水。有若说："孔子的为人岂独一班百姓所不能与他比较？"故曰："岂唯民哉？"至于将孔子比寻常的百姓，正像麒麟之于其他走兽，凤凰之于其他飞鸟，泰山之于很小的土石，大河大海之于沟中之水，确乎都是同类的东西；圣人之于百姓，本也是同类的人。只是圣人在同类的人群中，能高出一层（出乎其类），又像在一丛乱草中，挺生出一株特别的草（拔乎其萃）。自从天地间有了人民以来，道德、学问从没有盛过于孔子的。如正文云云。

此章字数有一千一百余之多，就大段落分析，自“公孙丑问曰夫子加齐之卿相”至“不如曾子之守约”为第一段。“曰敢问夫子之不动心，与告子之不动心”至“而反动其心”为第二段。“敢问夫子恶乎长”至“而又害之”为第三段。“何谓知言”至“必从吾言矣”为第四段。“宰我、子贡善为说辞”至“是何言也”为第五段。“昔者窃闻之”至“姑舍是”为第六段。“曰伯夷、伊尹何如”至“是则同”为第七段。“曰敢问其所以异”至“未有盛于孔子也”为第八段。中间反复论辨，皆出于“不动心”三字，文章一气贯串，为其他子书所无。古代文学家如唐韩愈、宋苏洵，所以都采取其方法也。

（问） 何谓不动心？

（研究）必集义深至，浩然之气，始得养成。至此而“不动心”始为脚踏实地。否则见异思迁，所谓“杀身成仁”、“舍生取义”，不过口头说说而已，于学养皆无裨益也。

孟子曰：“以力假仁者霸。霸，必有大国。以德行仁者王。王，不待大。汤以七十里，文王以百里。以力服人者，非心服也，力不赡也。以德服人者，中心悦而诚服也，如七十子之服孔子也。《诗》云：‘自西自东，自南自北，无思不服。’此之谓也。”

此章系记孟子平日的言论，说明“王”与“霸”的所由分别。因为书仿《论语》，《论语》尝有“孔子曰”云云，故此称“孟子曰”也。

力，兵力也。是说一个国家，以兵力压服他国，表面上假托救世安民等仁政，那是霸业；创造霸业，必须是个大国才做得到，故曰“霸必有大国”也。德者，道德也。以道德感化人民，人民自然信服，那就是王业了，故曰“以德行仁者王”

也。推行仁政,不必定要大国,如商汤只有七十里,文王只有一百里,后来都能王天下也。

孟子又加以申说道:"用兵力屈服他人,凡是服从的,并非出于本心,不过因力量不足,不得已罢了。用道德感化他人,那才是心中愉快而诚心服从的,好像七十个弟子服从孔子一样。《诗经·大雅·文王有声》之篇里说:'从西边到东边,从南边到北边,没有一个人的心思是不服从的',那就是这句话了!"故正文云云。

(问) 以力服人与以德服人,有何分别?

(研究)即以社会间人对人而言,也是以力服人,他人总是勉强忍受;以德服人,方能使人心悦诚服。

孟子曰:"仁则荣,不仁则辱。今恶* 辱而居不仁,是犹恶湿而居下也。如恶* 之,莫如贵德而尊士。贤者在位,能者在职,国家闲暇,及是时,明其政刑,虽大国必畏之矣!

恶,音污。

此章是孟子论国君施行仁政的效果。"仁则荣"者,国君以仁政待人,人们都感服他,自然能显荣了。"不仁则辱"者,国君暴虐百姓,百姓都恶恨他,一遇祸患,百姓不肯相救,必至身败名裂,自然是耻辱了。"今恶辱而居不仁,是犹恶湿而居下也"者,是说"现今做国君的,也知道厌恶耻辱,认为是不好的;但仍甘心处在(居)不仁的地位,好像是恶恨地方潮湿,却特地去住在低下的地方,那怎么会干燥呢?""如恶之"云云者,是说如果厌恶耻辱,莫如崇尚道德,尊敬具有道德的人士。使贤德的人,在位做官;才能的人,在职办事。在国家没有事做(闲暇),趁这时候,把政治刑罚,都加以整治(明):这样,虽有别的大国,也必定怕它了。

“《诗》云：‘迨*天之未阴雨，彻*彼桑土，绸*缪*牖*户，今此下民，或敢侮予。’孔子曰：‘为此诗者，其知道乎！能治其国家，谁敢侮之？’

迨，音待。彻，读如尺。绸，音细。缪，音谋。牖，音酉。

此段又引《诗经·豳风·鸱鸮篇》句，用以证明上文“国家闲暇，及是时，明其政刑”的意思。开首三句，是诗人假托鸟的口气而说的。迨，及也。彻，取也。桑土，桑树的皮和泥土也。绸缪，是固结不解的意思，用以形容修理的完善。牖，窗洞也。户，门户也。是说“现今正及晴天，没有到阴雨天，取了桑树的皮和泥土，把鸟窠透气的窗洞，进出的门户，先来修理修理。”下接以“今此下民，或敢侮予”，是诗人再代在位的君主说，意思是：这只鸟，尚且知道在未阴雨前先把它的窠修好，人君看了鸟的样，在没有祸患时，也须先把国家治好。这样，现今在我国中的这些小百姓，也许没有人敢来欺侮我了。孔子说：“作这首诗的人，真可以算得知道道理的了！做人君的能修治他的国家，哪个人敢欺侮他呢？”

“今国家闲暇，及是时般*乐*怠*敖*，是自求祸也；祸福无不自己求之者！《诗》云：‘永言配命，自求多福。’太甲曰：‘天作孽*，犹可违；自作孽*，不可活。’此之谓也。”

般，此处读盘。乐，音洛。怠，音待。敖，即傲。孽，音聂。

此段仍是孟子的议论。般，赵岐注曰：“大也。”怠，懒惰也。敖，骄傲也。上文说国家当闲暇之时，应先修治其政刑。此段说现今的国家，在闲暇时候，国君只知道大大地取乐，政刑的修治，既非常懒惰，又常以骄傲的态度待人，这是自己去求取祸害了。一个人的祸害或幸福，没有不是自己求得的。孟子又引《诗经·大雅·文王篇》的句子,用以证明祸福自求的道理。"永言配命"者,古时天子,都称受天之命而即位的。永,长久也。配,合也。是说长久受上天的命,而能合乎天理,这就是自己求取多量的幸福。太甲,是商朝的一位贤君。孽,即罪孽,太甲说:"上天把祸害加在你身上,还可以避免的(犹可违);自己作了罪孽,是再不可活的了。"孟子引了《诗》句和太甲的话后,再补足一句道:那就是这句话了。故曰:"此之谓也。"

(问) 何谓"天作孽"与"自作孽"?

(研究)此章是说国家当承平无事时,应先修明政治,后来有了敌国外患,亦所不惧。若在无事时,只知行乐、懒惰、骄傲,一遇外患,不免要受莫大的耻辱。

孟子曰:"尊贤使能,俊杰在位,则天下之士,皆悦而愿立于其朝*矣。市,廛*而不征,法而不廛,则天下之商,皆悦而愿藏于其市矣。关,讥而不征,则天下之旅,皆悦而愿出于其路矣。耕者,助而不税,则天下之农,皆悦而愿耕于其野矣。廛,无夫里之布,则天下之民,皆悦而愿为之氓矣。

朝,音潮。廛,读如传,平声。

此章亦孟子言为政之道也。有道德的人称贤,有才干的人称能,才智胜过千人者称俊,胜过万人者称杰。廛,是市场上的房屋。征,是征税,犹今房捐也。"法而不廛"之法,是当时征收地税的一种法令。讥,犹言稽察。助,是古代井田制度借民力助耕公田的一种方法。"廛无夫里之布"句,赵岐注曰:"里,居也。布,钱也。夫,一夫也。"孟子论为政之道,说:"尊重有道德的人,使用有才干的人,使国中的俊杰都在位办事,那么,天下的士人,都很快意而情愿立在他的朝廷上,助他办理政事了。市场上的房屋,不征收房捐,只照征收地税的法令纳税,那么,天下的商人都很快意而情愿到他的市场里来做生意,把货物藏在他的市场里了。设立关卡,只稽察进出的人有无匪类,并不征收捐税,那么,天下的旅客都很快意而情愿出进他的道路了。耕田的,只照助法收取其十分之一的税,那么,天下的农夫,都很快意而情愿来耕他的田土了。市上没有职业的百姓,不再捐他的钱,那么,天下的人民都很快意而情愿来做他的百姓了。"

"信能行此五者,则邻国之民,仰之若父母矣。率其子弟,攻其父母,自生民以来,未有能济者也。如此,则无敌于天下;无敌于天下者,天吏也,然而不王者,未之有也。"

此段直接上文说道:"国君确实能推行这五件事,那么,邻国的百姓都仰望着,好像是他的父母了。别国的君主来攻打时,竟是带领人家子弟,使攻打他的父母,这是自从有了人民以来,没有能做得成功(能济)的。照这样子,这个国家竟是遍天下无人可抵敌了;无敌于天下的国,那就像奉行天命的官吏一般。到这地步,还不能王天下,那是未尝有过的。"

(问) 所谓"行此五者",是哪五件事?

(研究)天下人民,都爱戴如父母,虽有强暴之君拟用兵力相加,其人民亦必不肯从也。

孟子曰:"人皆有不忍人之心。先王有不忍人之心,斯有不忍人之政矣。以不忍人之心,行不忍人之政,治天下可运之掌上。"

此章系孟子说明政治原理,亦即孟子的基本哲学也。社会与政治,虽千端万绪,然其本原,则无不发生于人心。所以孟子说:"每个人都有怜恤别人的心。先王因为有怜恤别人的心,这才有怜恤别人的政治。以怜恤别人的心来实施怜恤别人的政治，治理天下可以像在掌心里玩弄小物件一样的容易。”

“凡有四端于我者，知皆扩*而充之矣，若火之始然，泉之始达。苟能充之，足以保四海；苟不充之，不足以事父母。”

扩，音廓。

扩，是推广。充，是满足。火烧着叫然（燃），泉流到叫达。本章以不忍人之心，论不忍人之政，上段说到人都有这四种善良的德性，此段又说凡做人君的，在自己方面有这四种德性，知道把它扩张充实起来，那就像火的刚烧着，泉的刚流到一样。苟能把它充满到极点，连四海的地方，足能保守得住。假使不把它扩张充满，就是自己的父母，也不足以去奉事了。因为只知利己，哪里还顾得到父母。故曰：“苟不充之，不足以事父母”也。

（问） 不忍人之心，何以能保四海？

（研究）凡事都有一个起头，只要起头好，跟着做去，自然成了好事。而且像仁义礼智的四种起端，本来是人人所有的德性。因为不知扩充，后来弄到逐渐澌灭，这是最可痛惜的事情。孟子因论仁政，特地从根本上不忍人之心说起，这是孟子的特识。王阳明良知的学说，就出于孟子此章。

孟子曰：“矢人岂不仁于函*人哉？矢人惟恐不伤人，函人惟恐伤人；巫、匠亦然。故术不可不慎也。”

函，音含。

矢人，是造弓箭的人。函人，是造铠甲的人。造弓箭的人，惟恐所造的弓箭不能伤害被射的人。造铠甲的人，惟恐所造的铠甲，被箭射透以至伤害披甲的人。同是造兵器，难道造弓箭的人是不仁，造铠甲的人是仁。故曰：“矢人岂不仁于函人哉?”巫,是代人祈祷疾病、利人之生的。匠即梓匠,是代人制造棺木、利人之死的。这两种人,与矢人函人正相同,故曰:“巫、匠亦然。”“故术不可不慎也”,是说当人学习一种技术,也是不可不审慎而加以拣择的。

孔子曰:“里仁为美,择不处仁,焉*得智?”夫*仁,天之尊爵也,人之安宅也。莫之御而不仁,是不智也。

焉,音烟。夫,音扶。

上段说矢人、函人和巫、匠,都是一个比方。孟子的意思,实在是说究竟做仁人,或者做不仁人,都要自己拣择的。此段先引孔子说过的话,“里仁为美,择不处仁,焉得智?”这是载在《论语》里的。里,是古时二十五家聚居的所在。这个里里,住的多是仁人,那是极好的地方,可以搬进去住的。假使拣那没有仁人的里中去住,这个人哪里算得聪明呢?

孟子引了孔子所说住家要住仁人所居的里中,接着又申说仁的重要。“天之尊爵”者,是说仁德是上天所认为最尊重的爵位。故曰:“夫仁,天之尊爵也。”一个人有了仁德,做事合乎天理,没有人欲方面的危险,正像住在一所安稳的房屋里,故曰:“人之安宅也。”“莫之御而不仁,是不智也”,这个“御”字,是抵制的意思。意思是一个人有了仁德,既像得到天爵,又像住在安宅里,那是再没有(莫)人可抵制的,有这样好处而仍不肯做仁人,这是不聪明极了!

“不仁不智,无礼无义,人役也。人役而耻为役,由弓人而耻为弓,矢人而耻为矢也。

此段虽以仁、智、礼、义并说,然着重的在乎仁。因为仁就是做人,做人而不仁,就不能算是人,也就是不智。因此而礼也无了,义也无了。人役,是受人使用的人,犹称奴才。假使不仁不智,无礼无义,那只好受人使用而做奴才了。倘若做了奴才而自己觉得是羞耻的,犹之(由)造弓矢的人,以为造弓造矢的职业是可耻的。

"如耻之,莫如为仁。仁者如射,射者正己而后发,发而不中,不怨胜己者,反求诸己而已矣!"

人既以人役为可耻,不如去求做一个仁人。故曰"如耻之,莫如为仁"也。"仁者如射"云云者,是将射箭的道理比方仁德的求取。射箭的人,必先立正身体,然后把箭发射出去。发箭不中,不应怨恨别人的技能高过于自己,只可回转身来推求自己的所以不中,再用工夫去练习,意思是为仁也是如此。我自己已经算所做的事合乎仁了,假使仍旧有不仁的事,只要回转身来再把仁德讲求,那就好了!

此章分四大段,反复说明为仁之重要。第一段说矢人、函人和巫、匠,同是一种技术,然一则利人之生,一则利人之死,可见要做仁人与否,都由于自择。第二段引孔子所说住家要拣有仁人的地方,做人岂可以不仁。第三段说不为仁人,那都出于自己的不愿。第四段说只要自己情愿为仁,绝没有做不到的。

(问) 矢人、函人与巫、匠,有何分别?

(自省)我耻为人役否?

孟子曰:"子路,人告之以有过则喜。禹闻善言则拜。大舜有大焉:善与人同,舍己从人,乐* 取于人以为善。自耕稼陶渔以至为帝,无非取诸人者。取诸人以为善,是与人为善者也。故君子莫大乎与人为善。"

乐,音洛。

此章系孟子说子路、禹、舜三人的美德。"子路,人告之以有过则喜"者,子路是孔子的弟子,他做错了事,人家告诉他这事做错了,他听了非常欢喜。换一个人,说他做错了事,或者要动怒,今子路乐闻自己的过失,这是一种美德。禹,即夏禹王。《尚书》里有“禹拜昌言”一句话。昌言,善言也,即有益于自己道德方面的好话。禹听了人家所说有益道德的好话,能立刻拜受的。故曰:“禹闻善言则拜。”大舜,是三代(夏、商、周)以前的圣君。像大舜的为人,更有很大的道德了。故曰:“大舜有大焉。”“善与人同”者,是说自己的善,犹人家的善;人家的善,犹自己的善。意思是:以天下之善,公之天下,而不分彼此也。“舍己从人,乐取于人以为善”者,是说自己有不善的地方,就把这不善舍掉,很快意地去从人家的善。“自耕稼陶渔”云云者,大舜在未即位前,尝亲身种田(耕稼),后来又制造过瓦器(陶),又捕过鱼(渔),一直到做了天子,无非是采取人家的善,并无一毫私意。故曰:“无非取诸人者。”常常采取人家的善,等于劝化人努力为善,这就是“与人为善”了。君子的为善,更没有大过于这样的,故曰“君子莫大乎与人为善”也。

(问) 子路、禹、大舜三人的美德,以谁为最大?

(自省)我若有过,人来告我,我将何如?我闻善言,能拜受否?我能与人为善否?

孟子曰:“伯夷,非其君不事,非其友不友,不立于恶人之朝*,不与恶人言。立于恶人之朝*,与恶人言,如以朝*衣朝*冠,坐于涂炭。推恶*恶之心,思与乡人立,其冠不正,望望然去之,若将浼*焉。是故诸侯虽有善其辞命而至者,不受也。不受也者,是亦不屑*就已。

恶恶二字,上音污,下为善恶之“恶”。朝,音潮。浼,音每。屑,音雪。

此章亦说古人之美德也。伯夷是古时的圣人。“非其君不事,非其友不友”

者，是说不是自己认为善的人君，不去事他；不是自己认为善的朋友，不去和他相交。恶人，犹言作恶的人。人君是个恶人，伯夷决不去做官而立在他的朝廷之上；碰见恶人，决不和他讲话，故曰："不立于恶人之朝，不与恶人言"也。涂炭者，途路上泥土和灰炭也。伯夷对于立在恶人的朝廷上，或是同恶人讲话，好像叫他穿了上朝的衣，戴了上朝的冠，去坐在泥土灰炭上面。意思是心里总觉得坐立不安也。恶恶，是厌恶恶人。推，是推广。再把这种厌恶恶人的心思推广地说，无论和恶人不肯亲近，就是心里想同一个乡间寻常的人并立着，只要看见那乡人的冠戴得不正，就以为他不是正人，含着很惭愧的样子而走开了（望望然去之）。好像他的污秽（浼，污也）要沾染到自己身上一样。故曰："思与乡人立，其冠不正，望望然去之，若将浼焉。"所以那时的诸侯，虽然有差遣使官用极好的说话（辞命）到他那里去聘请他，他总是不接受。他之所以不接受，是因为凡是来聘请他的，他都认为不洁而不愿就。故曰："是故诸侯虽有善其辞命而至者，不受也。不受也者，是亦不屑就已。"

"柳下惠，不羞污君，不卑小官。进不隐贤，必以其道；遗佚*而不怨，阨*穷而不悯。故曰：'尔为尔，我为我，虽袒*裼*裸*裎*于我侧，尔焉*能浼我哉？'故由由然与之偕而不自失焉，援而止之而止。援而止之而止者，是亦不屑去已！"

佚，音逸。阨，音厄。袒，音但。裼，音锡。裸，音卵。裎，音呈。焉，音烟。

柳下惠，也是古时圣人。他的品性，与伯夷相反。"不羞污君"者，是对于一个行为极龌龊的人君，柳下惠也肯去事他，不以为羞的。"不卑小官"，意思是一个极小的官职，柳下惠也肯去做的。"进不隐贤，必以其道"者，是既然进身去做官，决不把自己的贤能隐藏，以为必然可以施行自己所怀抱的大道。"遗佚而不怨，阨穷而不悯”者，是国君虽把他放弃（遗佚），他也决不怨恨。即使因之而穷困（阨穷），也从不哀伤（悯）。“故曰”者，是柳下惠所说也。尔，你也。袒裼，即露臂。裸裎，即露体。柳下惠虽同恶人在一处，他总说：“你是你，我是我。你虽赤身露体在我身边，你又怎么能沾染到我身上呢？”故曰：“尔为尔，我为我，虽袒裼裸裎于我侧，尔焉能浼我哉？”“由由然与之偕而不自失焉”者，是说虽与恶人同在一处，还是很自得的样子（由由然）。同他们在一处，并不觉得自己有什么损失。“援而止之”云者，是有人拉住（援）他，叫他停留，他就停留住了。他之所以听凭人拉住而停留，是以为停留不能算被人沾染而不洁，所以留下便留下吧。故曰：“援而止之而止。援而止之而止者，是亦不屑去已！”

孟子曰：“伯夷隘*，柳下惠不恭。隘与不恭，君子不由也。”

隘，音爱。

此段与上文本衔接，因中间说伯夷、柳下惠两个人，说了一大段，恐读者不清楚，所以再加“孟子曰”三字，那就是孟子对于两人所下的评语了。隘，旧注：“狭窄也。”是孟子说伯夷的心地太觉狭窄了。不恭，过于随便，不以为意的样子，是说柳下惠的做人又太觉随便了。君子，是孟子暗指自己。太狭窄和太随便，都非中庸之道，君子做事，必不从（不由）他们这些路径上进行的。故曰：“隘与不恭，君子不由也。”

（问） 伯夷、柳下惠二人，品性孰是？

（自省）我赞同哪一个？还是都不以为然。

孟子曰：“天时不如地利，地利不如人和。三里之城，七里之郭，环而攻之而不胜。夫环而攻之，必有得天时者矣，然而不胜者，是天时不如地利也。城非不高也，池非不深也，兵革非不坚利也，米粟非不多

也，委而去之，是地利不如人和也。

此章言好战争之国，与施行王道之国，结果不同。天时者，古时预备战争，都先用占卜方法，选定一出兵的吉日。地利，是驻兵的所在，必须险阻或有坚固的城池。人和，是人民与国君上下一心也。郭，外城也。池，即城外的护城河。委，放弃也。此段是孟子说战争之事，单靠天时，究竟不及地利；单讲地利，究竟又不及人和。攻伐他国时，把它那周围三里的城、周围七里的郭，四面包围着（环）攻击，结果竟不能得胜。当环攻的时候，必然拣取吉日，以为得到天时。然而仍旧不胜，那就可见自己拣的吉日，究竟不及人家的城池坚固。至于被人攻伐的国家，城墙不能算不高，城河不能算不深，所用的兵器铠甲，并非不坚利，所积的米谷，不能算不多。结果竟不能守御，仍旧把这地方放弃，那就可见自己所有坚固的城和极深的池，究竟不及人家的上下一心。

"故曰：域民不以封疆之界，固国不以山溪之险，威天下不以兵革之利。得道者多助，失道者寡助。寡助之至，亲戚畔*之；多助之至，天下顺之。以天下之所顺，攻亲戚之所畔*，故君子有不战，战必胜矣！"

畔，通叛。

此段系申述上文人和的可贵。"故曰"者，即根据上文申明其所以然的道理。"域民"者，国内的百姓也。"不以封疆之界"者，不以所封的疆土为界限也。是说凡是国家，所得百姓，并不限定封疆界线以内的。"固国不以山溪之险"者，是说要坚固国家，不在于有高山深溪的险地。"威天下以兵革之利"者，是说要威震天下，也并不专靠兵甲的锐利。这三句的意思，就是只要人和，所封的疆土虽小，国内虽无山溪之险和兵革之利，那都不成问题。"得道"者云云，系承上文再说明其缘故。意思是能得人和之道的，自有多数人来助他。失了人和之道的，助他的人就少(寡)了。助他的人少到极点，恐怕连他自己的亲戚也要背叛他了。助他的人多到极点，那是天下的人都来顺从他了。以天下的人都顺从的国家，去攻这个连亲戚都背叛的国家，所以具有仁德的君子，不打仗便罢，打起仗来是必然胜利的。

(问) 何谓天时地利人和？

(研究)失人和者如桀纣。得人和者如汤武。

孟子将朝*王。王使人来曰："寡人如就见者也；有寒疾，不可以风。朝*将视朝*，不识可使寡人得见乎？"对曰："不幸而有疾，不能造朝*。"

朝将之朝，音昭。余皆音潮。

此记孟子在齐国时的事情。孟子将要去朝见齐王，齐王差一个人来传他的话道："寡人本来想到(如)你的客馆里来见你的。因为发了畏寒的疾病，不可被风吹着。明日早晨(朝)将要朝见群臣，不晓得你可肯到朝里来，使寡人能和你相见？"孟子听了这话，便回答齐王的使者道："我也不幸而生了病，不能到(造)朝里来见王了。"

明日，出吊于东郭氏。公孙丑曰："昔者辞以病，今日吊，或者不可乎？"曰："昔者疾，今日愈，如之何不吊？"

明日，第二日也。东郭氏，是齐国的大夫。他家有丧事，故孟子前去吊丧。公孙丑问道："昨天(昔者)你夫子辞谢齐王，称说有病，今天却出去吊丧，或许不可以吧？"孟子道："昨天有病，今日好了，为什么不去吊丧呢？"

王使人问疾，医来。孟仲子对曰："昔者有王命，有采薪之忧，不能

造朝。今病小愈,趋造于朝,我不识能至否乎?”使数人要于路曰:“请必无归而造于朝。”

齐王得知孟子有病,特地差人探问,又叫医生来诊治。孟仲子,据赵岐所注:是孟子从弟,在孟子身边就学的。这时候,齐王使人同医生到了,孟子已往东郭氏去吊丧,所以由孟仲子答复齐王的使者道:“昔者有王命。”就是说:昨天你王有命令来召孟子入朝也。采薪者,是说有了小病,不能樵柴,这是自谦的话。意思是昨天有些小病,不能遵命来上朝。今天病已略好些(小愈),已经急急地赶到(趋)朝里来了,但我不知现在已经到了那里没有?故曰:“昔者有王命,有采薪之忧,不能造朝。今病小愈,趋造于朝,我不识能至否乎?”孟仲子对使者说了,就派几个人到路上去邀住孟子,叫他们对孟子说:请必定不要归来,而去上朝。故曰:“使数人要(邀住)于路曰:‘请必无归而造于朝’也。”

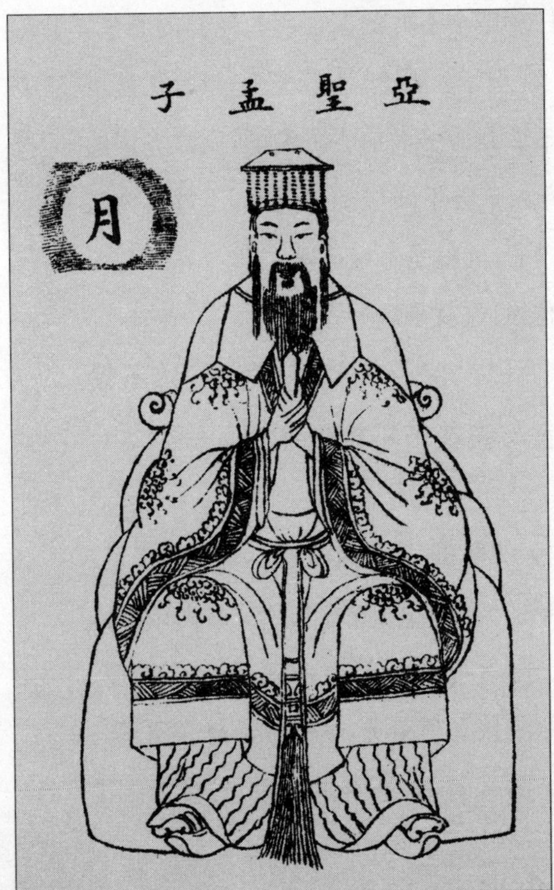

不得已而之景丑氏宿焉。景子曰:“内则父子,外则君臣,人之大伦也。父子主恩,君臣主敬。丑见王之敬子也,未见所以敬王也。”曰:“恶*!是何言也!齐人无以仁义与王言者,岂以仁义为不美也。其心曰:‘是何足与言仁义也’云尔。则不敬莫大乎是!我非尧、舜之道,不敢以陈于王前,故齐人

莫如我敬王也。”

恶，音乌。

景子，名丑，亦齐大夫。孟子刚从东郭氏吊丧回来，被孟仲子所派的人拦住，要孟子去朝见齐王，孟子不愿去朝，不得已到景丑氏家里去宿夜。景子知道了这件情事，便问孟子道：“一个人在家（内）有父子，出外有君臣，这是人生最大的伦理。父子间以有恩为主，君臣间以能敬为主。现在我只见齐王敬重你（子），没见过你有什么（所以）敬齐王的。”此是说王使人问疾、医来，皆齐王敬孟子之事，而孟子故意避而不见，实在是不敬齐王也。“孟子曰‘恶！是何言也’”者，是孟子听了景丑的话，叹了一声，说道：这是什么话呢？又道：“齐国的人，从没有把仁义的道理对王说过，难道以为仁义是个不好的东西吗？他们的心里，不过说‘像齐王这种人，岂足以同他讲仁义’罢了！那么，不敬齐王，没有比这个最大了。至于我呢，不是尧、舜的王道，不敢到齐王面前去陈说的，所以齐国的人，没有比我更敬重齐王的了。”意思是齐人未尝不知仁义是美德，不过以为这个齐王是不配和他说仁义，这是看不起齐王，也就是不敬齐王。我当齐王是个可以行仁政的国君，常把尧、舜之道去和他说，这就是敬重齐王。

景子曰：“否！非此之谓也。《礼》曰：‘父召无诺*，君命召，不俟驾。’固将朝*也，闻王命而遂不果，宜与夫礼若不相似然！”

诺，音懦。朝，音潮。

景子讥孟子不敬齐王，孟子答以齐国人的敬王，皆不及自己。景子听了道：“不对的，我不是说这个。”诺，是答应的声气。《礼》，即《礼经》。“父召无诺”者，是说父亲招儿子，做儿子的应该立刻走上去，不能慢慢答应，然后到父亲面前。“君命召不俟驾”者，是说国君有命令来招，应该立刻动身，不能慢慢地等到车马配好，然后再去。这两句是古时《礼经》上的文句，景子引了这两句，接下去说道：你本来要去上朝，听得齐王的命令招你，反倒不去。这与《礼经》上的意思，似乎不大相像吧。故曰“固将朝也，闻王命而遂不果，宜与夫《礼》若不相似然”也。

曰：“岂谓是与*？曾子曰：‘晋、楚之富，不可及也。彼以其富，我以吾仁；彼以其爵，我以吾义。吾何慊*乎哉！’夫*岂不义而曾子言之，是或一道也。天下有达尊三：爵一，齿一，德一。朝廷莫如爵，乡党莫如齿，辅世长*民莫如德。恶*得有其一，以慢其二哉！

与，今作欤。慊，音欠。夫，音扶。长，读如掌。恶，音乌。

景子责孟子有君命而反不朝，与《礼经》所说的不合。孟子因对道：“岂谓是与？”意思是：你说我不敬齐王，岂为的是这个吗？遂引曾子的话道：“曾子说：‘像晋、楚两国的财富是任何人所比不上的。不过他有他的财富，我有我的仁德，他有他高贵的爵位，我有我极大的义理。我又为什么心中不足而觉得怨恨(慊)呢？’”孟子引了曾子的话，接下去说道：这句话，难道不合道理？而曾子就是这样说的，要知这里面也许别有一种道理。故曰：“夫岂不义而曾子言之，是或一道也。”又道：“天下所通行(达)最需尊敬的有三种人：爵位高是一种，年龄高(齿，即年龄)是一种，道德高是一种。这三种人，在朝廷上，没有比得过爵位的尊贵；在乡里间，没有比得过年龄的尊贵，至于辅助世道的改善，保护百姓的生长(辅世长民)，那就以具有道德的人最为尊贵而没有比得过他的。现今齐王不过爵位高些，哪里能够只有一种可尊的资格，就怠慢其他的两种(齿、德)资格呢？”故正文云云。

“故将大有为之君，必有所不召之臣，欲有谋焉则就之。其尊德乐*道，不如是，不足与有为也。故汤之于伊尹，学焉而后臣之，故不

劳而王。桓公之于管仲,学焉而后臣之,故不劳而霸。今天下地丑德齐,莫能相尚,无他,好臣其所教,而不好臣其所受教。汤之于伊尹,桓公之于管仲,则不敢召;管仲且犹不可召,而况不为管仲者乎?”

乐,音洛。

大有为者,即大有作为,就是能做大事业的意思。不召,是不敢用对待臣子的规矩去把他招来。谋,即商量,就是自己到他那里的意思。汤,即商汤。伊尹,是商朝的贤相。桓公,即齐桓公。管仲,是齐桓公时的宰相。霸,是用强力屈服诸侯的事业。“学焉而后臣”,是先到他那里去请教,然后再任用他做官。丑,类也。齐,相等也。“地丑德齐”,是说天下诸侯的地方,大致相类;所有的道德,又大致相等。“相尚”,是加过的意思。“无他”,是说没有其他的缘故。“好臣其所教,而不好臣其所受教”者,是只喜欢臣子来告诉我,不喜欢我向臣子去请教。管仲仅能帮助齐桓公造成霸业,是孟子所看不起的,所以用管仲的事来比喻。此段是孟子再对景丑说:“所以将要成大事业的国君,必定有个不敢轻易去传唤的大臣。有事情要和他商量,只有国君自己到他那里去请教。国君应当尊重德行,乐于闻道,不做到这样,那就不足以为这位国君做事。所以像商汤的待遇伊尹,先去请教他,后来再任他官职,故能不费劳力而成了王业。又像齐桓公的待遇管仲,也是先去请教他,后来再任他官职,故能不费劳力而成了霸业。现在天下诸侯的国土,既大致相类,所有的德业,又大致相等,彼此都不能加过于人而造成王业或霸业,实在没有其他的缘故,不过是喜欢臣子来告诉我,不喜欢自己去请教臣子。像商汤对于伊尹,齐桓公对于管仲,都不敢轻易地去传唤;管仲尚且不可传唤,况且我连管仲都不愿做,反可以传唤吗?”此章反复曲折,无非说齐王召见孟子,已失去尊敬之道,所以孟子决不愿去朝见。

(问) 孟子本要朝王，因召而反不去，是何意义？

(研究)能成大事业的人君，必须尊敬有才德的大臣，不可轻易地传唤，如汉末徐庶荐诸葛亮于刘备，刘备道："君可与之俱来。"徐庶对道："此人可求见，不可屈致也。"刘备因此三顾草庐，求见诸葛亮，谋划大计，竟在蜀中成了帝业，这就是必有所不召之臣也。读古人书，最好引历史作比喻，方能亲切有味。

陈臻*问曰："前日于齐，王馈*兼金一百而不受。于宋，馈七十镒*而受。于薛*，馈五十镒而受。前日之不受是，则今日之受非也；今日之受是，则前日之不受非也：夫子必居一于此矣。"孟子曰："皆是也。当在宋也，予将有远行，行者必以赆*，辞曰'馈赆'，予何为不受？当在薛也，予有戒心，辞曰'闻戒'，故为兵馈之，予何为不受？若于齐，则未有处也。无处而馈之，是货之也。焉*有君子而可以货取乎？"

臻，音真。馈，音匮。镒，音逸。薛，音雪。赆，音进。焉，音烟。

陈臻，孟子弟子。馈，赠送也。金，指社会上通用的银子。古时金、银、铜都称金，如称千金，即一千两银子。兼金者，最好的银子，犹后世所称的足色纹银。镒，古时衡名，一镒，等于现今的二十四两。陈臻问孟子道："从前(前日)我们在齐国，齐王赠送夫子极好的纹银一百镒，夫子并不收受。后来到宋国，宋君赠送你七十镒，竟收受了。到薛国，薛君赠送你五十镒，也收受了。"把从前和后来比较，对于国君的赠送，一不受一受，显然有两种作用，陈臻不明白这个道理，所以接着问道："假使说从前的不受，道理是对的，那么后来(今日)的收受，道理就不对(非)了；后来的收受，道理是对的，那么从前的不收受，道理就不对了！这两件事，你夫子总有一件是不对的吧。”孟子回答道：“两件事都对的。”故曰：“皆是也。”辞，即送礼时表明所以赠送此礼金的措辞。赆，是对于行人赠送的礼。戒心，是说有戒备的心，据旧注：孟子在薛国时，有人要来害孟子，所以常用些兵卒守卫。薛君听得孟子添设卫兵，特送银子给孟子，作为设兵戒备的补助费。“货取”者，是用金钱买取的意思。孟子说了“皆是也”一句，接下去说道：“当我在宋国的时候，我将要出发到远方去，行远路必须川资，宋君赠我银子，他的措辞是赠送远行者的礼金，我为什么不收受？在薛国的时候，我刚有戒备的计划，薛君赠我银子，他的措辞是听得我有所戒备（闻戒），特送些补助费来，我为什么不收受？若在齐国，我正没有什么用处，没有用处而无端赠送我银子，那就等于用金钱来买我了。岂有君子而可以被人买取的吗？”故正文云云。

（问） 何谓货取？

（自省）有人无端赠我财物，我可以随便接受吗？

（研究）此章是说君子之于财物，取之必以义。非义之财，虽以王者之尊，赠我以兼金百镒之多，我亦不受也。

孟子之平陆，谓其大夫曰：“子之持戟之士，一日而三失伍，则去之否乎？”曰：“不待三。”“然则子之失伍也亦多矣！凶年饥岁，子之民老羸* 转于沟壑，壮者散而之四方者，几千人矣。”曰：“此非距心之所得为也。”

羸，读如累。

之，到也。平陆，齐国的地名。大夫，地方官也。持戟之士，执兵器的兵士也。失伍：明郝敬云：“伍，班次也。失伍，不在班也。”此处应作失职解。距心，姓孔，是平陆的地方官。孟子到了平陆的地方，对那地方官（大夫）道：“你（子）

手下执着兵器的兵士，一日中三次失职，这种兵士，你革掉他还是不革掉呢（则去之否乎）？”“曰‘不待三’”者，那地方官对道：“这是不等到他三次的。”意思是失职一次，应该就要革掉的。“然则子之失职也亦多矣”，这又是孟子质问的话，意思是：“照这样讲：你自己失职的地方也很多了：凶年饥岁，你那些百姓，老的或有病而体弱（羸）的，因受饥饿都在沟壑之中辗转而死。强壮的，离开本乡，飘流到四方去的，有好几千人了。”那地方官听了这话，呼着自己的名字，回答孟子道：这个，不是我孔距心的力量能使他们不弄到这样的。故曰：“此非距心之所得为也。”意思是：这种大事，总要凭国君的主意。像我一个地方官，要使百姓不死亡，不离开本乡，哪里做得到呢！

曰：“今有受人之牛羊而为之牧之者，则必为之求牧与刍*矣。求牧与刍而不得，则反诸其人乎？抑亦立而视其死与*？”曰：“此则距心之罪也。”

刍，音初。与，作欤。

孔距心把百姓的死亡，说成不是自己的责任。故孟子设一个譬喻，再对孔距心道：“现今有个人受了人家的牛羊，替他饲养。这个受牛羊的人，必然要先替他寻求一片牧场，以及给牛羊吃的草料（刍，草也）。假使求不到牧场与草料，那么，把这牛羊还（反）了这个人呢，还是站着看那些牛羊都饿死呢？”意思是：你的百姓，死亡离散有几千人之多，你若没有方法去救他们，只有辞了官不做，把地方还了国君，不应该做了官而不负救护百姓的责任。曰者，是孔距心所说，他听了孟子这话，知道确是自己的不是，只得认罪，故曰：“此则距心之罪也。”

他日见于王曰：“王之为都者，臣知五人焉，知其罪者，惟孔距心。为王诵之。”王曰：“此则寡人之罪也。”

为都，是做地方官而治理一个地方的意思。齐国当时有五个大都会，各设一个大夫治理，孔距心就是五个中的一个。他日，是又一日，孟子去见齐王，说道："你王的国内，在大都会做地方官的，我（臣）晓得有五个人。这五个人里头，能晓得自己有罪的，只有一个孔距心。"孟子就把孔距心承认过失的情形，在齐王面前讲述一遍。故曰："为王诵之。"意思是要齐王感悟，将来任用大夫，要都像孔距心的为人，那才有救护百姓、推行王道的希望。"王曰：'此则寡人之罪也。'"是齐王听了孟子的话，也知道自己用人不当，常使百姓受苦，所以也只好自己认罪了。

（问） 何谓知其罪？

（研究）做官的只知升官发财，不顾百姓的死活，所谓笑骂由人笑骂，好官我自为之。自古至今之为官者，能像孔距心的自承过失，那真是不多见的。

孟子为蚳＊鼃＊曰："子之辞灵丘而请士师，似也，为其可以言也。今既数月矣，未可以言与＊？"

蚳，音池。鼃，音蛙。与，作欤。

蚳鼃，人名，齐国的官。灵丘，齐国的地名。士师，官名，古有两种官，都称士师，一种是管狱员，如《论语》"柳下惠为士师"是也；一种是谏官，等于汉朝的谏议大夫，清朝的御史之类。此章所说的士师，是谏官。蚳鼃初做灵丘的地方官，后来辞掉了，自己请求改做士师官，所以孟子对他道："你的辞掉灵丘的地方官而请求改做士师官，很像对的（似也）。你之所以请求改做士师官，无非为了接近齐王，可以说话，现今已有数月了，还不可说话吗？"

蚳鼃谏于王而不用，致为臣而去。齐人曰："所以为蚳鼃，则善矣；

所以自为，则吾不知也。”

蚳鼃听了孟子的话，果然去谏齐王。齐王不用他的话，蚳鼃就把官职辞掉(致为臣)竟自去了。齐国的人批评孟子道：“把这法子叫蚳鼃去做，那是很不错的(则善矣)；但是他自己能不能这样做，那却连我们也不知道了。”意思是说，孟子教蚳鼃去谏齐王，齐王不听，蚳鼃就弃了官不做，这从蚳鼃方面设想，确乎不错的。但你孟子自己也尝劝谏齐王，齐王从没有用你的话，你又为什么不去呢？

公都子以告。曰：“吾闻之也，有官守者，不得其职则去；有言责者，不得其言则去。我无官守，我无言责也，则吾进退，岂不绰*绰*然有余裕哉？”

绰，音册。

公都子，孟子弟子。以告者，把齐人说的话，来告诉孟子也。“曰”者，孟子对公都子说也。做地方官的守住自己的职务，叫官守。做谏官的在国君前能代百姓讲话，叫言责。绰绰，是很宽的样子。余是有余多的意思。裕，也是宽的意思。孟子听了公都子的述说，便说道：“我听见过：有官守的人，不能照他的职务做事，那只好辞官而去。有言责的人，不能用他的话，也只好辞官而去。我是没有官守也没有言责的，所以都可听我的便，我要在这里(进)，或不在这里(退)，岂不是很宽的尽有余地的吗？”

(问)　何谓官守？何谓言责？

(自省)若我处蚳鼃的地位，将怎样？

孟子为卿于齐，出吊于滕，王使盖*大夫王驩*为辅行。王驩朝暮见，反齐滕之路，未尝与之言行事也。公孙丑曰：“齐卿之位，不为小矣；齐滕之路，不为近矣；反之而未尝与言行事，何也？”曰：“夫既或治

之，予何言哉？”

盖，音葛（gě）。驩，音欢。

卿，是客卿，当时的一种官名，位在大夫之上，但没有一定的职务与责任，犹现今所聘用外国人担任的顾问官。孟子在齐国担任客卿的职务，齐王叫孟子出国去吊滕国的丧事，故曰“孟子为卿于齐，出吊于滕”也。盖，是齐国的地名。王驩，是盖地方的官。孟子既奉命去吊滕国的丧，齐王又使盖地方的大夫王驩同去。辅行，犹副使也。“王驩每日朝晨晚间，常和孟子相见，从齐国出发到滕国，再从滕国回来，一路上孟子没有同王驩说过一句话，只是单独行事。”故正文云云。公孙丑见了这种情形，禁不住怀疑，因问孟子道：“你做齐国的客卿，职位也不算小了；齐国到滕国的路，也不算近了。从出发一直到回来，没有同王驩说过一句话而行事，有什么缘故呢？”孟子此时不便直说，只得道：“他做副使的既已自己在那里做事，我又何必同他再说呢？”意思是他也不同我商量，我怎么反去同他相商呢？

（问）　孟子何故不与王驩说话？

（研究）王驩是小人，但为齐王所信任，孟子对于这种人，当然厌恶而不愿同他讲话。公孙丑之问，孟子只答以“夫既或治之，予何言哉”，终究不肯明白地说，因为徒与小人结怨，也没有什么价值。

孟子自齐葬于鲁，反于齐，止于嬴*。充虞请曰：“前日不知虞之不肖，使虞敦匠事，严，虞不敢请。今愿窃有请也，木若以美然！”曰：“古者棺椁无度，中古棺七寸，椁称之。自天子达于庶人，非直为观美也，然后尽于人心。不得，不可以为悦；无财，不可以为悦。得之为有

财，古之人皆用之，吾何为独不然？且比化者，无使土亲肤，于人心独无恔*乎？吾闻之也，君子不以天下俭其亲。”

嬴，音盈。恔，音效。

孟子在齐国做客卿，他的母亲死了，赶到鲁国去办葬事。葬事完了，仍旧回到齐国来，一天在嬴的地方住宿。充虞，孟子弟子。他到孟子前请教道“前日不知虞之不肖”者，充虞自己谦虚的话。不肖，犹说不贤，意思是我虽不贤，你夫子却不当我不贤而仍相信我也。“使虞敦匠事”者，是使我监督制造棺材的事也。严者，急也。那时候葬事很急迫，没有向孟子请教的机会。所以说“严，虞不敢请。”“今愿窃有请也，木若以美然”者，是说现今空闲了，敢来请问一声，那做棺材的木，似乎用得太好了！“曰”，孟子答也。“古者棺椁无度”者，是说古时棺木和石椁，本没有一定的尺寸。“中古棺七寸”者，是到了中古时候——所称中古，大概指周朝初年，才定了棺的厚须七寸。“椁称之”者，是加在棺木外的石椁，当与棺材的尺寸相称。自天子以下一直到小百姓，对于葬父母的棺椁，用较好的木材，并不是为了外表上的美观，不过尽了人子的心罢了。故曰：“自天子达于庶人，非直为观美也，然后尽于人心。”不能求得较好的木材，心中是不能安慰的；或是财力上不够，心中也不能安慰。（此处悦字，当作安慰解。）现在既然求得极好的木材，财力上又做得到，那是古时候的人都要这样做的，我为什么独不能这样做呢？故曰“不得，不可以为悦；无财，不可以为悦。得之为有财，古之人皆用之，吾何为独不然”也。“且比化者”，据朱子《集注》曰：“比，犹为也。化者，死者也。恔，快也。”是说为了使已死者的尸体不被泥土黏在皮肤上，这在人子的心里，难道不是很快慰的吗？故曰：“且比化者，无使土亲肤，于人心独无恔乎？”“吾闻之也，君子不以天下俭其亲。”是说：我常听人说，君子对于亲人的丧葬，决不肯爱惜天下的财力而主张从俭的。

（问） 何谓不以天下俭其亲？

（研究）上古无棺椁，人死裹以树叶，弃之于野。后来圣人制礼，使人子重视其亲，故有棺椁的制度。

沈同以其私问曰："燕可伐与*？"孟子曰："可。子哙*不得与人燕，子之不得受燕于子哙。有仕于此，而子悦之，不告于王，而私与之吾子之禄爵；夫士也，亦无王命而私受之于子，则可乎？何以异于是？"

伐与之与，作欤；余如字。哙，音快。

沈同，齐国的官。他以私人的身份问孟子道："燕国可伐吗？"孟子答道："可伐的。"燕国为什么可伐？因为这时燕国的国君名叫子哙，他误听了尧、舜禅位是美德，把自己的君位让与子之，子之也就接受而做了燕王。所以孟子又解说燕国可伐的缘故道："子哙不得与人燕，子之不得受燕于子哙。"意思是子哙把君位让给子之，子之接受子哙的君位，都不合道理，那是决不能这样做的。因再作一个比喻道："假使有人在这里做官，你喜欢他，不去告知国君，私下把自己的俸禄、爵位，都赠送与他。他也没有王命，竟私下受了你所给的俸禄与爵位，难道可以吗？燕王的私自传授王位，同这个有什么两样呢？"

齐人伐燕，或问曰："劝齐伐燕，有诸？"曰："未也。沈同问'燕可伐与*？'吾应之曰'可'。彼然而伐之也。彼如曰：'孰可以伐之？'则将应之曰：'为天吏，则可以伐之。'今有杀人者，或问之曰：'人可杀与*？'则将应之曰：'可。'彼如曰：'孰可以杀之？'则将应之曰：'为士师，则可以杀之。'今以燕伐燕，何为劝之哉？"

与，都作欤。

天吏者，是王者即位，系受天命，仿佛是上天所派的官吏。士师，是审理讼狱的官,能判定人罪而将人杀戮。燕伐燕者,是说燕国固然无道,齐国也是无道,同一无道,那就等于燕国攻伐燕国了。齐人因燕国自子之即位后,人心不服,遂出兵去伐燕。"或问"者,是有个人来问也。有个人问孟子道:"你劝齐国去伐燕国,有这件事吗?"孟子答道:"没有这件事的。不过沈同问我:'燕可伐吗?'我答应他道:'可以的。'他们听见这话以为很对,那就去伐燕的。假使沈同再问我:'要什么人可以伐燕呢?'那我就要回答他:'要受有天命的天吏,才可以伐他。'譬如现在有一个杀人犯,有人问道:'这个人可杀吗?'我当然要答应他:'可以的。'他如果再问:'要什么人才可以杀他呢?'那我就要答应他:'要做了判罪的士师官,才可以杀人。'现在齐的伐燕,彼此都是无道,相等于以燕伐燕,我为什么要劝他们伐燕呢?"

(问) 齐人为什么伐燕?

(研究)以无道伐无道,必无好结果。后来燕用乐毅攻齐,齐几至亡国,孟子之言验矣!

燕人畔*,王曰:"吾甚惭*于孟子。"陈贾曰:"王无患焉。王自以为与周公,孰仁且智?"王曰:"恶*! 是何言也!"曰:"周公使管叔监殷,管叔以殷畔。知而使之,是不仁也;不知而使之,是不智也。仁智,周公未之尽也,而况于王乎? 贾请见而解之。"

畔,同叛。惭,音残。恶,音乌。

齐国伐燕,五旬而举之,齐王问孟子,孟子告以置君而返,事已见上篇。本章所述的是燕人果然反叛,所以齐王想到自己当时不听孟子的话,以至于失败,心中很觉惭愧,故曰"吾甚惭于孟子"也。陈贾,是齐国的官。"周公使管叔监殷",是周武王灭纣后,将殷朝后代仍封在殷的地方做个诸侯。管叔,是武王弟,周公兄。当时因恐殷朝的后代反叛，所以周公使管叔去做个监督，监视殷人的举动。不料武王死后，管叔反助了殷人反叛。陈贾听了齐王说“甚惭于孟子”的话，便对齐王道：“王无患焉。”意思是劝齐王不必忧虑愧对孟子的话。接着问齐王道：“你王自以为与周公比较，哪个来得仁，哪个来得智呢？”“王曰：‘恶！是何言也’”者，是齐王知道自己万不及周公，所以发出一种惊叹的声音道：“呀！这是什么话呢？”陈贾说道：“周公帮武王得了天下，曾经使管叔去监视殷人的举动，后来管叔反助了殷人而反叛。倘若周公当时料到管叔要反叛而使他去监殷，那就是故意叫管叔犯罪而把他杀掉，不仁极了。”故曰：“知而使之，是不仁也。”“假使周公没有料到管叔将来要反叛，那就是无见识了。”故曰：“不知而使之，是不智也。”“仁和智，连周公这样的圣人都不能尽有，何况你齐王呢？现在让我陈贾去见孟子，把这件事来解释解释吧！”故正文云云。

见孟子问曰：“周公何人也？”曰：“古圣人也？”曰：“使管叔监殷，管叔以殷畔也，有诸？”曰：“然。”曰：“周公知其将畔而使之与？”曰：“不知也。”“然则圣人且有过与＊？”曰：“周公弟也，管叔兄也，周公之过，不亦宜乎？

与，作欤。

陈贾对齐王说，愿自己去见孟子，为王解释，因此去见孟子，问道：“周公，是个怎样的人呢？”孟子答道：“是古时的圣人。”陈贾又道：“周公使管叔监殷，管叔就助了殷人反叛，有这事吗？”孟子道：“是有的。”陈贾道：“周公料得到管叔将来要反叛而使他的吗？”孟子道：“这是不能料到的。”陈贾又道：“这样说，圣人尚且有过处吗？”孟子道：“周公是弟，管叔是兄，做弟的，怎能预先料到兄的反叛，周公的过处，岂不是应该有的吗？”

“且古之君子，过则改之；今之君子，过则顺之。古之君子，其过也，如日月之食*，民皆见之；及其更也，民皆仰之。今之君子，岂徒顺之，又从为之辞。”

食，同蚀。

孟子又对陈贾说道：“况且古时的君子，有了过失，就把它改了。现在的所谓君子，有了过失，仍照着过失去做，再也不肯改的。古时的君子，他的过失好像日蚀月蚀，使人民都能看见，及至把过改了，人民仍旧仰望着他。现在的所谓君子，有了过失，非但顺着去做，还要加上些说辞，说自己是不错的。”故曰“又从为之辞”也。

（问） 齐王何以甚惭于孟子？

（研究）此章要和上卷齐人伐燕、胜之取之两章参看，自然能明白其原因结果。

孟子致为臣而归，王就见孟子曰：“前日愿见而不可得，得侍，同朝*甚喜。今又弃寡人而归，不识可以继此而得见乎？”对曰：“不敢请耳，固所愿也！”他日，王谓时子曰：“我欲中国而授孟子室，养弟子以万钟，使诸大夫国人皆有所矜式，子盍为我言之。”

朝，音潮。

孟子在齐国做客卿，因齐王不能听孟子的话推行王道，所以孟子觉得无望，就辞了官，想脱离齐国而他去。故曰：“孟子致为臣而归。”齐王因孟子辞归，就到孟子那里，见了孟子说道：“从前你在别处，我极愿和你见面而不能得到；后来你来齐国，我能随时到你那里请教（得侍），同在朝廷上做事，我极其乐意。现今你又弃寡人而归去，不知道今后还能相见吗？”孟子对道：“那是我所要请求而又不敢请求的，你说仍要和我再见，本来是我所情愿的。”时子，也是齐国的官。陈

子,即孟子的弟子陈臻。钟,古时量名,一钟为六斛四斗。他日者,是以后另外一天,齐王对时子道:“我要在全国中央地方,筑一所房屋给孟子,再用一万钟俸米,供养孟子的弟子。使国中所有的大夫和全国的人民,都知道尊敬孟子,而学他的样子(矜式)。你何不(盍)先替我对孟子去说呢!”故正文云云。

时子因陈子而以告孟子,陈子以时子之言告孟子,孟子曰:“然。夫时子恶*知其不可也。如使予欲富,辞十万而受万,是为欲富乎?

恶,音乌。

时子受了齐王的嘱托,去见孟子的弟子陈臻,把齐王的意思说了。陈臻再把时子的话,转告诉孟子。孟子道:“是的。但时子哪里晓得这件事是不可以做的呢?假使我为了个人求取富有,我既辞去了做客卿时十万钟的俸禄,来拿这一万钟的俸禄,难道这反而是求取富有吗?”

“季孙曰:‘异哉,子叔疑!使己为政,不用,则亦已矣。又使其子弟为卿。人亦孰不欲富贵,而独于富贵之中,有私龙*断*焉。’古之为市者,以其所有,易其所无者,有司者治之耳。有贱丈夫焉,必求龙*断*而登之,以左右望而罔市利,人皆以为贱,故从而征之。征商,自此贱丈夫始矣!”

龙，同垄，音陇。断，音短。

季孙与子叔疑，都是人名，何时何国的人，现已无从考知。"季孙曰"至"有私龙断焉"，是孟子引季孙的话。为政，就是做官。异，是奇怪的意思。子叔疑想自己做官，因为没有人用他，于是又使自己的子弟做了卿。季孙说：奇怪极了！子叔疑这个人，想自己做官，没人用他，那就罢了。他却再使自己的子弟去做官。故曰"异哉，子叔疑！使己为政，不用，则亦已矣。又使其子弟为卿"也。季孙还接下去说道："哪个人不要富贵呢？不过子叔疑在富贵里面专心营求，像有一种私自龙断似的。"

什么叫做龙断呢？龙同垄，亦作陇，是田中高起的土山。断，是四面断绝的意思。一个人暗地里（私）登在土山上面，左望右望，看见市场上有哪一种货物可以赚钱，就用贱价把这货物买来。等到市场上这种货物少了，价钱贵起来，他就把这货物出卖掉，犹如现在做的抛盘生意。丈夫，即男人。上面说的人，因为只知贪财，不知义理，人家看不起他，所以称他"贱丈夫"，犹说是个下贱的男人。孟子引了季孙批评子叔疑的话，申明自己不做官，则竟不做，何必辞了这个，又就那个，像子叔疑所做的事情，无异是贱丈夫龙断一切的手段。又恐"龙断"二字的意义后人不明白，于是又解说道："古时的市场，是把自己所有的货物，去换取自己所没有的货物。那时候的官，不过治理交易货物时价值不公平而起的争端罢了。自从有个贪财的贱丈夫出来，必定登在断绝而很高的土山上，去左望望右望望，对于某一种货物有利，他像张着网（罔古与网通），想取得全市场的利益，人家都以为这个人贪财不知义理，觉得非常下贱，所以有司就从这个上征取他的捐税。征取商人的税，就是从这个贱丈夫开始的。"故正文云云。

（问） 何谓龙断？何谓贱丈夫？

(研究)齐王未尝不敬重孟子,不过不肯听孟子的话,施行仁政与王道。孟子因自己所怀抱的道不能推行,就辞了客卿的职位,决计不做。像子叔疑的自己不用,再使子弟为卿,他的目的无非升官发财,正是孟子所深恶的:此君子与小人之所以不同也。

孟子去齐,宿于昼。有欲为王留行者,坐而言,不应,隐几而卧。客不悦曰:"弟子齐*宿而后敢言,夫子卧而不听,请勿复敢见矣!"曰:"坐!我明语子:昔者鲁缪*公无人乎子思之侧,则不能安子思;泄*柳、申详无人乎缪公之侧,则不能安其身。子为长*者虑,而不及子思。子绝长*者乎?长*者绝子乎?"

齐宿之齐,音斋。缪,同穆。泄,音薛。长,读如掌。

昼,地名。齐,同斋,即斋戒,是竭诚恭敬的意思。孟子离开齐国,寄宿在昼的地方,有人尚想替齐王留住孟子,请孟子不要走。这人坐下说话,孟子不应他,伏(隐)在桌(几)上卧着。这人(客)见了觉得很不高兴,便对孟子道:"我弟子用着竭诚的恭敬,隔了一夜,然后敢来见你说话。你夫子卧而不听,请从此分别,不敢再来见你了!"鲁缪公,是鲁国的国君。子思,是孔子的孙。泄柳、申详,都是鲁缪公手下的臣。据旧注(注、疏《集注》):都说"子思以道不行欲去,缪公常使贤人往留,以诚意达于子思,故子思乃安而留之。泄柳、申详,亦是贤人,惟缪公尊之不如子思。然二子义不苟容,非有贤者在缪公之侧,亦不能自安其身"云云。孟子此说,是一正一反。子思之所以留鲁,为缪公所用,固由缪公常使人以诚意达于子思,时时在子思之身旁,说缪公信仰子思的话。至于泄柳、申详,虽都是贤人,究竟缪公尚不能十分信仰,必须有缪公所信仰的人常在缪公身旁,时时赞美泄柳、申详的好处，方能安身做官，否则缪公对此二人必不能长久任用。孟子以子思自比，意思是，只要国君以诚意留我，我也可像子思留而不行的。所以孟子回答那人道："请你坐一坐！我明明白白地告诉你吧：从前鲁缪公若没有人在子思的身旁，时时宣达缪公用子思的真心诚意，就不能使子思安心，而常在鲁国办事。至于泄柳、申详，若没有人在缪公身旁，时时说好话，缪公就不能任用，二人就不能安身了。"长者，是孟子对人的自称，犹说老年人。孟子说了这话，又接着道："现在你对待我老年人，既非奉了王命，只是自己来留我，这就是你代我谋画，远不及鲁缪公挽留子思的诚意了。这样，是你来和我老年人绝交，还是我老年人来和你绝交呢？"

(问)　孟子不理会留行的人，有何意义？

(自省)因道不行而自动去职，学子思好呢，还是学孟子好呢？

孟子去齐，尹士语人曰："不识王之不可以为汤、武，则是不明也；识其不可，然且至，则是干泽也。千里而见王，不遇故去。三宿而后出昼，是何濡*滞*也？士则兹不悦。"

濡，音儒。滞，读如治。

尹士，是当时齐国的人。汤武，指商朝的汤王，与周朝的武王。干，求取也。泽，恩泽也。干泽，即求取恩泽也。濡滞者，是形容人的停留而不肯就走的样子。孟子去齐之后，尹士对人说道："孟子这个人，不知道齐王的为人，决不能做汤、武的事业，偏要劝他推行王道，这就是他眼力不足(不明)了。假使料定齐王不能做汤、武，然而仍旧到齐国来，那是他自己想求取齐王的恩泽。既然不顾千里之遥来见齐王，不能得到齐王任用他的机会(不遇)，当然只好去了。却又在昼的地方，故意留宿了三夜然后再走，何以这样的停留而不肯就走呢？这种行为,使我尹士看了实在不乐意。”意思是说孟子留恋不去,总望齐王请他回来,实在不肯脱离,所以自己对于孟子就很不满意了!

高子以告。曰:“夫*尹士恶*知予哉!千里而见王,是予所欲也;不遇故去,岂予所欲哉?予不得已也!予三宿而出昼,于予心犹以为速,王庶几改之。王如改诸,则必反予。夫*出昼而王不予追也,予然后浩然有归志。予虽然,岂舍王哉?王由足用为善;王如用予,则岂徒齐民安,天下之民举安。王庶几改之,予日望之!予岂若是小丈夫然哉?谏于其君而不受,则怒,悻*悻*然见于其面,去则穷日之力而后宿哉?”尹士闻之曰:“士诚小人也!”

夫,音扶。恶,音乌。悻,音幸。

高子,据旧注,亦齐人,系孟子弟子。以告者,是高子把尹士所说的话,告诉孟子也。“曰”者,孟子答高子也。“夫尹士恶知予哉”云云,是孟子说,这尹士怎么能知道我呢?我不顾千里远路来见齐王,以为从此可推行王道,那是我心里实在愿意的。至于见了齐王得不到推行王道的机会,只好离去,这岂是我心里所愿意的呢?那实在是我的不得已呀!我又停留三夜然后离开昼的地方,在我的心里还觉得太快哩!“王庶几改之”者,这里面当有一件事故,虽没有叙明,下文有“谏于其君而不受,则怒”一语,想来齐王当时必有违反王道的政事,孟子极力谏阻,齐王不听,所以孟子不愿做官而去齐。庶几,是将近的意思,孟子说:我以为齐王的过失,将近要感悟而改变的。齐王如果改了,必定来请我回去。后来我出了昼的地方,齐王并不来请我回去,那我就像流水般不再停留(浩然),有了归去的志向。我虽然这样,但我的心里,难道就把齐王舍弃了吗?像齐王的为人,究竟还可以希望他改善的。齐王假使能用我,那么,非但齐国的百姓安乐，就是天下的百姓，也都能安乐了！齐王能慢慢地将近改过，我还是日日希望他哩！故曰“王庶几改之，予日望之”也。悻悻，是恨恨地生气的样子。“穷日之力”，是说竭尽一日的气力。“小丈夫”，指称没有学问涵养的小人。孟子又接下去说道：“我岂像没有学问涵养的小人一样呢？去劝谏国君而国君不听受我的言语，就禁不住发怒，恨恨地生气都露在面上。去国的时候，更是急急地竭尽一日之力然后才住，我又岂像这个样子的呢？”尹士听了孟子的话，知道孟子迟迟不去的道理，就自己认错道：“像我尹士，真是个小人了！”意思是说没有知道贤人的用意，反而批评贤人，自己实在是个小人了！

（问） 何谓岂徒齐民安，天下之民举安？

（研究）同人办事，一言不合，就生气辞去，以孟子之说例之，亦当目之为小丈夫。

孟子去齐，充虞路问曰：“夫子若有不豫色然。前日虞闻诸夫子曰：‘君子不怨天，不尤人。’”曰：“彼一时，此一时也。五百年必有王者兴，其间必有名世者。由周而来，七百有余岁矣，以其数则过矣。以其时考之，则可矣。夫*天未欲平治天下也；如欲平治天下，当今之世，舍我其谁也？吾何为不豫哉！”

夫天之夫，音扶。

充虞，是孟子弟子。路问者，在路上问孟子也。不豫色，是不愉快的面色。“君子不怨天，不尤人”，本是孔子的话，孟子时常引用，意思是：一个人只要自己做人不错，即有困难，不必恨天，也不必抱怨他人。孟子离开齐国的时候，充虞在路上问孟子道：“我见夫子像有不愉快面色似的，从前我听得夫子说，‘君子是不怨天，不尤人的。’”意思是孟子要离开齐国，见齐王并不挽留，未免有些怨恨，故以此为问。“曰”者，孟子答也。“彼一时，此一时也”，是说那时候是一种情形，现在又是一种情形，不必相同也。从夏禹以后，不过五百年，就有商汤，商汤以后，不过五百年，就有周文王、周武王；这都是王天下的圣君。在这五百年中间，必有个德业声名，为世所称道的人。故曰：“五百年必有王者兴，其间必有名世者。”但从周文王、武王到现在（孟子的时候），差不多有七百多年了，比以前五百年的数目，已经过头了。把时候推算起来，正可以出来做一番救世安民的事业了。故曰：“由周而来，七百有余岁矣，以其数则过矣。以其时考之，则可矣。”又道：这是天意不要使天下平定、国家治理罢了，假使天意要使天下平定而国家治理，在现今的世上，除掉我，还有哪一个承担这救世安民的事业呢？我既明白这完全是天意，还有什么不愉快呢？故曰：“夫天未欲平治天下也；如欲平治天下，当今之世，舍我其谁也？吾何为不豫哉？”

（问） 何谓舍我其谁？

（研究）孟子怀抱王道，本思拯救人民。时王不能用他，他的不豫，无非为悯惜人民，至于个人的富贵穷通，那是丝毫不在意的。

孟子去齐，居休。公孙丑问曰：“仕而不受禄，古之道乎？”曰：“非也。于崇，吾得见王，退而有去志，不欲变，故不受也。继而有师命，不可以请，久于齐，非我志也。”

休、崇，皆地名。“仕而不受禄”者，孟子在齐做的是客卿，并不受齐王的俸禄，故公孙丑以为问也。孟子离开齐国后，住在休的地方，公孙丑问道：“做官而不受俸禄，是古时也有这道理吗？”孟子道：“不是的。我在崇的地方，得能遇见齐王，及至退下来，早已有了求去的意思。（知齐王不能行王道也。）去志既抱定，不想改变，所以虽在齐国做客卿而不愿受他的俸禄。（因不行其道，不愿无功受禄也。）后来就碰到齐国和他国有战事，常有军事上的政令（此指齐人伐燕），这时候，当然不可提到辞去的话。讲到长久留住在齐国，那实在不是我的志愿。”

（问） 为卿而不受禄，有何意义？

（自省）身处孟子地位，国家有俸禄给我，该接受还是不接受呢？

第三篇

滕文公

TENG WEN GONG

滕文公为世子，将之楚，过宋而见孟子。孟子道性善，言必称尧、舜。

滕，是孟子时一个小国。天子之子称太子，诸侯之子称世子。“滕文公为世子”者，是滕文公在未接君位、做世子的时候也。这时滕文公将到楚国去，路过宋国。孟子刚在宋国，故滕文公来见孟子也。“孟子道性善，言必称尧、舜”者，孟子说：人的性质，都是善的。（如上篇见孺子将入于井，人皆有恻隐之心是也。）尧、舜是古时候的圣人，因为人性皆善，人人皆可以学尧、舜，所以孟子又常常称尧、舜的德业，意思是劝滕文公须讲求尧、舜之道，将来也做一个仁义的国君。

世子自楚反，复见孟子。孟子曰：“世子疑吾言乎？夫道，一而已矣！”

滕文公因在做世子的时候，所以此处径称他世子。世子自楚国回来，又来见孟子，孟子对他说道："你世子疑惑我先前所讲的话吗？讲到道理，本来只有一个罢了！"孟子所说，即孔子所倡的道，就是讲做人的道。做人的道，都是一样的。故曰："夫道，一而已矣！"

"成覸*谓齐景公曰：'彼丈夫也，我丈夫也，吾何畏彼哉？'颜渊曰：'舜何人也，予何人也，有为者亦若是！'公明仪曰：'文王我师也，周公岂欺我哉！'"

覸，音涧。

成覸、颜渊、公明仪，都是古时的贤人。丈夫，是称有所作为的男子。孟子引了成覸等三人的话，告世子道："成覸对齐景公说：'他是个大丈夫，我也是个大丈夫，我有什么怕他呢！'颜渊说：'舜是什么人，我是什么人，只要有所作为，我也可以做到这样的！'公明仪说：'周公学文王，成了圣人。我也学文王，也可成为圣人。'所以周公说：文王我师也。我也说，'文王我师也'。周公这句话，岂会欺骗我吗？"孟子引这三人的话，是说明上文言必称尧、舜的道理，教世子只要自己上进，也可以做到像尧、舜一样的圣人。

"今滕，绝长补短，将五十里也，犹可以为善国。《书》曰：'若药不瞑*眩*，厥疾不瘳*。'"

瞑，读如面。眩，音玄。瘳，音抽。

"绝长补短"，是用有余的长处，去补不足的短处。孟子又说：现在滕国截取(绝同截)有余以补不足，只有五十里的地方，然而地方虽小，还可以造成一个好好的国家也。《书》，是《尚书》。瞑，是闭眼睛。眩，是头眩。吃了麻醉药，人受了麻醉，就头昏眼花而失了知觉，但有一种病，是必须用麻醉药的。不用麻醉药，不使他头目昏乱，那病反而不能治愈(瘳)。意思是：滕虽小国，如病人一般，要用极强的药力，方可以挽救他这个病体，现在要救滕国，也只有发愤自雄，施行圣王的仁政，那才有挽救的希望。

（问） 何谓若药不瞑眩？

（研究）孟子以为人性皆善，只要自己立志，要做圣贤，即尧、舜、文王，都能做到的。

滕定公薨*，世子谓然友曰："昔者，孟子尝与我言于宋，于心终不忘。今也不幸，至于大故，吾欲使子问于孟子，然后行事。"然友之邹，问于孟子。孟子曰："不亦善乎！亲丧，固所自尽也。曾子曰：'生，事之以礼；死，葬之以礼，祭之以礼，可谓孝矣。'诸侯之礼，吾未之学也。虽然，吾尝闻之矣：三年之丧，齐*疏*之服，饘*粥*之食，自天子达于庶人，三代共之。"

薨，音烘。齐，此处音咨。疏，读如苏。饘，读如专。粥，音竹。

滕定公是滕文公父。"薨"者，古时天子死曰崩，诸侯死曰薨。然友，人名。世子对然友道："从前孟子尝和我在宋的地方讲过许多话，我心里终于不忘记。现在很不幸遭逢到极大的事故（大故即父母的死丧），我要差你去请问孟子，然后再办丧事"。故正文云云。这时候，孟子已回邹国，所以然友就到邹国去问孟子。"孟子曰：'不亦善乎！亲丧，固所自尽也'"者，是孟子赞美世子能郑重丧礼，意思是："世子能这样，岂不是好极了吗？父母的丧事，做人子的本应该竭尽自己的孝心的。"接着又引曾子的话："父母在生的时候，伺候要能尽礼。父母死了，安葬要尽礼，祭祀要尽礼。这样，可说是个孝子了！"接下去又说："至于诸侯丧父母的礼，我却从没有学过。虽然，我也曾经听人讲过，三年之丧（即父母之丧），应穿下端缝边（齐）的粗布（疏）衣服（齐疏，粗布也），吃些稀烂粥（饘），这是从天子起一直到小百姓，三代以来都共同遵行的。”意思是：父母三年之丧，自天子至庶人皆一律，诸侯自然不能例外，所以劝世子照行三年之丧也。

然友反命，定为三年之丧，父兄百官皆不欲，曰：“吾宗国鲁先君莫之行，吾先君亦莫之行也；至于子之身而反之，不可！且志曰：‘丧祭从先祖。’”曰：“吾有所受之也。”

“然友反命”者，然友回到滕国，把孟子的话转告世子也。“定为三年之丧”者，世子遵从孟子之说，决定举行三年之丧也。父兄，是世子的长辈。百官，是国中所有的官。“吾宗国鲁先君”者，滕与鲁本同宗之国，是说鲁国前代的国君。“吾先君”者，是说滕国前代的国君。反，复也。三代盛时，虽行三年之丧，到孟子时，三年之丧久已废除，再行三年之丧，即回复到古时的丧礼。世子虽听了然友转告孟子的话，决定举行三年之丧，世子的长辈及大小百官，却一齐反对，故曰：“父兄百官皆不欲”也。他们所反对的理由是：“三年之丧，我们同宗的鲁国，前代从没行过，我滕国的前代也没有行过。到了你世子身上，要复行古时的三年丧礼，那是必不可的。”志者，是古代遗留的传记。那些父兄百官又说：传记上有一句话，叫“丧祭从先祖”。意思是丧礼祭礼，只要依照祖宗所行的就好了！“曰”者，是父兄百官引了传记上的话，再加以申说也。传记上既有这话，那么我们依照祖宗的方法，正是有所传受的。故曰：“吾有所受之也。”意思是说不应违反祖宗的定礼。

谓然友曰：“吾他日未尝学问，好驰马试剑。今也父兄百官，不我足也，恐其不能尽于大事，子为我问孟子。”然友复之邹问孟子。孟子曰：“然。不可以他求者也。孔子曰：‘君薨，听于冢宰，歠* 粥，面深墨，即位而哭。百官有司，莫敢不哀，先之也。上有好者，下必有甚焉

者矣。君子之德,风也,小人之德,草也;草尚* 之风,必偃。'是在世子。"

歠,音彻。尚,音上。

因为世子的父兄百官,都反对三年之丧,世子没有方法对付,向然友说道:"我在从前没有讲求过学问,只喜跑马射箭。现今父兄百官对我都不满意(不我足也),恐怕他们不能尽心地助我办这件丧葬大事,你替我再去问问孟子。"故曰"谓然友曰"云云。然友奉了世子的命,再到邹国去问孟子。孟子道:"确乎为难的(然),但是不可以求他人的。孔子说过:'国君死了,一切政事都听宰相(冢宰)去办。嗣位的新君,只可吃口粥(歠粥),脸也不洗,好像深深地涂了黑墨一样(面深墨)。当即位的时候,只顾哀哀哭泣。那些大小百官见了,自然会感动,而不敢不举哀了!这是要人主先行起来做一个表率。在上的人主,能这样好礼,在下的臣子,必定更加好礼了。本来君子的道德,好像是风,小人的道德,好像是草;风吹在草上面,草必定跟着风,倒来倒去的。'"孟子引了孔子的话,接着说道:"这总在乎世子能自己尽心罢了。"意思是教世子自己竭尽孝道,很郑重地举哀,那些父兄百官虽然反对,终究会感动的。

然友反命,世子曰:"然!是诚在我。"五月居庐,未有命戒,百官族人,可谓曰知。及至葬,四方来观之,颜色之戚*,哭泣之哀,吊者大悦。

戚,今作感。

然友回国后,再把孟子的话对世子说了。世子道:"不错!确乎在我自己身上的。"因此五个月住在丧庐中不出来(居庐),也没有发布命令或告戒。百官和同族的人,都说他是知礼的。到了安葬的时候,四方来参观的人,看见世子神色的悲戚、哭泣的哀恸，都称赞世子真是个孝子。来凭吊的人，都非常满意，故曰："吊者大悦"也。

（问） 何谓"父兄百官皆不欲"？

（研究）儒家重以身作则，世子此时已为人君，听了孟子的话，竭尽悲哀，所以百官族人，都说他知礼也。那就可见只要自己尽礼，自会感动他人，先前反对的，结果还是心悦诚服，"草尚之风必偃"，实在是很确切的比喻啊！

滕文公问为国。孟子曰："民事不可缓也。《诗》云：'昼尔于茅，宵尔索绹*，亟*其乘屋，其始播百谷。'民之为道也，有恒产者有恒心，无恒产者无恒心；苟无恒心，放辟*邪侈*，无不为已。及陷乎罪，然后从而刑之，是罔*民也。焉*有仁人在位，罔民而可为也？

绹，音陶。亟，读如急。辟，今作僻。侈，音齿。罔，今作网。焉，音烟。

孟子到了滕国，滕文公问他：当怎样治理国家？故曰："滕文公问为国。"孟子答道"民事不可缓也"者，是说治国之道，先要讲求百姓的事，不可迟缓。《诗经》里说："昼尔于茅"云云，茅，茅草也。"索绹"者，用草绞成绳索也。意思是说：日间（昼）你去割茅草，夜间（宵）你去绞绳索。急急地升到屋顶上去修理好、整治好（亟其乘屋的乘，作升字解），然后再开始播种百谷。因为住的房屋没有修好，无处安居，何心种田？故治国之道，先要从教养百姓入手。

上面所引的是《诗经·豳风·七月篇》的诗句，孟子再说明其理："民之为道也"者，是说大凡做百姓的道理，有一定的产业，才有一定的心思去治理产业。若没有一定的产业，也就没有一定的心思了。故曰"有恒产者有恒心，无恒产者无恒心"也。放，放荡也。辟，今作僻，偏僻也。邪，奸邪也。侈，行动出乎范围也。百姓苟无一定的产业，必至放荡、偏僻、奸邪、奢侈，以至无所不为，故曰："苟无恒心，放辟邪侈，无不为已。"百姓做了放辟邪侈的事，那就要犯罪了。等他犯了罪，然后把刑罚施在他身上，这像张了一个网(罔今作网)，把百姓都驱进网去。故曰："及陷乎罪，然后从而刑之，是罔民也。"岂有仁德的人，处在国君地位，对于张着网陷害百姓的事，可以做出来的吗？故曰："焉有仁人在位，罔民而可为也?"

"是故贤君必恭俭礼下，取于民有制。阳虎曰：'为富不仁矣！为仁不富矣！'

恭，是恭敬。俭，是俭省。"礼下"，是待臣以礼。"取于民有制"，是征取赋税，有一定的制度，不额外加增。这都是贤德君主为国应有的政事。阳虎，是孔子时的坏人。他说：做国君的，为着要钱财富足，就不能顾到仁心爱民；为着仁心爱民，就不能顾到财富。故曰："为富不仁矣！为仁不富矣!"意思是阳虎单主张为富，所以顾不到仁。现在你滕文公要为仁，也就顾不到富的。虽然引用阳虎之言，意思却正与阳虎相反。

"夏后氏五十而贡，殷人七十而助，周人百亩而彻*，其实皆什一也。彻者，彻也。助者，借也。

彻，读如尺。

此段讲述三代取民之制。夏后氏，即夏朝。当时每一个农夫给田五十亩，按年收他五亩所出的税，名叫做贡。殷人，即殷朝。始改井田的制度，是以六百三十亩田，划作九方，命八家耕种。中央一方为公田，使旁边八家共同耕种，公田的出产，统归国家所有，即作为八家所缴纳的赋税，名叫做助。周朝又改为每一农夫给田一百亩，取其十分之一的赋税，名叫做彻。其实大都是十分取一的方法。彻，是通行又是平均的意思。助和借，都是借的意思。殷人征取赋税，系九分取一，借百姓的气力，来种公田，实在并不是收赋，故与周朝微有不同。

“龙子曰：‘治地莫善于助，莫不善于贡。贡者，校数岁之中以为常，乐*岁粒米狼戾*，多取之而不为虐，则寡取之。凶年粪其田而不足，则必取盈焉。为民父母，使民盻*盻*然，将终岁勤动，不得以养其父母；又称贷而益之，使老稚转乎沟壑，恶*在其为民父母也！’

乐，音洛。戾，音厉。盻，音细。恶，音乌。

龙子，古时的贤人。治地，就是整理土地。“莫善于助，莫不善于贡”者，是龙子以殷人之助法为完善，夏人之贡法为不完善也。他说贡法之所以不完善，是因为每一农夫由国家给了他五十亩田，把数年间的收入，比较（即校）出一个平均数目，从此每年向耕田的人征收若干米谷——此与现今田主所收的田租，不论丰年凶年总是收租米若干，正是同样的。岂知丰盛的年岁，农民米谷多了，往往不甚珍惜，甚至狼藉（狼戾）不顾。像这种收成，即使多取他些，也不算暴虐。但是因为有一定的数目，并不多取他。至于逢到凶年，农民连施用肥料（粪其田）的本钱也不够（不足），却必定要依照所定的数目而收取足数的。于是百姓无不怨恨了。既做了民之父母，使那些百姓恨恨地看着（盻盻然），他们终年辛苦勤劳，连养活父母都不能；纳税尚嫌不够，又不得不向人去借了钱（称贷）来补足（益之）。那时必然弄到老的弱的辗转在沟壑之间而饿死了。这样的为政，岂可更居君上的地位，而算是个民之父母呢？故正文云云。

“夫*世禄，滕固行之矣。《诗》云：‘雨我公田，遂及我私。’惟助为有公田，由此观之，虽周亦助也。

夫，音扶。

第一篇中孟子尝说文王治岐，“耕者九一，仕者世禄”。孟子因说：讲到世禄滕国本已实行了。意思是只要再行九分取一的助法，那就好了。《诗》云：“雨我公田，遂及我私”，是《诗经·小雅·大雨》篇中歌咏井田之法的诗句。就是说天上的雨，希望他先降在公田里，然后再降到我们的私田里。孟子引了《诗经》的句，又说只有助法，中央有一方公田，从这些上面看来，周朝虽说是取十分之一，但仍旧是井田的制度，故曰：“虽周亦助也。”

“设为庠序学校以教之：庠者，养也。校者，教也。序者，射也。夏曰校，殷曰序，周曰庠，学则三代共之，皆所以明人伦也。人伦明于上，小民亲于下，有王者起，必来取法，是为王者师也。《诗》云：‘周虽旧邦，其命维新。’文王之谓也。子力行之，亦以新子之国。”

此又是孟子对滕文公说为国之道也。庠、序、校，都是当时乡校的名称。学是国立的学校。庠以养老为重，校以教人为重，序以习练射箭为重，现在但举其所重，故曰“庠者，养也”云云。至于国立学校，三代的名称是相同的。设学的宗旨不过讲明人所应知的如君臣、父子、夫妇、长幼、朋友等各种伦常罢了。人类的伦常，既由在上者详细讲明，那些小百姓就都懂得互敬互爱了。故曰：“人伦明于上，小民亲于下”也。为国之道，虽千头万绪，举其重要者，不过如井田学校等事。这种种事体，滕国如能推行，有王天下的人出来，必定要来采用这方法，那你滕文公就成了王者的师长了。故曰：“有王者起，必来取法，是为王者师也。”接着再引《诗经·大雅·文王篇》中的两句道：“周虽旧邦，其命维新。”意思是周朝虽然是前代传下来的一个旧邦国，到了文王发政施仁，就受了天命，而造成一个新的国家。“子力行之，亦以新子之国”者，是孟子对滕文公说：你（子）只要能尽力施行起来，也可以使你的国家焕然一新的。

使毕战问井地。孟子曰:“子之君,将行仁政,选择而使子,子必勉之!夫*仁政,必自经界始。经界不正,井地不均,谷禄不平。是故暴君污吏,必慢其经界。经界既正,分田制禄,可坐而定也。

夫,音扶。

毕战,是滕文公手下的臣。孟子对滕文公说过井田、学校的制度,滕文公因使毕战到孟子前请问井田土地究竟采用怎样的办法。孟子道:你(子)那国君,将要推行仁政,假使选用到你,命你去办这件事,你必定要勉力去做。讲到这个仁政,必须先把土地的界限规划清楚,故曰“夫仁政,必自经界始”也。经界不能整理清楚,井田就不能均匀;井田不能均匀,官吏所得的米谷俸禄,也必定有多有少,不能平均了。所以暴虐的君主,以及贪官污吏,对于土地的界限,必不肯注意改正,以便从中舞弊。若是经界一正,分配田亩,制定俸禄,只要坐着就可规定的。故正文云云。

“夫滕,壤地褊小,将为君子焉,将为野人焉。无君子,莫治野人;无野人,莫养君子。请野九一而助,国中什一使自赋。卿以下,必有圭田。圭田五十亩,余夫二十五亩,死徙无出乡。乡田同井,出入相友,守望相助,疾病相扶持,则百姓亲睦。方里而井,井九百亩,其中为公田;八家皆私百亩,同养公田。公事毕,然后敢治私事,所以别野人也。此其大略也,若夫润泽之,则在君与子矣。”

此段是孟子告诉毕战施行井田制度的效用也。壤,即土地,是说滕国的土地褊狭而小也。滕国的土地虽小,有出来做官的君子,有在乡野耕田的小人。没有做官的君子,不能管治乡野的人。没有乡野的人,不能耕种田地,养活君子。如今请把国都以外四郊的地方,行九分之一的助法。其余国内的地方,用十分之一的贡法，叫百姓自己来缴纳赋税。故曰“请野九一而助，国中什一使自赋”也。圭田者，圭，洁也。做官所得俸禄，用以供虔洁的祭祀，故称圭田，这就是上面所说的世禄，凡卿以下的官，必给田五十亩，作为奉养祭祀的费用。余夫者，据朱子《集注》采程子注曰：“一夫上父母，下妻子，以五口八口为率，受田百亩。如有弟，是余夫也。年十六，别受田二十五亩，俟其壮而有室，然后更受百亩之田。”故曰“余夫二十五亩”也。百姓死亡的安葬、生存的迁居，都不会远离此乡。一乡的田，既照井田制度，八家共守一处，那些农民出来耕田，回到家里休息，常常作伴，彼此就非常友善。保守田产，看望有无外来的盗贼，也能大家相助了。有了疾病，更大家互相伺候，或代做工作。照这样，那么百姓自然亲近而和睦了。故曰“死徙无出乡”云云。“方里而井”者，是说把一里见方的地画成井形，而成为九方。每一井形的地，共田九百亩。中央一方为公田，旁边八方为八家私人的田。叫这八家农民共同耕种中央的公田。要等公田的农事完毕，然后去做各家私田上的农事。采用这种方法，所以使在野的小人与在朝的君子有所分别也。上面所说，就是推行井田之法的大略情形，至于要如何增添(润泽)，使百姓得到益处，那是全在乎你那国君和你(子)自己去努力进行了！故正文云云。

(问) 施行仁政王道，以何事为最重要？

(研究)世界上无论如何深奥的学理，无不从极浅显的生活上面发生。观孟子此章，所谓仁政王道，不过教养百姓而已，并非新奇特异之理论也。

有为神农之言者许行，自楚之滕，踵门而告文公曰：“远方之人，闻君行仁政，愿受一廛* 而为氓。”文公与之处。其徒数十人，皆衣* 褐*

捆* 屦* 织席以为食。

廛，音传。衣，此处音亦。褐，音遏。捆(kǔn)。屦，音句。

中国思想学说，莫盛于战国，有才识的人都创一种学说，以为照此施行，可使天下太平，或国家富强。但因为自己所创的新说，人多不肯信从，于是把古代有声名的人奉为偶像，说我的学说是古代某圣人传下来的，好借此引起一般人的信仰。即如孟子言必称尧、舜，就是说自己的学说，原是根据尧、舜时治国的方法。此外如墨子，则称说大禹，老庄则称说黄帝，都是一样的用意。现今许行是个创农家学说的，他所称说的是古代神农，故曰："有为神农之言者许行"也。

许行的学说，称为农家(《汉书·艺文志·诸子略》有农家一部分)，亦如孔子、孟子的学说称儒家，老子、庄子的学说称道家一样。墨子的学说，本有侠家的意义，后来被世主所嫉视，游侠一派因而中绝，所以墨子只称墨家，而无其他名称。

许行因创了一种农家的学说，也是收徒讲学的。这时候，听得滕文公要施行仁政，特地从楚国到滕国，亲自登门(踵门)告滕文公道："远地方的人，听得你(君)要行仁政，很愿接受你一所房屋，住在这里做你的百姓。"文公听了，就给他个住处。他的徒弟数十人，都穿着粗布衣服(褐)，扎缚很紧的麻鞋(捆屦)，做织席的工作，用以代换食物而维持其生活。故正文云云。

陈良之徒陈相，与其弟辛，负耒* 耜* 而自宋之滕，曰："闻君行圣人之政，是亦圣人也，愿为圣人氓。"

耒，音类。耜，音似。

陈良，是当时归向儒家的学者。他的徒弟陈相，同了他的弟陈辛，掮了种田的器具，也从宋国来到了滕国，对滕文公说："听得你(君)要行圣人的政治，你也是圣人了，我情愿来做圣人的百姓。”如正文云云。

陈相见许行而大悦，尽弃其学而学焉。陈相见孟子，道许行之言曰：“滕君，则诚贤君也；虽然，未闻道也。贤者与民并耕而食，饔*飧*而治。今也，滕有仓廪府库，则是厉民而以自养也，恶*得贤？”

饔，音雍。飧，音孙。恶，音乌。

陈相见了许行，非常悦服，把从前所守的学说都弃掉了，去学许行的学说。故曰：“陈相见许行而大悦，尽弃所学而学焉。”陈相又来见孟子，转述许行的话道：滕国的国君，确是个贤德的君主；虽然，他还没有听见过道理。故曰：“陈相见孟子，道许行之言曰：‘滕君，则诚贤君也；虽然，未闻道也。’”朝饭叫饔，夜饭叫飧，积米谷的房屋叫仓廪，藏银钱的房屋叫府库。陈相又引许行的话道：“贤德的君主，常和百姓一同到田里去耕种。朝饭夜饭，也是自己烧煮的。现在滕国有积满米谷的食廪，有积满钱财的府库，那就是虐民（厉民）的政策，只顾自己奉养，哪里算得贤呢？”

孟子曰：“许子必种粟而后食乎？”曰“然”！

孟子听了陈相的话，便问道：“许子（即许行，称子，含有尊敬的意思）必定自己耕种，然后吃饭吗？”陈相道：“是的。”

“许子必织布而后衣乎?”曰:“否,许子衣褐。”

此段首句,仍是孟子所问。孟子问道:“许子必定自己织了布,然后才穿衣服吗?”陈相道:“不是的,许子穿粗布衣服。”

“许子冠乎?”曰:“冠。”

孟子又问:“许子戴帽吗?”陈相道:“戴帽的。”

曰:“奚冠?”曰:“冠素。”

此段仍是孟子先问,恐人看不清楚,所以特加一“曰”字。孟子又问:“戴什么帽呢?”陈相道:“戴白色生绢制成的帽。”

曰:“自织之与*?”曰:“否,以粟易之。”

与,作欤。

孟子问道:“他那粗布衣服和白色生绢的帽,都是自己织的吗?”陈相道:“不是的,他用田中的米去换来的。”

曰:“许子奚为不自织?”曰:“害于耕。”

孟子又道:“许子穿的衣服和戴的帽,为什么不自己织呢?”陈相道:“恐于耕田有妨害。”意思是把工夫用来织布织绢,那就不能耕田了。

曰:“许子以釜*甑*爨*,以铁耕乎?”曰:“然。”

釜,音斧。甑,音曾。爨,音窜。

釜,是铁制的烹饪器具,即今镬或锅。甑,即瓦灶。爨,用柴在灶中燃烧也。孟子又问:“许子用釜甑等煮饭吗? 用铁制的农器耕田吗?”陈相道:“是的。”

“自为之与*?”曰:“否,以粟易之。”

与,作欤。

此段首句,又是孟子所问而省一“曰”字,使文气紧接。孟子又问:“许子煮食的釜甑和耕田的农器，是自己制成的吗？”陈相道：“不是，是用米去换来的。”

“以粟易械器者，不为厉陶冶；陶冶亦以其械器易粟者，岂为厉农夫哉？且许子何不为陶冶，舍皆取诸其宫中而用之？何为纷纷然与百工交易？何许子之不惮烦？”曰：“百工之事，固不可耕且为也。”

此段是孟子驳许子的行为不合也。陶，即制造瓦器。冶，即制造铁器。械器，指釜甑耒耜等物。舍，止也。不惮烦，犹说不怕厌烦。孟子因对陈相驳许子的行为道：“你既以为用米去换陶冶所制的械器，并不会妨害陶冶的；假使陶冶的人，也用他所制的械器来换米谷，又岂会妨害农夫呢？并且许子何不自己去兼做陶冶的工作？不单是米谷，那些械器只要（舍）从自己住屋里（宫中）取出来用，为什么纷纷不绝地去和百工交换呢？为什么许子是这样的不怕厌烦呢？”陈相听了孟子的话，说道：百工的事，本来不能又耕田，又做工的。故曰：“百工之事，固不可耕且为也。”

“然则治天下独可耕且为与*？有大人之事，有小人之事。且一人之身，而百工之所为备。如必自为而后用之，是率天下而路也。故曰：‘或劳心，或劳力。’劳心者治人，劳力者治于人。治于人者食*人，治人者食*于人，天下之通义也。

与，作欤。食，此处读如寺。

因陈相说不兼做百工的事，是恐怕于耕田有妨害，所以孟子又反驳他，治天下与耕田也是两无妨害的。照许子的意思，是要人主和农夫一同耕田，那就只有耕田的人，没有治天下的人了。许子所用一切械器，既可以用米去换来，那么，治天下的人难道不好用治天下的心思精力去换米谷吗？此段即说明这个道理。孟子说：那么治天下的人，独可以又耕田，又治天下的吗？社会的组织，有一种人管理政治，叫做大人；有一种人专做农工，叫做小人。大家都有专做的事。而且一个人的身上，百工所制的东西件件需要，不能不完备的。假使必定要自己制造然后供自己应用，那好像把天下的人都当做路上的行人，分不出什么大人和小人了。所以有人说："或者劳动心思，或者劳动气力。"劳动心思的，是管治人家的人。劳动气力的，是受人家管治的人。受人家管治的人，只会耕田，应得把米谷供给他人吃用。管治人家的人，再没有工夫耕田，应得受人家供给而吃用。这本是天下所通行的道理。

"当尧之时，天下犹未平，洪水横流，泛*滥*于天下。草木畅茂，禽兽繁殖。五谷不登，禽兽偪*人，兽蹄鸟迹之道，交于中国；尧独忧之，举舜而敷治焉。舜使益掌火，益烈山泽而焚之，禽兽逃匿。禹疏九河，瀹*济漯*而注诸海；决汝汉，排淮泗而注之江。然后中国可得而食也。当是时也，禹八年于外，三过其门而不入，虽欲耕得乎？

泛，音汎。滥，音烂。偪，同逼。瀹，音药。漯，读如塔。

此段仍是孟子驳许子并耕之说的不合。在尧的时候，大(洪)水横流，满溢蔓延(泛滥)，到处都是(于天下)。而且草木很长(畅)，又非常茂盛，禽兽的生殖也非常的多。许多地方被草木禽兽占去，五谷就不能成熟(不登)。而且禽兽还迫害人民，道路上都印着禽兽的蹄迹。所以帝尧独以为这是极可忧虑的，遂推举了虞舜出来，叫他遍布治理的方法(敷治)。舜于是使益主管(掌)用火，益就到山冈湖泽草木最盛的地方，用猛烈的火烧了起来。那些禽兽逃走的逃走，避匿的避匿，不再来逼害人民了。至于大水呢，又有个大禹出来，把九条大川都疏掘通了。再把济河、漯河开通(瀹)，使下流都注入海中。把汝水、汉水的淤塞除去，把淮水、泗水的淤塞掘通，都使它们流入长江。这样一来，中国就可以耕田得食了。在这个时候，大禹为了治水，八年中只在外面奔走，三次经过自己家门口，从不进去一望。像他这样忙迫，虽然要耕田，能够得耕田的时间吗？意思是说：尧、舜、益、禹这班人，担任了治天下的重责，绝没有时间和农民共同种田的。

“后稷教民稼穑*，树艺五谷，五谷熟而民人育。人之有道也，饱食暖衣，逸居而无教，则近于禽兽。圣人有*忧之，使契*为司徒，教以人伦：父子有亲，君臣有义，夫妇有别，长*幼有序，朋友有信。放勋曰：‘劳之来之，匡之直之，辅之翼之，使自得之，又从而振德之。’圣人之忧民如此，而暇耕乎？

穑，音色。“圣人有忧之”之有，通又。契，此处读如薛。长，此处读如掌。

后稷，是管种田的官，犹清代的户部。司徒，是管理教育的官，犹清代的礼部，现今的教育部。那时候做后稷官的名弃，做司徒官的名契。放勋，是尧帝的名。孟子说：益驱了禽兽，禹平了水灾后，虞舜才命弃做了后稷官，教导百姓种植稻麦等五谷。故曰“后稷教民稼穑，树艺五谷”也。树艺，即种植也。“五谷熟而民人育”者，五谷既已成熟，人民得食而养活（育）其生命。但人民的生计虽然解决，没有知道做人的道理，还是不对的。讲到一般人所有的性质（人之有道），肚里吃饱，身上穿暖，只知安乐，不去教导他做人的道理，那就和禽兽差不多了（近于禽兽）。于是在上的圣人又忧虑起来，遂命契做司徒官，专教百姓以人伦之道：父子间要亲爱，君臣间要有义气，夫妇间要分别内外，长辈和幼辈要有次序，朋友间要有信用。这五件，就是人伦的大道。这时候，尧帝放勋将施行教化的方法对那些官吏讲述。“劳之来之”云云者，是说百姓能努力于事务的，当加以慰劳；百姓自愿来归附的，当加以奖励，招他们到来。人民若有邪念，就教导他，使他们改善（匡），使他们矫正（直）。又帮助（辅）人民，使他们安居乐业；像鸟张着两翼(翼),去保护这些人民。到此地步,使人民都能自得其乐,再加以提挈(振),施以恩惠(德),故曰"使自得之,又从而振德之"也。圣人的教民要这样周密,哪里还有工夫和百姓去并耕呢?故曰:"圣人之忧民如此,而暇耕乎?"

"尧以不得舜为己忧,舜以不得禹、皋*陶*为己忧。夫以百亩之不易为己忧者,农夫也。分人以财谓之惠,教人以善谓之忠,为天下得人者谓之仁。是故以天下与人易,为天下得人难。

皋,音高。陶,此处读如遥。

孟子又说:在那时候,尧把不能得到舜当成自己所忧虑的事情。舜既助尧治天下,又把不能得到禹和皋陶一班人当成自己所忧虑的事情。把那一百亩的田没有耕治("不易"之易作治理解)作为自己所忧虑的事情,这不过是农夫的心理罢了。

孟子说明了在上位的圣人,不必自己去耕田,又把尧以天下让舜的事带说明白,接下去说道:"把钱财分给人的,叫做恩惠。把善事教导人的,叫做忠心。为了救济天下,求得相当人才来担任的,叫做仁爱。所以把这个天下让给他人,是很容易的事情;为了救济天下而求得相当的人才,那才是很难的。"故正文云云。

"孔子曰:'大哉!尧之为君!惟天为大,惟尧则之。荡荡乎,民无能名焉!君哉,舜也!巍巍乎,有天下而不与焉!'尧、舜之治天下,岂无所用其心哉?亦不用于耕耳。

孟子再引孔子的话,证明人君不必与民并耕的道理。"孔子曰:'大哉!尧之为君!惟天为大,惟尧则之'"者,是孔子称赞尧的人格,是伟大极了!本来天是最大了,尧的为人,却能取法乎天,只觉得他浩浩荡荡的伟大人格,百姓竟没有名目来称他。故曰："荡荡乎，民无能名焉。"孔子又说"君哉，舜也"者，是说真能尽人君之道的，那是舜了。他的人格也是非常高大（巍巍乎），虽然得了天下，他却像没有做天子一般。意思是说：舜只以救民为心，并不以天子的地位为自足也。

孟子引了孔子赞美尧、舜的话，又接着下断语道："像尧、舜这样的治天下，难道真没有用什么心思吗？只是心思不用在耕田上罢了。"如正文云云。

"吾闻用夏变夷者，未闻变于夷者也。陈良，楚产也。悦周公、仲尼之道，北学于中国；北方之学者，未能或之先也。彼所谓豪杰之士也。子之兄弟事之数十年，师死而遂倍*之。

倍，同背。

此段以下，系孟子责陈相反背陈良师说而去学许行也。夏者，因夏禹王有功德于民，遂相沿称中国人曰夏。夷者，蛮夷；犹今言野蛮民族也。夏，是文明的民族，文明民族应该用文化去启导野蛮民族，使之也变成文明，故曰："吾闻用夏变夷者。"孟子说：我只听见用夏的文明，去变化野蛮的夷人；不听见文明民族，反去变成野蛮的。故曰："未闻变于夷者也。"产，生也。孟子又说："陈良，是生长于楚国的人，他因喜欢周公、孔子（仲尼）的道理，特地到中国来就学（那时候，楚国称荆蛮，尚无文化），北方的学人，没有一个赶得上他（未能或之先也）。像他这样的人，真可称做豪杰的士人了。现在你（子）兄弟二人，奉事陈良为师，已有数十年之久，师长死后，就背叛了他。"故正文云云。

"昔者，孔子没，三年之外，门人治任将归，入揖于子贡，相嚮*而哭，皆失声，然后归。子贡反，筑室于场，独居三年，然后归。他日，子夏、子张、子游以有若似圣人，欲以所事孔子事之，彊*曾子。曾子曰：

'不可！江、汉以濯＊之，秋阳以暴＊之，皜＊皜＊乎不可尚＊已！'

嚮，同向。彊，同勉强的强。濯，音浊。暴，音仆。皜，音诰。尚，同上。

此段说弟子事师之道也。"从前孔子死后，过了三年，孔子的门人，都整治行李(治任。朱子注曰：任，担也。是说肩上担着行李)，将各回家乡。进去向主办孔子丧事的子贡作揖告辞，大家想起孔子，又相对哭了一回，都是放声大哭的，然后才各自回去。子贡送别了众人回来，就在孔子讲学的场所造了一所房屋，独自一人再住了三年，然后回去。"故正文云云。他日者，是说后来有一天，子夏、子张、子游三个人，以为有若的举止态度极像孔子(圣人)，要用从前奉事孔子的规矩去奉事有若。大家要曾子勉强赞成，曾子说："那是不可以的！""江、汉以濯之，秋阳以暴之"者，是说孔子的人格道德，像长江、汉水的清洁，人若被江、汉之水洗过身体，不能再用别的水来洗。又如秋天太阳的光明，人被秋天的太阳晒过，不能再用别的亮光来照。皜皜，是干净洁白的意思。是说孔子的干净洁白，是没有人可以超过他的。故曰："皜皜乎，不可尚已！"此段意思，是曾子因师事过孔子，子夏等要他去共事有若，曾子尚且不肯，现在陈相兄弟因陈良死了，就背了师道，去事许行，那是大大不该的。

"今也南蛮鴃＊舌之人，非先王之道，子倍子之师而学之，亦异于曾子矣。吾闻出于幽谷，迁于乔木者；未闻下乔木而入于幽谷者。《鲁颂》曰：'戎狄是膺＊，荆舒是惩＊。'周公方且膺＊之，子是之学，亦为不善变矣！"

鴃，音决。膺，音鹰。惩，音承。

鴃，是一种小鸟。"鴃舌之人"，谓口音特别，讲话像鸟叫的人。意思是说：现在这许行，不过是南方野蛮地方口音特别的人。故曰："今也，南蛮鴃舌之人。”他所懂得的，并不是古代先王圣人的道理，你背叛你自己的师说去学他，这就有异于曾子之事孔子了。故曰：“子倍子之师而学之，亦异于曾子矣！”幽谷，即很深的山谷，是指黑暗低下的地方。乔木，即高大的树木，是指光明高大的地方。孟子又说：“我只听见《诗经》上讲鸟的做巢，常从幽谷迁移到乔木上去，从没有听见从乔木上反而迁移到幽谷里去的。”意思是说：一个人本在低处的，总是望着高处走；没有本在高处，反而向低处去的。“颂”，是《诗经》里的一种体式，《鲁颂》是鲁国兼有舞容的一种乐章。膺，攻击也。惩，是责罚的意思。戎狄，指当时的野蛮种族。荆舒，是当时野蛮民族的国家。《鲁颂·闷宫篇》说：“攻击戎秋，痛惩荆舒”意思是说像这种野蛮民族，鲁国的周公常要去攻击它、责罚它的。现在你不能把他们的野蛮变成文明，反而抛掉文明去学野蛮，也可算变得太不好了！故曰：“周公方且膺之，子是之学，亦为不善变矣！”

“从许子之道，则市贾*不贰*，国中无伪。虽使五尺之童适市，莫之或欺。布帛长短同，则贾*相若；麻缕丝絮轻重同，则贾*相若；五谷多寡同，则贾*相若；屦大小同，则贾*相若。”

贾，同价。贰，同二。

以前九段，是孟子对陈相驳许子的话。此段是陈相称赞许子之道答复孟子也。许子所倡的学说，现今已不可得见。陈相此处所说，不过是说许子农家学说所收的各种效果。他以为推行许子学说，能使市价（贾）划一不贰，国中的人都不敢作伪，虽使五尺长的童子到市上去买东西，绝没有人会欺骗他，故曰“从许子之道，则市贾不贰，国中无伪，虽使五尺童子适市，莫之或欺”也。“布帛长短同，则贾相若”云云者，是说许子的学说施行后，对于货物只问量的多寡，而不管质的好坏。譬如布与绸（帛）长短相同，它的价钱就一样。织布的麻线（麻缕）与织绸的丝茧（丝絮）轻重相同，它的价钱就一样。连五谷也不问它是米是麦，只要容量的多少相同，价钱也是一样。至于所穿的鞋（屦），更不问大小，价钱也是一样。故正文云云。陈相的意思，以为许子之说能将物价平均，那些欺诈手段可因此消灭了。

曰："夫物之不齐，物之情也。或相倍蓰，或相什伯，或相千万。子比而同之，是乱天下也。巨屦小屦同贾，人岂为之哉？从许子之道，相率而为伪者也，恶*能治国家？"

恶，音乌。

此又孟子驳陈相称赞许子之说的不当。"夫物之不齐，物之情也"，是说货物的不能划一，那正是货物的一种自然情形。所以在价值方面，有加一倍的，有加五倍（蓰）的，更有十倍（什）百倍（伯）的，千倍万倍的。现在许子要把它划成同一的价钱，是反使天下扰乱了。即如使大的鞋与小的鞋，卖同一价钱，那制鞋的人一定为省些材料，专制小鞋，更没有人制大鞋了。岂不反是扰乱天下吗？所以照许子的道理，一旦实行起来，大家只肯做本钱小、材料省的货物去骗人了，故曰："相率而为伪者也。"这样，哪里能够治国家呢？

（问） 儒家与农家之异点何在？

（研究）许子学说仅见此片段文字，后世不能得见其详细。不过并耕之说，孟子一再痛驳，以为治人者有治人的职责，受治者有受治的职责，是亦今世所谓分工合作制度，不可不知也。

墨者夷之，因徐辟而求见孟子。孟子曰："吾固愿见。今吾尚病，病愈，我且往见；夷子不来！"他日，又求见孟子，孟子曰："吾今则可以见矣。不直，则道不见；我且直之。吾闻夷子墨者，墨之治丧也，以薄为其道也。夷子思以易天下，岂以为非是而不贵也？然而夷子葬其亲

厚，则是以所贱事亲也。”

墨者，是专讲墨子学说的一派人。夷之，是姓夷名之，当时的一位墨家。夷子，即夷之，古时对人称子，是含有尊敬的意思。徐辟，是孟子的弟子。此章记的是：有个讲墨子学说的人叫夷之，因徐辟的介绍，来求见孟子。孟子说：“我本来极愿意和他相见，但今天我尚有病，病好（愈）了，我也将要（且）去见他，你请夷子还是不必来（不来）吧！”又一日（他日），夷之又来求见孟子，孟子说：“我今天倒可以见他了！我的意思不直捷地说（不直），我们儒家的道理就无从表现了（则道不见）。我还是直捷地先说吧（我且直之）！”接着又说：“我素来晓得夷子是一位墨家，墨家对于办理丧事，最主张俭省，以薄葬为根本的办法。”那是墨子的意思，以为人既死了，无论怎样厚葬，无非耗费钱财，实在是无意思的举动，所以讲墨学一派的人，根据墨子之说，大都主张薄葬。故曰：“吾闻夷子墨者，墨之治丧也，以薄为其道也。”现今夷子却不然，他葬其亲厚，并不遵墨家的薄葬，而从儒家的厚葬，这与墨子之道相反了。“岂以为非是而不贵也”者，是孟子对徐子所说，作诘问夷子的口气：你既想用墨子之道来改变天下的风俗，岂有将墨子薄葬的道理认为不是，而不以为贵的？然而夷子葬他的亲人又是从厚葬的，那么照墨家所说，却是以贱事亲了！故曰：“然而夷子葬其亲厚，则是以所贱事亲也。”意思是：夷子信仰墨子之道，要尊贵其亲，自应遵从墨家的薄葬。今不遵墨家之薄葬，而从儒家之厚葬，就墨家一方面讲，那正是贱亲而不是贵亲了。

徐子以告夷子，夷子曰：“儒者之道，古之人‘若保赤子’，此言何谓也？之则以为爱无差等，施由亲始。”徐子以告孟子，孟子曰：“夫夷子信以为人之亲其兄之子，为若亲其邻之赤子乎？彼有取尔也。赤子匍*匐*将入井，非赤子之罪也。且天之生物也，使之一本，而夷子二

本故也。

匍，音蒲。匐，音伏。

徐子把孟子的话，转告夷子。夷子说道："你们儒家的道理，古时圣人常有'若保赤子'这么一句话。（若保赤子者，是说王者爱民，如父母爱其初生的婴儿。因初生婴儿皮肤色红，故曰赤子。）这句话，是怎样讲的呢？之（夷子自称）以为这就是爱人本没有等级差别，不过由近而推之于远，所以要从自己最亲近的父母爱起。"故曰"儒者之道，古之人'若保赤子'，此言何谓也？之则以为爱无差等，施由亲始"也。夷子的意思，以为儒家既称"若保赤子"，本和墨家的兼爱主义相同。至于自己的厚葬其亲，也是为了爱人当先从爱亲做起，其实对人对己，不过略有先后，并不分什么等级也。徐子又把夷子的话转告孟子。孟子道："这个夷子，他果真以为一个人亲爱他兄长的儿子，能像亲爱他邻舍人家的儿子吗？古人'若保赤子'一句话，是他用作另外的一种譬喻的。"故曰："夫夷子信以为人之亲其兄之子，为若亲其邻之赤子乎？彼有取尔也。"孟子的意思，是古人虽有"若保赤子"一句话，但兄之子与邻人之子，究有亲疏之分，所施的爱当然也有厚薄。古人所谓"若保赤子"，是譬喻小百姓因缺乏知识而犯罪，正像初生的婴孩匍匐入井一样，应当保护他。匍匐者，是在地上趴着，假使婴儿在地上趴着，将要跌入井中，这绝不能认为是婴孩自己的罪过，因为他是无知识的，所以无论何人见了，总要把这婴孩救起。故曰："赤子匍匐将入井，非赤子之罪也。"

"且天之生物也，使之一本，而夷子二本故也"者，是孟子又说：并且上天对于人物的产生，必使有父母做他的根本，父母是只有一个的（一本）。现今夷子学墨家之道，对待他父母既和普通人一样，对待普通人又和父母一样，但是所施的爱却又先从父母爱起，这是他既把众人做根本，又把父母做根本，明明成为两个根本了（二本）。

“盖上世尝有不葬其亲者，其亲死，则举而委之于壑。他日过之，狐狸食之，蝇蚋*姑嘬*之，其颡*有泚*，睨*而不视。夫泚*也，非为人泚*，中心达于面目。盖归，反蔂*梩*而掩之。掩之诚是也；则孝子仁人之掩其亲，亦必有道矣。”徐子以告夷子，夷子怃*然，为间，曰：“命之矣！”

蚋，音瑞。嘬，读如蔡。颡，音桑。泚，音此。睨，音艺。蔂，音垒。梩，音梨。怃，音武。

此段是说明一本之意。上世者，最前的时代，即太古也。委，抛弃也。壑，山洞有水之处。蝇，苍蝇。蚋，小虫名，蚊的一类。姑古通蛄，也是一种小虫。嘬，聚在一处同吃也。颡，人的前额。泚，出汗的样子。睨者，斜着眼看也。蔂，泥土堆也。梩，掘泥土的器械。掩，遮盖也。怃然，失意而说不出话的样子。为间，略为停顿的意思。命，犹教也。孟子说：“在太古时候，尝有不知葬亲之事。他们的亲人死了，便把尸体抛弃在山沟里。后来从这地方经过，看见狐狸在吃他亲人尸体的肉，苍蝇和蚊蚋蝼蛄等小虫，也攒聚在一处，吃他亲人尸体的皮肤。为人子的见了这种样子，心里悲痛，不知不觉额上就流出冷汗，只得把头掉开，不忍用正眼去看。这种冷汗，不是为他人所见而发出来的；这是心中发生了极度的悲痛，自然而然达到面部上来的。因此回去后，又再赶到抛弃亲人尸体的地方，用掘泥土的器械，掘起泥土，把亲人尸体遮掩，这泥土遂成了一个土堆。——这就是后世造坟的创始。他们把亲人尸体遮掩，那实在是很对的，那么，后世孝子仁人葬埋其亲人的尸体，也必定有道理，决不能随意薄葬了。”故正文云云。徐子又把这话转告夷子。夷子听了，不觉露出失意的样子，停了一会儿，然后说道：孟子虽没有亲见，已经教训我了。故曰：“夷子怃然，为间，曰：‘命之矣!'”

(问) 儒家与墨家之异点何在?

(研究)人之言行,须出于一本。如夷子遵墨者之道,而为儒者之行,是出于二本,故虽能厚葬其亲,亦为君子所不取。

陈代曰:“不见诸侯,宜若小然。今一见之,大则以王,小则以霸。且志曰:‘枉尺而直寻’,宜若可为也。”孟子曰:“昔齐景公田,招虞人以旌,不至,将杀之。‘志士不忘在沟壑,勇士不忘丧其元’,孔子奚取焉?取非其招不往也。如不待其招而往,何哉?”且夫枉尺而直寻者,以利言也。如以利,则枉寻直尺而利,亦可为与*?

与,今作欤。

陈代,孟子弟子。他认为孟子家居讲学,不如去见诸侯,可以行道也。“宜若小然”,是说孟子不肯轻身去见诸侯,虽说是个人的志向和操守,但是只为自己一身计算,范围似乎很小的。接下去说:“现今你肯去见一见诸侯,诸侯用了你的政策,大的可以王天下,小些也可造成一个霸国。”“志”者,是古人传下来的记载。枉,委屈的意思。直,伸展的意思。尺,一尺也。寻,十丈也。“枉尺直寻”,是说委屈的仅不过一尺而伸展的可以到十丈。意思是你能往见诸侯,成就王霸大业,所受委屈很小,所成事业极大,正同枉尺直寻一般,似乎也可以做的,故曰:“宜若可为也。”

齐景公,是齐国从前的君主。虞人,是专管山泽苑囿的小官。旌,是一种小旗。按古礼:国君招大夫用旌,招虞人用皮冠。齐景公招虞人用旌,那是失礼的。所以孟子道:“从前齐景公打猎,用旌去招虞人,虞人因守礼而不肯至,景公以为违抗命令,将要杀他。”“志士不忘在沟壑”者,是有志向的士人,有人用非礼对待他，虽把他杀死，丢在沟壑间，他也不顾的。“勇士不忘丧其元”者，元，头也。是说勇敢的士人，有人用非礼对待他，就把他的头杀掉，他也不顾的。不忘者，是不忘这种道理也。这两句，是孔子当时赞美虞人的话。“奚取焉”者，是孔子对于虞人有何可取呢？所取的是这个虞人对于齐景公用旌不用皮冠去招他，虽死不顾，决定不去。故曰：“取非其招不往也。”“如不待其招而往，何哉？”是孟子自谓现今诸侯本不来招我，我不等到他们来相招，先去见他们，那算什么呢？意思是：我难道比虞人还不如吗？“且夫枉尺而直寻”者，是孟子再对陈代说：并且你所说的“枉尺直寻”，无非为利益上的计算。如果单讲究利益，那么，委屈大节去求极小的发展，如所屈的有十丈，所伸展的只有一尺，虽能得利，难道也可以做吗？故曰：“如以利，则枉寻直尺而利，亦可为与？”

“昔者，赵简子使王良与嬖奚乘，终日而不获一禽，嬖奚反命曰：‘天下之贱工也。’或以告王良，良曰：‘请复之。’彊而后可。一朝而获十禽，嬖奚反命曰：‘天下之良工也。’简子曰：‘我使掌与女*乘。’谓王良，良不可。曰：‘吾为之范我驰驱，终日不获一；为之诡遇，一朝而获十。《诗》云：“不失其驰，舍矢如破。”我不贯*与小人乘，请辞！’

女，今作汝。贯，今作惯。

赵简子，姓赵，名鞅，是从前晋国的大夫。嬖，宠爱的意思。奚，是人名。王良，是当时善于驾马的人。此段是孟子另外引一故事对陈代说也。孟子道：“从前赵简子使王良给自己所宠爱的叫奚的人驾了马车，出去打猎。从早晨到夜间，不能获得一只鸟。这个宠爱的奚，回来对赵简子说：‘王良驾马的本领不好，因此我不能获取一鸟。他真是天下最没有本领的一个驾马人（天下之贱工）。’有人把这句话告诉王良，王良道：‘请再去打一回猎。’那宠爱的奚起初不肯，王良硬请他去，然后奚答应了再去，一日之间竟获取了十只鸟。奚回来又对赵简子说：‘王良驾马驾得好，所以我一天获了十只鸟。他真是天下最有本领的一个驾马人（天下之良工）。’简子道：‘我使王良专给你驾马吧！’又命王良专代奚驾马，王良却不肯了，说道：‘我为了遵守驾马的法则（范）而驰驱，奚自己不会射箭，所以一日之间不能获取一鸟。后来我不照驾马的法则，走不正当（诡）的路，使与禽鸟接触（遇），遂被他设了诡计，一天获了十鸟。’《诗经·小雅·车攻篇》中说：‘驾马的不失他驾马的法则而驰驱（不失其驰），射箭的把箭放射出去，使所遇的鸟都能射中（舍矢如破。破，犹射中也）。’这可见君子的驾马射箭，都有一定的法则。如今奚要丢开法则，采用不正当手段，那就是个小人了。所以说：‘我不贯与小人乘，请辞。’”意思是自己不惯同奚这种人驾马，请求辞了这差使也。

“御者且羞与射者比，比而得禽兽，虽若丘陵，弗为也。如枉道而从彼，何也？且子过矣！枉己者，未有能直人者也。”

此段又是孟子自己的说话。上文引了王良不肯给奚驾马的事，此处再说明自己不肯屈己从人的道理。御者，就是驾马的人，指上文的王良。射者，是射箭的人，指上文的奚。是说：驾马的人，尚且以为羞耻而不肯和射箭的去比并。因比并而获得禽兽，虽堆积着像山陵般高，御者也不肯做的。现今你劝我委屈自己，抛开所守的大道，去依附那些无道的诸侯，这是什么意思呢？故曰：“御者且羞与射者比，比而得禽兽，虽若丘陵，弗为也。如枉道而从彼，何也？”孟子对于枉己从人的错误又补充一句道：并且你所说“枉尺直寻”，也是错的；凡是自己甘愿委屈，绝不能使他人反而伸展。故曰：“且子过矣！枉己者，未有能直人者也。”

(问) 何谓枉尺直寻?

(研究)君子虽思以道治天下,但于自己的身份,也要尊重。孟子不愿意轻身去见诸侯,正是他人格的伟大处,与后世自命才能,专事钻营者绝对不相同也。

景春曰:"公孙衍*、张仪岂不诚大丈夫哉!一怒而诸侯惧,安居而天下熄。"孟子曰:"是焉*得为大丈夫乎?子未学礼乎?丈夫之冠也,父命之。女子之嫁也,母命之,往送之门,戒之曰:'往之女*家,必敬必戒,无违夫子。'以顺为正者,妾妇之道也。居天下之广居,立天下之正位,行天下之大道,得志,与民由之;不得志,独行其道。富贵不能淫,贫贱不能移,威武不能屈:此之谓大丈夫。"

衍,音演。焉,音烟。女,今作汝。

景春,人名,是当时的一个纵横家。公孙衍、张仪都是魏国人,善于辩论,为纵横学说的主要人物。他们专事游说诸侯,使诸侯听了他们的话,兴兵去攻打弱国,所以那些小国诸侯都怕这一种人,不敢得罪他们,因为惹怒了他们,就要说动大国,用兵力来压迫的,故曰"一怒而诸侯惧"也。他们安居不动,各国战争之事也就消灭(熄)了。故曰"安居而天下熄"也。景春赞同纵横学说,因之对于公孙衍、张仪这班人非常推崇,他对孟子说:"像公孙衍、张仪,岂非确是个大丈夫吗?"孟子道:"这种人,哪里能算大丈夫呢?你(子)没有学过礼吗?《礼经》中所规定:男子到二十岁,举行加冠礼,由父亲将做人的道理教训他(父命之);女子出嫁,由母亲将做媳妇的道理教训她(母命之)。在临去的时候,她母亲送她到门口,告诫她道:'到你那夫家去,居心必然要恭敬,做事必然要谨戒,不可违反丈夫的话。'因为以顺从丈夫为正当,那就是给人作妻妾的道理。"故曰:"以顺为正者，妾妇之道也。”意思是说：公孙衍、张仪这种人，只知奉承国王，好像妻妾之奉承丈夫，这是女流的行为，大丈夫岂肯做这卑鄙的事情呢？下文又接云“居天下之广居”云云者，是说“为大丈夫的如存心专讲仁德，所住的即是天下最大的地方，所立的是天下最大的地位，所行的是天下最大的道路。当得志的时候，和百姓都向这大路进行，不得志的时候，就单独行我的道义。无论怎样富贵，不能来诱惑（淫）我；怎样贫贱，不能来移动我；怎样威势武力，不能来屈服我。这才叫做大丈夫呀”。

（问） 何谓以顺为正？

（自省）我能富贵不淫，贫贱不移，威武不屈吗？

周霄*问曰：“古之君子仕乎？”孟子曰：“仕。《传》曰：‘孔子三月无君，则皇皇如也。出疆必载质*。’公明仪曰：‘古之人，三月无君则吊。’”

霄，音宵。质，同贽。

周霄，魏国人。他问孟子：“古时有道的人（君子）都愿意做官吗？”孟子答道：“愿意做官的。”《传》者，是前代所遗留的书籍。无君，是不做官而无君可事的意思。皇皇，是求取不到心中很不安的样子。古《传》上说：“孔子三个月不做官而无君可事，好像心中很不安的。”“出疆必载质”者，是无官可做，离开这一国的疆土，必须带着往见别国君主的礼物也。公明仪，是孟子以前的贤人。“古之人，三月无君则吊”者，是说古时的人，三个月无君可事，好像碰到了丧事，人家都要来慰问（吊）。

“三月无君则吊，不以急乎？”曰：“士之失位也，犹诸侯之失国家也。《礼》曰：‘诸侯耕助，以供粢*盛；夫人蚕缫*，以为衣服。牺牲不

成，粢盛不洁，衣服不备，不敢以祭。惟士无田，则亦不祭。'牲杀器皿，衣服不备，不敢以祭。则不敢以宴，亦不足吊乎？"

粢，音知。缫，读如烧。

"三月无君则吊，不以急乎"，又周霄问也。意思是三个月没有君事，弄得像有丧事而受人家的慰问，想做官的心思，岂不是太急切了吗？孟子答道："士人失了位，没有官做，等于诸侯失了国家。""《礼》曰"者，《礼经》上所说也。"诸侯耕助"者，诸侯亲自耕种的田亩，经众百姓帮助也。粢盛，是祭祖时上供的稻麦。凡诸侯亲耕的田，是专用作祖宗祭品的。"夫人蚕缫"者，是诸侯之妻亲自饲蚕缫丝，制成祭祀所穿的礼服也。倘所畜的牺牲（祭祀所用的牛羊豕）没有长成，粢盛没有整洁，祭服没有完备，那是不敢祭祖宗的。这是诸侯的祭礼。"惟士无田，则亦不祭"者，是说做士人的，没有圭田（卿大夫的祭田），也是不举行祭祀的。士人失了官位，不能宰杀牲口，没有盛放牲口的器皿，没有祭服，那是决不敢祭祖的。既不敢祭祖，更不敢宴客了。那就和逢到丧事一样，这还不足以使人来慰问吗？故正文云云。

"出疆必载质，何也？"曰："士之仕也，犹农夫之耕也，农夫岂为出疆舍其耒耜哉？"曰："晋国，亦仕国也。未尝闻仕如此其急；仕如此其急也，君子之难仕，何也？"曰："丈夫生而愿为之有室，女子生而愿为之有家，父母之心，人皆有之。不待父母之命，媒*妁*之言，钻*穴*隙*相窥*，逾*墙相从，则父母国人皆贱之。古之人，未尝不欲仕也。又恶*不由其道，不由其道而往者，与钻穴隙之类也。"

媒，音梅。妁，音酌。钻，音 zuān。穴，音悦。隙，音细。窥，音亏。逾，音俞。恶，音污。

“出疆必载质，何也”，周霄又问也。“曰：‘士之仕也’”，孟子答也。孟子说：“士人所以做官，犹之农夫的耕田，农夫岂有为了离开国境，就抛掉了耒耜等耕田器具呢？”“曰：‘晋国，亦仕国也’”者，周霄又问道：“晋国，也是个可以去做官的国家，倒没有听得往晋国求做官的有这样的心急。既然想做官的都这样心急，那么，有道的士人又有不轻易出来做官的，这是什么意思呢？”“曰：‘丈夫生而愿为之有室’”者，是孟子又答也。室和家，都是家庭的意思。丈夫，成年的男子也。男子到了成年时，父母因他已经长大，总愿替他娶妻而有一个家庭。故曰“丈夫生而愿为之有室”也。父母为成年的女子出嫁，也是要她有一个家庭，故曰“女子生而愿为之有家”也。做父母的对于子女，这种心情是人人都有的。故曰：“父母之心，人皆有之。”“媒妁”，即媒人，是男女间订婚的介绍人。“钻穴隙相窥”，是在墙壁上凿一个洞，从这洞缝里张望。“逾墙相从”，是从墙头上爬过去，跟人逃走。意思是年轻男女想娶妻或嫁夫，不等到父母的命令和媒人的介绍，自己从洞缝里偷看，或是爬过墙头去跟从，这样的人，他的父母和全国的人，都很轻贱他了。故曰“不待父母之命，媒妁之言，钻穴隙相窥，逾墙相从，则父母国人皆贱之”也。接下去再说明君子之所以难仕的道理，是因为：古时的人，未尝不要做官，又因为厌恶不遵守正当的道理，所以难仕。倘若不从正当的道理，就出去做官，那和钻穴逾墙的结合也成为一类了！故曰："古之人，未尝不欲仕也。又恶不由其道，不由其道而往者，与钻穴隙之类也。"

（问） 何谓三月无君则吊？

（研究）做官的宗旨，在乎实施自己政治上的学问，但必须很正当地求取官职，假使由夤缘运动而得官，那是正人君子所决不为，而且深加痛恶的。

彭更问曰："后车数十乘，从者数百人，以传食于诸侯，不以泰乎？"孟子曰："非其道，则一箪*食不可受于人。如其道，则舜受尧之天下，不以为泰，子以为泰乎？"

箪，音丹。

彭更，孟子弟子。彭更此问，含有怀疑孟子无功受禄的意思。孟子游历各国，常有数百个弟子跟着，那时的诸侯，又最喜供养才能之士，所以孟子每到一处地方，总有数百个弟子，带着数十辆车子，于是辗转受四方诸侯的供养饮食（传食）。故彭更问道："后车数十乘，从者数百人，诸侯辗转来供给食用，岂不是过分（泰）了吗？"孟子道："不合乎道理的，就是一篮的饭（一箪食），也不可受人家的。假使合乎道理，那么舜受尧的天下，并不算过分，你（子）以为这就过分了吗？"

曰："否。士无事而食，不可也。"曰："子不通功易事，以羡*补不足，则农有余粟，女有余布。子如通之，则梓*匠轮舆，皆得食于子。于此有人焉，入则孝，出则弟*，守先王之道，以待后之学者，而不得食于子；子何尊梓匠轮舆，而轻为仁义者哉！"

羡，音贱。梓，音子。弟，今作悌。

孟子以舜受尧的天下，尚不算过分回答了彭更，彭更又道：不是说这些。我以为做士人的，一无功绩，受人供给饮食，这是不可以的。故曰："否。士无事而食，不可也。"于是孟子又答以世上做事本有通功易事的道理。"通功易事"者，是说世事的成功，在乎能彼此相通、彼此交换。"以羡补不足"者，羡，有余也。把甲所有余的，去补乙的不足。把乙所余的，再补甲的不足是也。故曰"子不通功易事，以羡补不足，则农有余粟，女有余布"也。意思是：人类在社会上，假使不用通功易事的方法，将有余的补给不足的，那么种田的人一定多了许多米，没有衣穿；织布的女人也一定多了许多布，没有饭吃了。梓，是一种高大的树木。梓匠，就是木匠。轮，是使车能转动的轮。舆，就是车子。此处所说轮舆，是指制造车子的工匠。孟子道：你（子）如照通功易事的办法，那些造屋的木匠、造车的工匠，都可以吃你的饭。故曰"子如通之，则梓匠轮舆，皆得食于子"也。现今有一个人，到家里很能孝他的父母，出外很能尊敬长辈，他又能守着前代圣王的道理，等待后来就学的人，把这道理授给他。这样的人，你却不肯供给他吃饭，你何以尊重木匠车匠，而轻待仁义道德的人呢？故正文云云。

曰："梓匠轮舆，其志将以求食也。君子之为道也，其志亦将以求食与*？"曰："子何以其志为哉！其有功于子，可食而食之矣。且子食志乎？食功乎？"

与，作欤。

彭更又道："木匠车匠，他们的志愿本来为的是求饭吃。士君子推行仁义大道，难道他的志愿也是为了求饭吃吗？"孟子道：你（子）何以认定他的志愿是为了吃饭呢？他只要有功于你，可以受你供给吃用的，也就吃了。并且你是因他有这个志愿而给他吃饭呢，还是因他有功于你而特给他吃饭？故曰："子何以其志为哉！其有功于子，可食而食之矣。且子食志乎？食功乎？"

曰:"食志。"曰:"有人于此,毁瓦画墁*,其志将以求食也,则子食之乎?"曰:"否。"曰:"然则子非食志也,食功也。"

墁,音幔。

上段孟子问彭更,你是对于有志愿的人,给他饭食;还是对于有功劳的人,给他饭食?彭更答道:"当然对于志愿在求食的人,才给他饭吃。"故曰"食志"也。孟子又设一个譬喻答他。毁瓦者,把屋上的瓦毁坏也;画墁者,把洁白的墙壁涂污也。孟子说:假定有个人在这里,专做毁坏屋瓦、涂污墙壁的事,而他的志愿是要向你求饭吃的,那么,你也给他饭吃吗?故曰:"有人于此,毁瓦画墁,其志将以求食也,则子食之乎?"彭更听了这话,回答道:"否。"意思是这种人怎么还给他饭吃呢?孟子听了彭更的话,又说道:照这样说来,是你终究不是给有志的人吃饭,而是给有功的人吃饭了。故曰:"然则子非食志也,食功也。"

(问) 何谓食志?何谓食功?

(研究)此章大意,即今人所说权利义务平等也。讲道的人,虽不像工匠劳苦,但他所尽的义务是不可限量的,受诸侯供给饮食,绝不能认为过分!

万章问曰:"宋,小国也。今将行王政,齐楚恶*而伐之,则如之何?"孟子曰:"汤居亳*,与葛为邻,葛伯放而不祀。汤使人问之曰:'何为不祀?'曰:'无以供牺牲也。'汤使遗之牛羊,葛伯食之,又不以祀。汤又使人问之,曰:'何为不祀?'曰:'无以供粢盛也。'汤使亳众往为之耕,老弱馈*食。葛伯率其民,要*其有酒食黍稻者,夺之。不授者,杀之。有童子以黍肉饷,杀而夺之。《书》曰'葛伯仇饷',此之谓也。为其杀童子而征之,四海之内,皆曰:'非富天下也,为匹夫匹妇复

仇也。'"

恶,音污。亳,音薄。馈,音餽。要,此处读如腰。

万章,孟子弟子。他问孟子:"宋是个小国,现今它将要施行王政,齐、楚两大国很厌恶它,将要用兵力去攻伐,宋应当怎样呢?"孟子听了,先讲一个故事给万章听,说道:"从前商朝汤王住在亳的地方,和葛国邻近,葛国的君主葛伯放纵无道,对于祭祀祖先都不肯举行。汤使人问他道:'为何不祭祀祖先?'葛伯答道:'没有供祭祀的牲畜,所以不能举行。'汤便使人送他些牛羊。葛伯把牛羊吃了,仍旧不祭祀。汤又使人问他道:'何为不祭祀祖先?'葛伯答道:'没有供祭祀的米谷,所以不能举行。'汤使自己地方上的民众,到葛国去代他们耕田。又使一般老弱的人,到田间去送饭。葛伯带领了他的百姓,半路上把那些老弱的人截住(要),凡有酒饭米谷的,都把他夺去。不肯给与的,就把他杀了。有一个童子,正把饭和肉送给耕田的人,葛伯也把他杀了,饭和肉统统夺去。所以《书经》上有'葛伯仇饷'的一句话,就是说这件事了。"饷者,将食物送人的意思。仇饷者,是说葛伯对于送食物的人,结了仇雠。汤王因为他杀了这童子,所以带兵去伐葛,当时四海以内的人都道:汤的出兵,并不是贪图天下的财富,为的是要替那些孤独的男女百姓(匹夫匹妇)报仇啊。

"汤始征,自葛载,十一征而无敌于天下。东面而征西夷怨,南面而征北狄怨,曰:'奚为后我?'民之望之,若大旱之望雨也。归市者弗止,芸者不变。诛其君,吊其民,如时雨降,民大悦。《书》曰:'徯我后,后来其无罚。'

此段言汤征葛时之情形也。载,年也。汤的开始征伐各国,是从征葛的那一年起的。以后连续征伐到了十一次,遍天下就没有人来抵御(无敌)了。汤在征伐东方各国，西边的夷人在那里抱怨，汤在征伐南方的各国，北边的狄人也在那里抱怨，他们都说道："为何先伐别地方，后伐我们这里呢？"这时百姓望汤兵的到来，正像大旱时候盼望下雨的样子。汤所到的地方，回市上去做卖买的人，仍旧做他的卖买，并不停止。田间芸苗的人，仍旧做他的芸苗工作，并没有什么变动。因为汤的到来，只替他们诛杀无道的君长，慰问（吊）这些被虐的百姓，所以像大旱时候的雨，忽然降下，百姓都欢喜极了。《书经》上说："等待我这位仁君（后）到来，仁君到了，我们不再被无道君主责罚了！"

"'有攸不为臣，东征，绥厥士女，匪厥玄黄，绍我周王见休，惟臣附于大邑周。'其君子，实玄黄于匪以迎其君子；其小人，箪食壶浆以迎其小人。救民于水火之中。取其残而已矣！

上段系孟子引《书经》里记汤征葛的事，此段自"有攸不为臣"至"惟臣附于大邑周"，是再引《书经·武成篇》中记周武王伐纣的事。意思是：汤、武二人之征伐是一样的。"有攸不为臣"，犹说有所不为臣。意思是说那时尚有些助纣为虐、不愿归向周武王的臣子也。"东征，绥厥士女"者，是武王东征伐纣，抚慰他的男女子民也。匪，同篚，竹编的器具也。玄黄，黑色黄色的货币也。绍，继也。周王者，殷的百姓称周武王也。"匪厥玄黄，绍我周王见休"者，是殷的百姓用竹编的器具，盛满黑色黄色的货币，去迎接周武王的兵。他们都说情愿继续奉事我的周王，常能得见周王的美德（见休）。"惟臣附于大邑周"，是殷的百姓表示都愿做周室的臣民，而归附于周的大都会内。"其君子，实玄黄于匪以迎其君子；其小人，箪食壶浆以迎其小人"者，是孟子说：当时殷国在位的官吏，把黑黄色的货币充满篚中，去欢迎周的官吏。殷的小百姓，用篮盛着饭，用壶盛着酒，也去欢迎周的小百姓。像汤武的征伐，不过救百姓于水火之中，单把他这个残暴的君主去掉罢了。故曰："救民于水火之中，取其残而已矣。"

“《太誓》曰：‘我武惟扬，侵于之疆，则取于残，杀伐用张，于汤有光。’不行王政云尔。苟行王政，四海之内，皆举首而望之，欲以为君，齐、楚虽大，何畏焉！”

《太誓》，也是《书经》的一篇，系记武王伐纣的文字。“我武惟扬”云云者，是武王伐纣誓师时说道：“我军的威武努力发扬，攻到殷国的疆界，单要拿取这个残害百姓的人。杀伐的功绩因此张大，比较成汤伐桀更有光辉。”孟子又接下去说：“一个国家，不行王政便罢了。苟能推行王政，四海以内的人民，都抬着头望他到来，大家希望他来做国君。齐国、楚国虽然大，又何必怕它呢？”故正文云云。

(问) 能行王政，何以就不怕大国的攻伐？

(研究)苟行王政，他国人民皆愿奉为国君，人心既归，自然王业能成了。

孟子谓戴不胜曰：“子欲子之王之善与*？我明告子：有楚大夫于此，欲其子之齐语也，则使齐人傅诸？使楚人傅诸？”曰：“使齐人傅之。”曰：“一齐人傅之，众楚人咻*之，虽日挞*而求其齐也，不可得矣。引而置之庄、岳之间数年，虽日挞*而求其楚，亦不可得矣。

与，作欤。咻，音休。挞，音榻。

戴不胜，是当时宋国人。齐语，是学齐国的言语。傅，是师傅，即教师也。挞，责打也。咻，是许多人喧哗的样子。庄、岳，是齐国繁盛的地方。孟子向戴不胜说道：“你(子)要你的王做善人吗？我明明白白地告诉你：假定有个楚国的大夫在这里，要他的儿子学习齐国的言语，是叫齐国人做教师呢，还是叫楚国人做教师？”戴不胜答道：“这自然要叫齐国人做教师的。”孟子又道：“一个齐国人在那里教齐国的话，旁边有许多楚国人喧哗，虽则由教师日日责打他，要他学会讲齐国的话，那是不可能的。把他送到齐国去，在齐国极繁盛如庄、岳等地方住了数年，你虽日日责打他，要他再讲楚国话，也是不可能了！”故正文云云。

“子谓薛*居州善士也，使之居于王所。在于王所者，长*幼卑尊，皆薛居州也，王谁与为不善？在王所者，长*幼卑尊，皆非薛居州也，王谁与为善？一薛居州，独如宋王何！”

薛，音雪。长，此处读如掌。

薛居州，也是宋国人。孟子又向戴不胜说：你既知道薛居州是个极好的士人，所以推荐他住在宋王府里，使他接近宋王而能把宋王感化。不过在宋王左右的（在于王所），不论长辈、幼辈、卑位的、尊位的人，要是都像薛居州一类的善人，那么宋王看了多数善人的样子，即使要做不善的事，还有哪个人肯同宋王做这个不善呢？在宋王左右的，不论长辈、幼辈、卑位的、尊位的人，要是都不像薛居州一类的善人，那么宋王看了多数不善人的样子，即使要做善事，还有哪个人肯同宋王做这个善呢？现在只有一个薛居州，其余的都不是薛居州一类的人，就能使宋王改善吗？故曰“一薛居州，独如宋王何”也。

（问） 何谓置之庄、岳之间？

（研究）此章意思是说人在多数善人中，自会学善；在多数恶人中，总不免为恶也。

公孙丑问曰：“不见诸侯何义？”孟子曰：“古者，不为臣不见。段干木逾垣而辟*之，泄*柳闭门而不内*，是皆已甚。迫，斯可以见矣。

辟，今作避。泄，音薛。内，今作纳。

公孙丑问孟子道：“凡是不肯见诸侯的，是何意义？”孟子答道：“古时的人，不在这个国内做官，和这国君没有君臣之义，所以不肯去见。"意思是不肯屈自己的身份而轻易去进见也。段干木、泄柳，是古时两个贤人。从前魏文侯去见段干木，段干木不肯见他，从墙上爬出去避开。鲁缪公去见泄柳，泄柳关了门不容(内)缪公进来。像这种行为，那都是太过分了。假使有诸侯非常迫切地定要求见，那就可以见他。故曰："段干木逾垣而辟(避)之，泄柳闭门而不内，是皆已甚。迫，斯可以见矣。"意思是：自己屈身去见诸侯，决不肯为。若诸侯诚意求见，也不必过分拒绝。

"阳货欲见孔子，而恶*无礼。大夫有赐于士，不得受于其家，则往拜其门。阳货瞰*孔子之亡也，而馈孔子蒸豚。孔子亦瞰其亡也，而往拜之。当是时，阳货先，岂得不见？

恶，音污。瞰，音勘。

阳货，即阳虎，鲁国的大夫。孔子那时家居不做官，故称为士。按照古礼：大夫有物赐士，士不得收而不答，必当去回拜大夫。瞰，暗中去探看也。亡，出外不在家也。蒸豚，蒸熟的小猪也。孟子引从前孔子不见阳货的事，再对公孙丑说："阳货要请孔子来自己家里相见，又虑到这是自己无礼，孔子决不肯来见的，所以先派人探听得孔子不在家中，特将一只蒸熟的小猪送给孔子。他以为孔子既不在家中，回来见了这赐物，必定自己上门来拜谢，那就可以相见了。孔子因为不愿和阳货相见，也派人探得阳货不在家中，然后前去拜谢。"这是孔子不愿见阳货的一件故事。孟子于是加以解释道：在这时候，是阳货先来馈送蒸豚，孔子又岂能违反古礼而坚决不去见他呢？故曰："当是时，阳货先，岂得不见？"意思是：像阳货这种人不知礼义，孔子决不肯见他。虽则阳货用这方法要使孔子不能不见，但孔子也用这方法答他而仍旧等于不见也。现今各国诸侯多半也是不知礼义的，所以自己也不肯轻易去见。

“曾子曰：‘胁*肩*谄笑，病于夏畦*。’子路曰：‘未同而言，观其色赧*赧*然，非由之所知也。’由此观之，则君子之所养，可知已矣。”

胁，音协。肩，音坚。畦，音携。赧，音腩(nǎn)。

胁肩，是耸着肩背。谄笑，是奉承人家的笑脸。夏畦，是指夏天耘田的人。孟子又引曾子的话道：耸着肩背，用笑脸去奉承人家，这种精神上的苦痛(病)，实在比夏天耘田的人更加厉害。故曰“胁肩谄笑，病于夏畦”也。又引子路的话“未同而言，观其色赧赧然，非由之所知也”者，是说对于他人，意见并不相同，因为要奉承他，勉强和他谈话，看他的面色，总是涨红(赧赧然)了，很难为情的样子。这种人究竟什么心理，真是我子路(由，子路名也)所不能明白的。意思是：为着奉承人家，自己虽觉得羞耻，然竟自不顾，不知他为着什么呢？孟子引了曾子、子路的话，又说明自己不见诸侯的缘故，所以接着道：“君子之所养，可知已矣。”是说君子平日应怎样修养，那就可以晓得了。

(问) 何谓是皆已甚？

(研究)为了权利求见有势力的人，是君子所必不为。但来求见的人出于诚心，就是见也不妨。所以像古人逾墙逃避、闭门不纳，也未免太过，那又是君子所不取的。

戴盈之曰：“什一，去关市之征，今兹未能，请轻之，以待来年，然后已，何如？”孟子曰：“今有人日攘*其邻之鸡者，或告之曰：‘是非君子之道。’曰：‘请损之，月攘一鸡，以待来年，然后已。’如知其非义，斯速已矣，何待来年？”

攘，音壤。

戴盈之，也是宋国的大夫。来年，即明年。攘，偷也。戴盈之常听孟子说，田赋可收十分之一，关和市都不再征收捐税，于是问道："收十分之一的田赋，除掉关市的捐税，现在的时候还不能做到。拟请把赋税的额先减轻一点，等到明年，然后再停止关市的捐税，你以为怎样？"孟子答道："现在有一个人，每日要偷取邻家的鸡。倘或有人告诉他：'这不是君子所行的道理。'那偷鸡的道：'请让我少偷些。从今每月偷他一鸡，等到明年，然后停止不偷。'像这样的事情，既然晓得是不应该的（如知其非义），快些停止也罢了，何必再要等到明年呢？"故正文云云。

（问） 何谓月攘一鸡？

（研究）人既知所行为不义，当立即改革。不能以为少做一点，就可以过去了。

公都子曰："外人皆称夫子好辩，敢问何也？"孟子曰："予岂好辩哉！予不得已也。天下之生久矣，一治一乱：当尧之时，水逆行，泛滥于中国，蛇龙居之，民无所定，下者为巢，上者为营窟。《书》曰：'洚*水警余。'洚*水者，洪水也。使禹治之。禹掘地而注之海，驱蛇龙而放之菹*，水由地中行，江、淮、河、汉是也。险阻既远，鸟兽之害人者消，然后人得平土而居之。

洚，音绛。菹，音疽。

公都子，孟子弟子，他问孟子道："外面的人都称夫子喜欢和人家辩论，这是什么缘故呢？"孟子答道："我难道真喜欢和人家辩论吗？那是我极不得已的事啊！"恐怕公都子不明白自己的不得已之处，所以又接着说道："天地间生有人民已经长久了，太平一时，又乱一时。当尧帝的时候，水势向上逆流，冲到陆地上，遍满中国的地方，于是水族中蛇龙等害人之物，都跟着大水住到陆地上来，百姓逃避灾害，没有了一定住所，低下的地方只好架木为巢，躲在树上；较高的地方便在泥土上掘了洞（营窟），躲在里面。所以《书经》上说：‘洚水警余。’洚水是什么呢？就是极大的水（洪水）。尧于是使禹去治理这个大水。禹在地面上开掘沟道，使这些水都流注到海里去，再驱逐蛇龙等物，都到低洼生有水草的湖泽中去（菹，泽生草也）。大水都从地中流行，那就是长江、淮河、黄河、汉水这几条大川了。危险阻害的东西既逐渐与人相远，鸟兽害人的事也消灭了，然后人民得到平地而可以安居了。”故正文云云。

“尧、舜既没，圣人之道衰，暴君代作。坏宫室以为污池，民无所安息；弃田以为园囿，使民不得衣食。邪说暴行又作，园囿污池，沛泽多而禽兽至。及纣之身，天下又大乱。周公相武王，诛纣伐奄，三年讨其君，驱飞廉于海隅而戮之，灭国者五十；驱虎豹犀象而远之，天下大悦。《书》曰：‘丕显哉，文王谟！丕承哉，武王烈！佑启我后人，咸以正无缺。’

污池者，是蓄水不流的大池。飞廉者，是助纣为虐的臣。奄，东方小国名，也是助纣为虐的。丕，大也。谟，谋画也。烈，光辉也。佑，助也。启，开也。上文讲尧、舜之时一治，到了尧、舜既没，圣人之道又衰微了，暴虐的君主一代一代地相继出来，把民间的房屋（宫室）毁坏，改做了污池，百姓弄得没有安居休息的所在；又把民间的田废弃，改做了园囿，使百姓更弄得无衣无食。再加以奸邪的言论和暴虐的行为又相继出来，那些园囿污池因为生草的水（沛泽，都是水中生草之所）太多了，禽兽又都来聚集了。及到纣王的时世（及纣之身），天下又起了大乱。于是周公辅助（相）武王，诛杀了纣王，又去征伐奄国，在三年中间，既把残暴的国君加以讨伐，又把助纣作恶的飞廉驱逐到海边杀了。《书经》中说：“伟大而显明的，是文王创业的谋画；伟大而继承下去的，是武王平治天下的光荣。帮助我们开导我们这后世的人民，事事都依照着正道而再没有缺失！”

“世衰道微，邪说暴行有作，臣杀其君者有之，子杀其父者有之，孔子惧，作《春秋》。《春秋》，天子之事也。是故孔子曰：‘知我者，其惟《春秋》乎！罪我者，其惟《春秋》乎！’

周公相武王又是一治，到了孔子时，天下又一乱，所以孟子说：东周以后，“世上又衰败了，道德又微薄了，邪说暴行又(有)纷纷起来了。这时有以臣弑君的，有以子弑父的，孔子见了这种情形，很觉得忧惧，所以制作一部《春秋》的书。”《春秋》，本是鲁国的史书，孔子修改《春秋》的宗旨，是在纠正君臣父子的名分，这本是天子的赏罚，所以孔子常说：“晓得我意思的，只有这部《春秋》的书。若以我不应行天子的赏罚而罪责我的，也只有这部《春秋》的书。”

“圣王不作，诸侯放恣，处士横议，杨朱、墨翟之言盈天下。天下之言，不归杨，则归墨。杨氏为我，是无君也；墨氏兼爱，是无父也。无父无君，是禽兽也。公明仪曰：‘庖有肥肉，厩*有肥马，民有饥色，野有饿莩*，此率兽而食人也。’杨、墨之道不息，孔子之道不著，是邪说诬民，充塞仁义也。仁义充塞，则率兽食人，人将相食。吾为此惧，闲先圣之道，距杨、墨，放淫辞，邪说者不得作；作于其心，害于其事；作于其事，害于其政。圣人复起，不易吾言矣！

厩，音究。莩，音缥。

杨朱、墨翟，是孟子以前、孔子以后的人。为我，是杨朱的学说，以为一个人只要自己图快乐，自身以外的，就是国君也可不去管它。兼爱，是墨翟的学说，以为世界上的人，我应该同样地爱他。第一小段是孟子又说：“现在有圣德的帝王，没有出来。一班诸侯，都非常放肆，只逞自己的意志。那些不在朝廷上的士人（处士），公然不顾一切而大发议论（横议），于是杨朱、墨翟等偏僻的学说布满天下。遍天下的言论，不归向杨朱的学说，就归向墨翟的学说。杨朱所创的为我，是国君都没有的。墨翟所创的兼爱，是父亲都没有的。没有君父的人，那真是禽兽一类的东西了。”

第二小段是引公明仪所说的话：“国君自己厨房（庖）里有极肥的肉，马棚（厩）里有极肥的马，但是百姓多有饥饿的脸色，田野中多有饿死的尸体。这真是国君领了禽兽去吃人了。”

第三小段，孟子又接着说道：“现在杨朱、墨翟的学说不见熄灭，孔子的学说不见彰显，是把邪说欺诬百姓，扩充开去，连仁义的道路都塞住了。仁义既被邪说充满塞住，那么，非但领了禽兽吃人，甚至到了人吃人的地步了。”

第四小段孟子又说：“我为了这种情形而惧怕，想保卫（闲）前代圣王的道理，拒绝杨、墨之说，使之不得流行；再把淫乱的言词，设法废弃（放淫辞），使这种邪说不再发生。因为这种邪说发生，是能惑乱人心，而有害于事的。既有害于事，那在政治方面自然也有害处。虽有圣人再出来，绝不会改变我这句话的。”

“昔者，禹抑洪水而天下平。

周公兼夷狄、驱猛兽、而百姓宁。孔子成《春秋》而乱臣贼子惧。《诗》云：'戎狄是膺，荆、舒是惩，则莫我敢承。'无父无君，是周公所膺也。我亦欲正人心，息邪说，距诐* 行，放淫辞，以承三圣者，岂好辩哉？予不得已也。能言距杨、墨者，圣人之徒也。"

诐，音悲。

此段系总结上面各小段的意思，孟子又说："从前的时候，大禹遏止（抑）了大水而天下得以平定。周公兼并了夷狄，驱逐了猛兽，而百姓得以安宁。孔子制作了《春秋》，一班乱臣贼子方才知道惧怕。《诗经》上说：'攻击戎狄，痛惩荆舒，就没有人敢于拒绝我。'那些无父无君的人，就是周公所以要攻击的。我是希望纠正人心，消灭邪说，拒绝那种不正（诐）的行为，废弃那些淫乱的言词，用以继续三位圣人罢了，难道真是喜欢辩论吗？这是我所不得已的事情。凡能正当立论，排斥杨、墨等学说的，那都是圣人的信徒了。"故正文云云。

（问） 何谓好辩？

（研究）孟子好与人辩论的宗旨，是在拒杨、墨之学，故曰不得已也。

匡章曰："陈仲子，岂不诚廉士哉！居於* 陵，三日不食，耳无闻，目无见也。井上有李，螬* 食实者过半矣。匍匐往，将食之，三咽，然后耳有闻，目有见。"孟子曰："于齐国之士，吾必以仲子为巨擘* 焉。虽然，仲子恶* 能廉？充仲子之操，则蚓* 而后可者也。夫蚓，上食槁* 壤，下饮黄泉。仲子所居之室，伯夷之所筑与* ？抑亦盗跖* 之所筑与* ？所食之粟，伯夷之所树与* ？抑亦盗跖之所树与* ？是未可知也。"

於陵之於，音乌。螬，音曹。擘，音薄(bò)。恶，音乌。蚓，音引。槁，音搞。与，作欤。跖，读如只。

匡章、陈仲子，皆齐国人。於陵，齐国地名。螬，是一种小虫。实，即果实。巨擘，是大拇指。蚓，是蚯蚓，俗名曲蟮，是一种圆体细长的虫。槁壤，即干燥的泥土。盗跖，是古时一个大盗。匡章对孟子说道："陈仲子这个人，岂非真是个廉洁的人呀！他住在於陵地方，三日不得到食物，耳朵听不见了，眼睛看不见了。井上面有株李树，所生的果实被小虫侵蚀，已经去了大半。仲子在地上爬过去(匍匐往)，把那果实吃了，嚼了三口咽下，然后耳朵才能听见，眼睛才能看见。"意思是陈仲子自愿受饿，从不向人求取食物，实在算得廉洁之士了。孟子答道："在齐国士人中间看来，我也必定把仲子算做个大拇指头的。虽然如此，仲子哪里能称做廉洁呢？扩充仲子的操守，要像泥土中的蚯蚓，那才可以算廉洁的。"孟子用蚯蚓比喻，再加以解释道："那蚯蚓在地面上只吃些干泥土，在地底下只饮些泉水。现在仲子所住的房屋，是伯夷所建筑的呢？还是盗跖所建筑的呢？他所吃的米，是伯夷所种的呢？还是盗跖所种的呢？"从前伯夷因操守很坚，不食周朝的米，情愿饿死在首阳山，假使住的吃的，都是伯夷的东西，那才算廉洁。倘然是大盗的东西，就不能算廉洁的，故曰："是未可知也。"意思是究竟他以前所住所吃从何而来，那还是不知道的。

曰："是何伤哉！彼身织屦，妻辟*纑*，以易之也。"曰："仲子，齐之世家也。兄戴，盖*禄万钟。以兄之禄为不义之禄而不食也，以兄之室为不义之室而不居也，辟*兄离母，處于於陵。他日归，则有馈其兄生鹅者，己频*顣*曰：'恶用是鶃*鶃*者为哉？'他日，其母杀是鹅也，与之食之。其兄自外至，曰：'是鶃*鶃*之肉也。'出而哇*之。

辟纑，音璧卢。盖，此读如蛤。辟兄之辟，今作避。频，同颦。顣，与蹙同，音促。恶，音乌。鶂，音意。哇，音蛙。

“是何伤哉”，是匡章说：这又有什么伤害呢？意思是仲子所住所吃，虽不一定是伯夷的东西，但在他个人的操守上，终究没有什么害处的。又道：况且他自己常亲自编织麻鞋，他的妻也亲自纺绩练麻（辟，绩也。纑，练麻也），用这种东西去换取各种物品。故曰：“彼身织屦，妻辟纑，以易之也。”孟子又道：“仲子是齐国的世家。他的兄陈戴，从所封的地方‘盖’每年收得禄米有一万钟（一钟为六斛四斗）之多。仲子以为兄的俸禄是不应该得的禄，所以不肯吃；又以为兄的房屋是不应该得的房屋，所以也不肯去住。于是避开了兄，离开了母，去住在於陵的地方。有一天，仲子回家，有人把只活鹅送给他的兄。仲子看见后把眉心额角皱着（频顣）说道：‘要用这个鶂呀鶂呀叫的东西做什么呢？’过了一天，他的母亲杀了这鹅给他（仲子）吃，他的兄刚从外面进来，对仲子道：‘这个就是鶂呀鶂呀叫的肉啊。’仲子听了，急忙出去把已吃的鹅肉都吐了出来。”故正文云云。

“以母则不食，以妻则食之。以兄之室则弗居，以於陵则居之。是尚为能充其类也乎？若仲子者，蚓而后充其操者也。”

此段是孟子批评陈仲子之为人，他对于母所给的食物以为不义而不吃，对于妻所给的却又吃了；对于兄的房屋以为不义而不住，对于於陵这地方却又住了。这样，哪里还能成为他所谓不义则不食、不义则不居的一类呢？像仲子的为人，要能做到同蚯蚓一样，那才算保持了他的操守。故曰：“若仲子者，蚓而后充其操者也。”

（问） 如陈仲子之行为，怎么还算不得廉洁？

（研究）陈仲子为人，自以为廉洁，其实是不对的。他既连母兄都认为不义，不愿食母之食，居兄之居，那世上将无可食也无可居了。他既以妻则食，以於陵则居，可见他并非真是个廉洁之士，所以孟子不承认匡章之称赞也。

第四篇

离 娄

LI LOU

孟子曰："离娄之明，公输子之巧，不以规矩，不能成方员＊；师旷之聪，不以六律，不能正五音；尧、舜之道，不以仁政，不能平治天下。今有仁心仁闻而民不被其泽，不可法于后世者，不行先王之道也。故曰：'徒善不足以为政，徒法不能以自行。'《诗》云：'不愆不忘，率由旧章。'遵先王之法而过者，未之有也。

员，今作圆。

离娄，是古时最有眼力的人。公输子，是古时能造机器的一个巧匠。师旷，是古时最精音乐的一个乐师。规，是制圆物的器械。矩，是制方物的器械。六律，是以竹为筒，分六阴六阳，调节五音高下的一种用器。孟子道："有离娄的眼力，公输子的灵巧，假使不用规矩等器械，就不能制成圆的或方的物件；有师旷的善听声音（聪），假使不用六律，就不能订正五音；有尧、舜的道德，假使不推行仁政，就不能治理天下使海内太平。"意思是说：一个人虽有高大的志向，但不用方法做事，仍旧是一无成绩的。接下去说道："现在虽然有仁心，又有仁德的声名，而那些百姓没有受到他的恩泽，又不可使后世取法，就因为不推行先王之道的缘故。所以说，'空有仁善的心，并不实行，那还不能做政事的；空有仁善的法度，并无诚心，那还不能自己施行的。'"此段是说善政良法，须有诚心诚意方能施行，否则都成空话也。又引《诗经·大雅·假乐篇》中的诗句道："不愆不忘，率由旧章。"愆，就是过失。章，就是法律制度。意思是：为政之道，不要有过失，不要遗忘了，须遵守前代圣王的法度。能遵守前代圣王法度而还有过错的，那是绝不会有的。

"圣人既竭目力焉，继之以规矩准绳，以为方员平直，不可胜用也；既竭耳力焉，继之以六律正五音，不可胜用也；既竭心思焉，继之以不忍人之政，而仁覆* 天下矣。

覆，音复。

此段仍是申说上文，说的是："圣人既竭尽目力，又用圆规、曲尺、水准器、绳墨，去做那些方的、圆的、平的、直的物品，那就非常便利，用之不尽了。既竭尽耳力，又用六律去纠正五音，也是非常便利而用不胜用了。既竭尽心思，又施行不忍人民困苦的仁政，于是仁德便遍盖天下了。"

"故曰：'为高必因丘陵，为下必因川泽。'为政不因先王之道，可谓智乎？

此段是再引两句成语说明遵守先王之道的重要。意思是：凡是要高的，必须依着山岭堆积，那就容易高了；凡是要低下的，必须依着大川湖泽开掘，那就容易下了。施行政治而不依先王之道，还可以称他是有智识的吗？

"是以惟仁者宜在高位，不仁而在高位，是播其恶于众也。上无道

揆*也，下无法守也，朝*不信道，工不信度，君子犯义，小人犯刑，国之所存者，幸也。故曰：'城郭不完，兵甲不多，非国之灾也。田野不辟*，货财不聚，非国之害也。上无礼，下无学，贼民兴，丧*无日矣！'

揆，音跪。朝，音潮。辟，今作闢。丧，音 sàng。

此段系根据上文，说明在上者的不能不行仁政。意思是："所以只有仁心的人，应该坐在最高的地位。若是不仁的人坐在最高的地位，那就把他的恶处都传播到群众里面去了。"道揆者，是依照义理度量一切事物。法守者，是依照法度履行自己的职责。"上无道揆也，下无法守也"云云者，是说在上的国君既没有依照义理度量一切事物，在下的官吏也没有依照法度履行自己的职责，这样，在朝廷上的人都不信仰道德的好处，在下工作的也不信仰所谓国家的法度了。于是在上位的君子，所做的事很容易抵触（犯）道义，在下位的小人，所做的事很容易触犯刑法。到此地步，这个国家还能存在而不亡的，那是偶然的幸运罢了。故曰"朝不信道"云云。所以说：城郭不坚固（不完），兵甲很缺少（不多），那不是国家的灾殃。田野不开辟，货财不聚积，也不是国家的损害。只有在上位的人没有礼法，在下位的人没有学问，那些像盗贼一般的乱民就要兴风作浪，国家的丧亡不过朝暮之间，用不着多少日子了！如正文云云。

"《诗》曰：'天之方蹶*，无然泄*泄。'泄泄，犹沓*沓也。事君无义，进退无礼，言则非先王之道者，犹沓沓也。故曰：'责难于君谓之恭，陈善闭邪谓之敬，吾君不能谓之贼。'"

蹶，音桂。泄，音曳。沓，音踏。

蹶者，跌倒的意思。"天之方蹶"，是说天意刚要把这个国家推翻使同跌倒一样也。泄泄，是很随便而不急切的样子。"无然泄泄"者，意思是说国家既在危亡的时候，不要再很随便的样子，应当急急地想些方法来挽救。这是《诗经·大雅·板》篇中的句子。“沓沓”，是孟子时候流行的俗语，也是很随便的意思，所以孟子用“沓沓”二字来解释《诗经》里的泄泄。故曰：“泄泄，犹沓沓也。”接下去又说：“做人臣的奉事国君，全没有道义，进去时或退下来全没有礼仪，所讲的话全不是前代圣王的道理，这种人，犹之很随便而不急切国事的行为了。”“故曰”者，是别引一句本有的成语也。“责难于君谓之恭”者，是说人臣要求国君施行仁政，才叫做“恭”。“陈善闭邪谓之敬”者，是说向国君讲说仁义，堵塞异端，这才叫做“敬”。“恭敬”二字，一是表露在外面的，一是蕴蓄在内心的，所以可分开来用。“吾君不能谓之贼”者，是认为自己所事的国君绝不能行善政，因而不把道理去告诉他，这就叫做有害国家的贼臣。

（问） 何谓泄泄？

（研究）此章的大意是说：要为仁政，必须有方法去做。不去做，是与没有仁心一样。而这方法，就是能遵行前代圣王的方法。至于国家有了危亡，并不急切地想挽救，那是必至于亡国的。总之，为人臣者，不将这种道理告诫国君，就是不恭不敬，而贼害这国家，那更是不可不知的。

孟子曰：“规矩，方员之至也。圣人，人伦之至也。欲为君，尽君道；欲为臣，尽臣道：二者，皆法尧、舜而已矣。不以舜之所以事尧事君，不敬其君者也。不以尧之所以治民治民，贼其民者也。孔子曰：‘道二，仁与不仁而已矣。’暴其民甚，则身弑国亡；不甚，则身危国削。名之曰幽、厉，虽孝子慈孙，百世不能改也。《诗》云：‘殷鉴不远，在夏后之世’，此之谓也。”

此章是孟子讲述做圣人之道也。“至也”者，是到了极点的意思。幽、厉，是残暴君主死后的谥号。孟子道：“圆规（规）和曲尺（矩）是方圆的标准（意思是：要使方圆达于极至，即合乎标准，就要用到圆规和曲尺两样器具）。要讲究做人的伦常，只要效法圣人；圣人是人伦的极点，即圣人是做人的典范。所以要做君的，应该尽做君的道理；要做臣的，应该尽做臣的道理：做君做臣两种道理，无非都是学尧、舜的方法罢了。假使不用舜所以事尧的道理，去事当时的君，这就是不敬他的君了；不用尧所以治百姓的道理，去治当时的百姓，这就是贼害他的百姓了。所以孔子也说：‘道理只有两条路，一条是仁的路，一条是不仁的路罢了。’做人君的，暴虐他的百姓太过分，一定弄得身被人弑、国被人灭；暴虐而没有过分，也不免弄得自身危险、国土被人割削。这种君主，身死之后尚且受到称‘幽’或称‘厉’两种恶谥。这种恶谥加在身上，虽然有孝顺的子孙，传到百世以下，都不能给他改换的。《诗经·大雅·荡》篇中说：‘殷朝纣王倘然用暴君亡国的事警戒自己，年代并不久远，就在夏朝桀王的一代。’这正是说后来的人君，也应把这些暴君作为警戒的。”故曰：“此之谓也。”

（问）　何谓殷鉴不远？

（研究）此章与上章同一意思，因上章意犹未尽，故再以规矩方圆一提，以明做人君者不可不效法尧、舜也。

孟子曰：“三代之得天下也以仁，其失天下也以不仁。国之所以废兴存亡者亦然：天子不仁，不保四海；诸侯不仁，不保社稷；卿大夫不仁，不保宗庙；士庶人不仁，不保四体。今恶* 死亡而乐* 不仁，是犹恶醉而强* 酒。”

恶，音污。乐，音洛。强，上声。

四海，犹说四海以内，即指天子所有的天下。社稷者，诸侯所祭的土神与谷神，即指诸侯所有的国土。不保者，即国被灭亡，而不能保守也。宗庙，是卿大夫的家祠。此章系根据前一章再解释不仁的害处。孟子说道："三代（夏、商、周）所以能得天下，就是行了仁政。三代所以失天下，就是行了不仁的政。便是诸侯各国，所以弄得衰废或者兴盛，保存或者灭亡，也都是这个道理。大概天子而不仁的，必不能保住他的四海；诸侯而不仁的，必不能保住他的社稷；卿大夫而不仁的，必不能保住他的家祠；士人和百姓而不仁的，必然犯法受诛，而不能保住他的身体。现今的人，心里虽厌恶身死国亡，但对于不仁的事却乐于去做，这犹之心中厌恶酒醉却偏要饮酒一样。"

（问）　何谓恶醉而强酒？

（研究）此章之意，即世俗所谓明知故犯也。例如盗贼，明知为法律所不许，而终甘心作盗贼，此即恶死而乐不仁也。

孟子曰："爱人不亲，反其仁；治人不治，反其智；礼人不答，反其敬。行有不得者，皆反求诸己；其身正而天下归之。《诗》云：'永言配命，自求多福。'"

此章系讲述责人当先责己的道理。"爱人不亲，反其仁"者，是我爱人而人不亲我，我只要回转来考察自己，是不是以仁待人，我如常用仁心待人，人绝没有不和我相亲的。故曰："反其仁。""治人不治"者，是我去治人而人不受我的治，就当回转来考察自己，是不是我的智力尚不足以治人，故曰："反其智。""礼人不答"者，是我用礼貌待人，而人不来答我，也当回转来考察自己，是不是对人尚有不恭敬之处，故曰："反其敬。"再总结一句说："凡一切行为，有不能如愿的（行有不得）都只要回转来向自己身上搜求，尚有什么欠缺的地方。一个人，只要自己品行端正,天下的人自然都来归向他。"所以《诗经·大雅·文王》篇里说:"人能常常想念到合乎天理,那就是自己求得多量的幸福了。"

(问) 何谓反求诸己?

(自省)我能反求诸己吗?

孟子曰:"人有恒言,皆曰:'天下国家。'天下之本在国,国之本在家,家之本在身。"

恒言,是常常说的一句话。孟子道:"一般人常常有一句话,都说道:'天下国家。'"他们虽说这话,未必能晓得实在的意义,所以孟子特加以说明道:"天下的根本,是在一个国;一个国的根本,是在一个家庭;一个家庭的根本,是在一个人的身体。"意思是说:只要本身修养好,那就可改善家庭;家庭改善,那就可治国;国既整治,那就可平定天下。这就是《大学》上所谓齐家、治国、平天下,都是先从修身做起的。

(问) 何谓本?

(自省)我能修身不能?

孟子曰:"为政不难,不得罪于巨室。巨室之所慕,一国慕之;一国之所慕,天下慕之。故沛然德教溢乎四海。"

巨室,是称世代做官的大户人家。这种人家,在国内很有声望,一般人民大都仰望而以为表率。所以孟子说:施行政治是不难的,但不可开始就得罪这些有声望的大户人家。须先用诚意去感化,使这些有声望的大户人家先来敬慕你,那全国的人就都来敬慕你了,故曰:"巨室之所慕,一国慕之。"再推开去,就能使天下的人都来敬慕,故曰"一国之所慕,天下慕之"也。"故沛然德教溢乎四海”者，德，道德也；教，教化也；溢，充满也；沛然，是广大普遍的样子。是说施行政治时，因为天下人所敬慕，所以他的道德教化就能广大普遍而充满在四海以内了。

（问）　何谓德教溢乎四海？

（研究）此章言为政之道，须先使国内最有声望者心悦诚服，不加反对，自然事无不举了。

孟子曰：“天下有道，小德役大德，小贤役大贤。天下无道，小役大，弱役强，斯二者，天也。顺天者存，逆天者亡。齐景公曰：‘既不能令，又不受命，是绝物也。’涕出而女*于吴。

女，此处读如御，去声。

此章系讲述国君须勤修德业，顺从天命，不可好大喜功而自取败亡也。孟子说：天下有道的时世，不论国之大小，道德小的，去服役于道德大的；贤能小的，去服役于贤能大的。天下无道的时世，那就成为小国服役于大国，弱国服役于强国：这两种都有一定的天理。能够顺这天理，他的国家就可以存在。逆这天理，他的国家就必至灭亡也。“齐景公曰”者，是说齐景公当时说过的。“既不能令”者，是当时的齐国已很衰弱，既没有力量可使他国来听我的命令也。“又不受命”者，是自己又不能接受强国的命令也。“是绝物也”者，是说照这样子，那是自己和他人（物，作人字解）隔绝，永远得不到和好了也。齐景公说这两句话，因为当时齐国已很衰弱，吴国正在强盛，自己既没有力量对吴国作战，只得服从吴国的命令，于是景公流出涕泪，只得把自己女儿出嫁（女是出嫁的意思）到吴国去，作为两国媾和的条件。这是齐国对吴国以弱役强的一段故事，孟子的意思，以为也只有这个办法了。

“今也小国师大国而耻受命焉，是犹弟子而耻受命于先师也。如耻之，莫若师文王。师文王，大国五年，小国七年，必为政于天下矣。

孟子又接下去道：“现今的小国，既然效法（师）大国，专讲娱乐而不修政事，却又以接受大国的命令为羞耻，这好像做了学生，对于听受先生的命令以为羞耻。如果真知道羞耻，不如去效法周文王。能效法周文王，那么大的国家不出五年，小的国家不出七年，必定能把政治施行于天下了。”故正文云云。

“《诗》云：‘商之孙子，其丽不亿。上帝既命，侯于周服。侯服于周，天命靡常。殷士肤敏，裸*将于京。’

裸，音贯。

《诗经·大雅·文王》篇中说“商之孙子，其丽不亿”者，丽，数目也；亿，十万也（此乃古数，今人以万万为亿）。是说商朝的子子孙孙，他的数目不止十万也。“上帝既命，侯于周服”者，是上帝既然命周文王做天子，商的子孙皆当改为诸侯而臣服于周朝了。“侯服于周，天命靡常”者，是商的子孙所以臣服于周，因为天命是没有一定的。意思是有德的人都可以做天子，现在文王有德，殷的子孙自当遵依天命而改做周朝的臣也。“殷士肤敏，裸将于京”者，肤，容貌伟大也。敏，才能敏捷也。裸者，祭祀宗庙时把酒洒在地上迎接神的临降也。将，助也。是说殷的士人，不论容貌伟大与才能敏捷的，都来担任洒酒的职务，帮助周京举行祭祀大典也。此诗系咏周文王耻事大国，自己修德行仁，才能得到天命，而使殷的子孙、殷的士人都来归向。所以当时大小各国，只要能效法周文王，也能得到这王天下的地位了。

“孔子曰：‘仁不可为众也。夫国君好仁，天下无敌。’今也欲无敌于天下而不以仁，是犹执热而不以濯也。《诗》云：‘谁能执热，逝不

以濯。'"

此段又引孔子的话道:"行仁的国君,敌国的民众虽多,也不能抵挡他。所以国君能好仁,是遍天下没有可以抵敌的。"孟子再加以说明道:"现今的国君,心里很想无敌于天下而不能行仁政,这好比苦热的人而不肯洗澡一样。《诗经·大雅·桑柔》篇中也说:谁能感到酷热,却不去冲个凉呢?"

(问) 何谓执热而不以濯?

(研究)此章言弱小的国家,既然耻事强国,除非师法文王,方能不为敌国所灭;否则只能屈服于敌国。

孟子曰:"不仁者,可与言哉?安其危而利其菑*,乐其所以亡者。不仁者而可与言,则何亡国败家之有?有孺子歌曰:'沧浪之水清兮,可以濯我缨*。沧浪之水浊兮,可以濯我足。'孔子曰:'小子听之!清斯濯缨,浊斯濯足矣,自取之也。'夫人必自侮,然后人侮之;家必自毁,而后人毁之;国必自伐,而后人伐之。太甲曰:'天作孽*,犹可违。自作孽,不可活。'此之谓也。"

菑,同灾。缨,音英。孽,读如业。

此章言不仁的人是自取灭亡也。不仁的人,是逢到危难尚以为安的,逢到灾祸尚以为有利的,明明自取灭亡而尚且荒淫无道、只顾快乐的。所以孟子说道:"不仁的人,也可和他讲话吗?他是安于危难、利于灾祸、乐于灭亡的。那些不仁的人,假使尚可和他讲话而有所感悟,哪里会有亡国败家的祸害呢?"

孺子,小孩也。沧浪,是一处地方的水名。缨,是帽上结的丝带。孟子说了不仁者的不知祸害而反以为快乐,又说明世间祸害,都是自己去招来的,所以接着说:“当时有个小孩在那里唱着歌道:‘沧浪的水清了,可以洗洗我帽上的丝带。沧浪的水浊了,可以洗洗我的脚。’孔子听了这歌,就对那些弟子道:‘你们这班后生小子听听吧!水清的,可以洗帽上的缨。水浊了,只能洗脚,那都是自己弄成这样的啊!’”意思是,水只要自己能清,就被人看重而洗头上的帽缨;自己浊了,就被人看轻只能供人洗脚了。

孟子引了孺子的歌和孔子所发的感慨,又自己加以按语道:“所以一个人,必定自己先有了可被人欺侮的地方,然后人家才敢来欺侮他。一个家庭,必定自己先有了可毁灭的道理,然后人家才敢来把他毁灭。一个国家,必定自己先有了可被人攻伐的形势,然后他国的人才敢来攻伐他。从前商朝的王叫太甲的,他曾说过:‘天降的灾害,人还可以避免(违),人若自己造了罪孽,那是不可活了。’这句话就讲的是这种事啊。”

(问) 何谓清斯濯缨,浊斯濯足?

(研究)不仁的人,不足与言,皆因他始终不能觉悟,虽然灾祸丛生而不可救药也。

孟子曰:“桀、纣之失天下也,失其民也;失其民者,失其心也。得天下有道;得其民,斯得天下矣。得其民有道;得其心,斯得民矣。得其心有道;所欲与之聚之,所恶* 勿施尔也。民之归仁也,犹水之就下,兽之走圹* 也。故为渊敺* 鱼者獭* 也,为丛敺爵* 者鹯* 也,为汤、武敺民者,桀与纣也。

恶,音污。圹,音旷。敺,同驱。獭,音塔(tǎ)。爵,通雀。鹯,音专。

圹,广阔的场所,兽类所喜奔跑的。敺,即驱逐之驱。獭,水獭,水兽名,喜食鱼类。丛,即丛林。爵,即雀。鹯,猛鸟,喜食雀。孟子道:“夏桀、殷纣的亡失天下,因为先失了人民;怎么叫失了人民?就是失了人民的心。所以要得天下是有道理的:只要得了人民,那就得了天下了。要得人民,也是有道理的:只要得了人民的心,那就得了人民了。要得人民的心,也是有道理的:只要把人民所需要的东西都给了他们,替他们积聚起来,人民所厌恶的事,不要加到他们身上就好了。民心归向于行仁政的君主,好像水势向下流去、兽类向曠野奔跑。所以替深水(渊)把鱼赶来的,那是水獭;替丛林把鸟雀赶来的,那是鹯;替汤、武把百姓赶来的,那就是夏桀和殷纣。

“今天下之君有好*仁者,则诸侯皆为之敺矣,虽欲无王*,不可得已。今之欲王*者,犹七年之病,求三年之艾也。苟为不畜,终身不得。苟不志于仁,终身忧辱,以陷于死亡。《诗》云:‘其何能淑?载胥及溺。’此之谓也。”

好,去声。王,去声。

上文说为汤、武驱民的是桀、纣,所以此段接下去说:“现今天下的君主,倘有喜欢行仁政的,那些诸侯都把自己的人民驱逐到行仁政的这个国内去了。到了那时,你自己虽想不必王天下,也是不可能了。”“今之欲王者,犹七年之病,求三年之艾也”,艾,是治病的一种草,把它晒干,藏了三年之久,然后可用火燃着治病。现今的想要王天下的君主,好像已经生了七年的病,方才去求三年的艾,那当然不能立刻求到的。如果不及早藏蓄(畜),必至于终身不可求到。故曰“苟为不畜,终身不得”也。比之于现今的诸侯,如果不一心一意地施行仁政(志于仁),终身将忧愁而受辱,甚至陷落在身死国亡的路上,故曰“苟不志于仁,终身忧辱,以陷于死亡”也。《诗经·大雅·桑柔》篇中说:“他这样子哪里能希望他行善(淑)呢?只有大家都溺死在水里罢了(载胥及溺)!”“此之谓也”是孟子引了《诗经》中两句,再加以说明:"那就是讲的这种事啊!"

(问) 何谓得其心?

(研究)此章系说明虽弱小国家,只要人民归心,未尝不可以王天下,总之在乎人君能力行仁政。

孟子曰:"自暴者,不可与有言也。自弃者,不可与有为也。言非礼义,谓之自暴也。吾身不能居仁由义,谓之自弃也。仁,人之安宅也。义,人之正路也。旷安宅而弗居,舍*正路而不由,哀哉!"

舍,上声。

此章言做人不可不遵守仁义也。一个人能居心于仁,好像住在一所极安稳的房屋里。一个人所做的事都能合理,好像走在极正大的路上。暴,犹害也。自暴,犹言自己害自己。弃,抛弃也。自弃,犹言自己抛弃自己。孟子道:"自暴的人,不可以再同他讲话。自弃的人,不可以再同他做事。"孟子又将自暴自弃加以解释道:"一个人说出来的话不合礼、不合义的,叫做自暴。自己的身体不能居心仁爱,走着正大的路,叫做自弃。"接下去说道:"仁,是人的安稳房屋。义,是人的正大道路。把安稳的房屋空(旷)起来不住(弗居),离开正大的道路不走,那真是可怜极了(哀哉)!"

(问) 何谓自暴自弃?

(研究)我能不自暴自弃吗?

孟子曰:"道在尔*而求诸远,事在易而求诸难。人人亲其亲,长*其长*,而天下平。"

尔,作迩。长,此处读如掌。

道者，就是做人的道理。一般人听了一个道字，以为非常深微玄妙，其实都是看错的。尔，今作迩，就是近的意思。“道在尔”者，是说做人的道理，就近在自己身上。“而求诸远”者，一般人不晓得这个道在哪里，却到远地方去寻求。意思是说：岂非舍近求远，弄错了呢？“事在易而求诸难”者，是合乎道理的事，本来极容易的；一般人不知，偏从难的地方去寻求。意思是说：岂非舍易求难，弄错了呢？只要每个人亲爱自己的父母，尊敬（上一长作敬重解）自己的长辈，天下就可太平了。

按儒家的所谓道，就是讲做人的道理。做人的道理，其实很近而又很容易，如亲爱父母、敬重长辈，那岂不是近而且易的吗？至于道家所提倡的道，就和儒家根本不同了。如《老子》上说：“道可道，非常道。”又说：“有物混成，先天地生。……吾不知其名，字之曰道。”这岂不是从极远极难的地方去寻求吗？此儒道两家，虽同说一“道”字，而近远难易，就截然不同也。

（问） 何谓人人亲其亲，长其长？

（自省）我能否亲我的亲，长我的长？

孟子曰：“居下位而不获于上，民不可得而治也。获于上有道，不信于友，弗获于上矣。信于友有道，事亲弗悦，弗信于友矣。悦亲有道，反身不诚，不悦于亲矣。诚身有道，不明乎善，不诚其身矣。是故诚者，天之道也；思诚者，人之道也。至诚而不动者，未之有也。不诚，未有能动者也。”

此章文法系倒溯上去，从获于上、信于友、事亲，以至诚身，而全篇主要在一“诚”字。诚者，就是做人要诚实。孟子道：“在下位的人，而不能获得君上的信任，那些人民就无从去管治。要获得君上的信任，是有道理的；对待朋友没有信用，就不能获得君上的信任了。要得信用于朋友，是有道理的；奉事父母不能得父母的欢心，就不能获得信用于朋友了。能得父母欢心，是有道理的；回转来考察自身没有诚实，就不能得父母的欢心了。要自身诚实，是有道理的：没有明白哪一种是善行，就不能使自身诚实了。所以诚实是天然的道理，常常想到诚实是做人的道理。一个人能诚实到了极点，还不能感动他人，是绝不会有的。若自己不诚实，也断没有能感动他人的。”如正文云云。

（问） 何谓至诚而不动？

（自省）我是否有至诚的心思，有至诚的行为？

孟子曰：“伯夷辟*纣，居北海之滨，闻文王作，兴曰：‘盍归乎来！吾闻西伯善养老者。’太公辟*纣，居东海之滨，闻文王作，兴曰：‘盍归乎来！吾闻西伯善养老者。’二老者，天下之大老也，而归之，是天下之父归之也。天下之父归之，其子焉往？诸侯有行文王之政者，七年之内，必为政于天下矣。”

辟，作避。

海之滨，是海的旁边。兴，起来的意思。盍，犹说何不。太公，即姜太公，姓吕，名望。殷末，纣王暴虐，杀害忠良，所以伯夷避开了他，去住在北海旁边，后来听得周文王出来行王政，就高兴地说道：“何不归向西周啊！我听得西伯（当时文王尚称西伯）是善能奉养老年人的。”姜太公避开了纣，住在东海旁边，听得周文王出来行王政，也很高兴地说道：“何不归向西周啊！我听得西伯是善能奉养老年人的。”孟子讲了伯夷、太公两人欢迎文王出来的情形，接着说道：“这两位老人家，是天下最大的老人家；而能归向文王，那就是天下所有的父老都归向文王了。天下所有的父老归向了，他那些儿子，还能到甚么地方去呢？”意思是，天下人民都跟着伯夷、太公而归向于文王也。现在的诸侯，如有行文王的政治，七年以内，必可以把他的政治遍及于天下了！

（问） 何谓大老？

（研究）上章言得天下有道，是在先得人心。此章补充上章，是一般人民大都依着有名望的父老而行动，例如从前伯夷、太公归向文王，天下人心也就归向文王了。

孟子曰："求也为季氏宰，无能改于其德，而赋粟倍他日。孔子曰：'求！非我徒也，小子鸣鼓而攻之，可也。'由此观之，君不行仁政而富之，皆弃于孔子者也。况于为之强*战。争地以战，杀人盈野；争城以战，杀人盈城：此所谓率土地而食人肉，罪不容于死！故善战者服上刑，连诸侯者次之，辟*草莱，任土地者次之。"

强，上声。辟，作闢。

求，是孔子弟子，姓冉，名求。季氏，是鲁国的大臣。为季氏宰，是冉求尝在季氏家中做属官（宰，即古时的家臣）。"无能改于其德，而赋粟倍他日"者，是冉求没有力量能把季氏的道德改好，而对于征收钱粮，却比从前增加了一倍也。孔子以为不然，所以呼着他的名道："求！不像我的徒弟了。你们这班弟子，可敲起鼓来，攻击他啊！"孔子本以薄收钱粮、厚待百姓为主，现今冉求违背此义，所以不愿认他是弟子，特命其余的学生将他攻伐也。孟子述了孔子的话，又说道："从这些上面看来，国君不行仁政，专求增加财富，那都是见弃于孔子的人。况且现在的人还要跟着国君，去勉强打仗。为了争夺一块地方而打仗，杀死的人就遍满了乡野。为了争夺一座城池而打仗，杀死的人就遍满了一城。这个是带着（率）地方去吃人民的肉了。这种人的罪恶，虽杀了他，还不足以宽恕他。”故曰：“罪不容于死。”孟子又总结加以定论道：“故善于打仗的人，应该受最重的刑罚。至于勾结诸侯，乘机图取富贵的人，受次等的刑罚。为了增加赋税而开辟荒地（草莱），令人民担任耕种的（任土地）受更次等的刑罚。”故正文云云。

（问） 何谓鸣鼓而攻？

（研究）政府者，为民而设，不做保民、养民、教民的事，只知增收钱粮，或与邻国争战，以逞一己之私欲，皆系民贼，而罪不容于死者也。

孟子曰：“存乎人者，莫良于眸*子，眸子不能掩其恶。胸中正，则眸子瞭*焉。胸中不正，则眸子眊*焉。听其言也，观其眸子，人焉*廋*哉？”

眸，音谋。瞭，音了。眊，音冒。焉，音烟。廋，音搜。

眸子，就是眼中的瞳神。瞭，是明亮。眊，是糊涂。廋，是隐藏的意思。“人焉廋哉”，是说这个人哪里还能隐藏呢？此章是说观察他人最要紧的，就在他一双眼睛；而瞳神尤其是眼睛的主宰。故孟子道：“存在一个人身上的，讲到最有用（良）没有比得过瞳神了。人的瞳神，是不能遮盖其罪恶的。心胸间很正直的时候，他那瞳神定很明亮的。心胸间不正直的时候，他那瞳神就很糊涂了。所以要观察人的好坏，只要听他所说的话，再看他的瞳神怎样，这个人是善是恶，哪里还能隐藏呢？”

（问） 观其眸子，是何意义？

（研究）坏人与人讲话，心中都是不正直的念头，常于不知不觉中，从眼光里流露出来。凡深于世故人情的人，对于坏人，一见便知，就是用孟子这个方法。

孟子曰："恭者不侮人，俭者不夺人。侮夺人之君，惟恐不顺焉，恶*得为恭俭？恭俭，岂可以声音笑貌为哉？"

恶，音乌。

此章言人君者须以真实的恭俭对待臣下也。"恭者不侮人"，是说恭敬的人主，不肯欺侮怠慢他人也。"俭者不夺人"，是说俭朴的人主，不肯夺取他人的东西。那些欺侮人、夺人东西的君主，所怕的是人民不顺着自己的欲望；这种君主，哪里能算他是恭俭呢？恭敬俭朴的行为，岂可以说话的声音、对人的笑脸假装出来呢？故曰："侮夺人之君，惟恐不顺焉，恶得为恭俭？恭俭，岂可以声音笑貌为哉？"

（问） 何谓恭俭？

（研究）此章意思：凡做人君，重在有真实的行为，不能以声音笑貌骗人。

淳于髡*曰："男女授受不亲，礼与*？"孟子曰："礼也。"曰："嫂溺，则援之以手乎？"曰："嫂溺不援，是豺狼也。男女授受不亲，礼也。嫂溺援之以手者，权也。"曰："今天下溺矣，夫子之不援，何也？"曰："天下溺，援之以道。嫂溺，援之以手。子欲手援天下乎？"

髡，音坤。与，作欤。

淳于髡，是与孟子同时代的人。他问孟子道："男子不把物件授给女子，女子不接受男子手里的物件，这是礼吗？"孟子道："有这个礼的。"淳于髡又道："如见嫂跌入水里（溺），用手去拉救（援）吗？"孟子道："嫂跌入水里，不用手去拉救，这是畜生中豺狼一类的东西了！男子和女子不把物件亲手授受，是正经的礼节。嫂跌入水里，用手去拉救，那是权宜的办法。”淳于髡又道：“现今天下的人民，无不受苦，好像都跌入水里了。你夫子不去拉救他们，是何缘故呢?”孟子道：“天下的人民像跌入水里，要用王道去救济的。嫂跌入水里，那是用手去拉救她的，你想叫我也用手去拉救天下的人民吗?”意思是救济人民，非国君行王道不可，绝不能像拉救嫂溺般轻易的。

（问） 何谓权？

（研究）后汉儒家，拘守古礼，龂龂争辩只在琐小仪节，以至耽误大事，皆不知权之义也。

公孙丑曰：“君子之不教子，何也?”孟子曰：“势不行也。教者必以正，以正不行，继之以怒；继之以怒，则反夷矣。夫子教我以正，夫子未出于正也，则是父子相夷也。父子相夷则恶矣。古者易子而教之。父子之间不责善，责善则离，离则不祥莫大焉。”

古时的所谓教，是教以做人的道理。学者，也是学做人的道理。凡是人，无不要自己的儿子做个好人。但古时的君子，都不自己去教儿子。所以公孙丑问道：“君子之不教子，何也?”孟子道：“这在事势上所不能行的。”为什么不能行呢？因为一个人所做的事，不免有违反正道的。父子同在一处，父做的事，儿子一定都晓得。正，即正经道理。夷，是伤害的意思。夫子与先生，是古时对父兄的通称。责善者，我责备人一定要做善事也。孟子说了“势不行也”一句话后，又说明势不行的道理，他说：“父教其子，必然教他遵守正经的道理，其子对于正经道理如不肯遵行，为父的势必继以动怒，为教儿子而继以动怒，那对于自己儿子感情上反有伤害了。那做儿子的，或者不服教训，反问他的父道：‘你做父亲（夫子）的教我遵守正经道理，但你自己所做的事并未都出于正经啊。’这样，父

子间的感情彼此都有了伤害。父子的感情伤害，就成了一件最恶的事了。所以古时的人，大家把儿子掉换教训的。父子之间，是不可以彼此用善事督责的，彼此用善事督责，就会发生隔阂（离），父子间有了隔阂，世间不祥的事，没有比这个更大了。”

（问） 何谓责善？

（研究）易子而教者，因师可以责善于生，父不便责善于子也。且师生不睦，可以分离；父子不可分离故也。

孟子曰："事孰为大？事亲为大。守孰为大？守身为大。不失其身而能事其亲者，吾闻之矣；失其身而能事其亲者，吾未之闻也。孰不为事？事亲，事之本也。孰不为守？守身，守之本也。

守身者，守住自己身子，不做坏事也。孟子道："凡百事体，以哪一件为最大？那要算事亲的事体最大了。对于保守以哪一件为最大？那要算保守自身不做坏事为最大了。自身保守不失而能奉事其亲，这种人我是听说过的。自身都不能保守，而能奉事其亲，这种人我是没有听说过的。人所做的，哪一件不是事体？不过事亲是各种事体的本原。人所做的，哪一件不是保守？不过保守自身是各种保守的本原。"此段意思，是说做坏事的人，连自身都守不住，决不会孝事其亲的。

“曾子养曾皙*，必有酒肉，将彻*，必请所与。问有余，必曰‘有’。曾皙死，曾元养曾子，必有酒肉，将彻，不请所与。问有余，曰：‘亡*矣。’将以复进也。此所谓养口体者也。若曾子，则可谓养志也。事亲若曾子者，可也！”

皙，音锡。彻，读如尺。亡，作无。

此段衔接上文讲事亲之道。曾子，名参，孔子弟子。曾皙，是曾子的父。曾元，是曾子的儿子。彻者，将所剩的酒肉取去也。孟子说：“从前曾子奉养他父亲曾皙，必定有酒肉，将所剩的取去时，必定请问他父亲给哪个人吃。假使曾皙问道：‘还有余剩吗？’曾子必然回答：‘有的。’后来曾皙死了，曾元奉养曾子，也是必有酒肉，将所剩的取去时，并不请问他父亲给哪个人吃。假使曾子问道：‘还有余剩吗？’曾元必然回答：‘没有了。’他是想把余剩的酒肉藏着，下次再送进去供奉他的父亲。照曾元这样，那就是所谓只能供养父亲的嘴巴和身体。要像曾子，才可以说他的供养是能顺父亲的意志了。所以事父母能像曾子的样子，就好了。”

（问）　何谓养志？

（研究）曾子奉养曾皙，在于能求曾皙心中快乐。曾元奉养曾子，不过饮食无缺，并不顾及曾子心中快乐与否。

孟子曰：“人不足与適*也，政不足间*也，惟大人为能格君心之非。君仁莫不仁，君义莫不义，君正莫不正，一正君而国定矣。”

适，音谪。间，此处读如谏。

適，过也。间，非毁也。格，正也。此章系讲述事君当先感化君心的道理。

"人不足与適也"者,是说小人在位做官,他的过处,要他更改也不胜其改,所以也不足责备的。"政不足间也"者,是说小人施行不良政治,要非毁也不胜其非毁,所以不足非毁的。"惟大人为能格君心之非"云云者,是只说有大才德的人,才能用感化的法子,把君主的心改正,使他不做不合仁义的事,因为君心既仁,举国的人心无有不仁。君心既义,举国的人心无有不义。君心既正,举国的人心无有不正。所以只要把君主的心纠正,全国就可以安定了。

(问) 何谓格君心之非?

(研究)此章言为人臣不必做琐屑的细事,只要把人君的心改正,全国的人就都能向善了。

孟子曰:"有不虞之誉,有求全之毁。"

虞,是意料。誉,是名誉。"有不虞之誉"者,是说不在意料之中的名誉。求全者,我想做完全的好人也。毁者,人家讲我的坏话。孟子说:"我并不希望人家说我好,人家偏多称赞我,这是自己所意料不到的名誉。我很想做个完全的好人,人家还在说我不好,这是想求完美而反得到的坏话。"意思是:做人只要自己不错,人家说我的好话坏话,都不足轻重的。

(问) 何谓不虞之誉?何谓求全之毁?

(自省)人家毁誉我,我的感想怎样?

孟子曰:"人之易* 其言也,无责耳矣。"

易,去声。

"易其言"者,是随口讲话,不知轻重也。孟子说:"一个人口无遮拦,随便乱说,那就不是责备了!"故曰:"无责耳矣。"

（问） 何谓易其言？

（自省）我能慎重发言否？

孟子曰："人之患，在好* 为人师。"

好，去声。

这句话，必是有感而发的。聚徒讲学，始于孔子，而后孟子诸人继之。本来为人师的意思，因为一般人不知道理，没有知识，所以像孔子教人以做人的道理，又教人以《诗》、《书》及六艺等知识，这是出于挽救世道人心的一种用意，不是想在此中求什么利益。但到了孟子的时候，聚徒讲学成为风气，有些人并没有做师长的资格，或是用异端邪说来诱惑世人，居然也自命为师，而受一般人的推崇，这和孔、孟的所谓师道，那是相去很远，或竟是绝对相反的。因此孟子非常感慨地说道：世人最有害的就是喜欢做别人的师。

（问） 何谓好为人师？

（研究）如前篇彭更曰："后车数十乘，从者数百人，以传食于诸侯，不以泰乎？"可见当时聚徒讲学的人，一般诸侯都非常崇仰，因之无识的人，无不仰慕而遂好为人师也。

乐正子从于子敖之齐。乐正子见孟子，孟子曰："子亦来见我乎？"曰："先生何为出此言也？"曰："子来几日矣？"曰："昔者。"曰："昔者，则我出此言也，不亦宜乎！"曰："舍馆未定。"曰："子闻之也，舍馆定，然后求见长* 者乎？"曰："克有罪。"

长，读如掌。

此章内容当有别情，否则等到舍馆定后，再见长者，亦不为大过。子敖者，乃是齐国佞臣王驩的字，即孟子所不与谈话的人。克，是乐正子名。乐正子从王驩到齐国。孟子见他和自己所厌恶的人同行，心中不满意，所以借此责问他。昔者，前日也。舍馆，即今旅馆。长者，即长辈，是孟子自称。“子来几日矣”，是问你到这里来已几日了？

（问） 乐正子往见孟子，何以见责？

（研究）乐正子自承克有罪，是已知孟子厌恶王驩之故，不愿自己与之同行也。

孟子谓乐正子曰：“子之从于子敖来，徒餔*啜*也。我不意子学古之道，而以餔*啜*也。”

餔，音哺。啜，音辍(chuò)。

此章与上章相接。孟子知道乐正子与子敖同行之故，加以责问也。徒，但也。餔，食也。啜，饮也。孟子对乐正子道：“你所以从了子敖同到齐国来，但不过为了些饮食。我真料不到(不意)你是个学古道的人，出来却只为些饮食。意思是说子敖是个小人，你和他结伴同行，除了得些饮食，更有什么好处可得呢？”

（问） 何谓徒餔啜？

（研究）王驩为齐王宠臣，乐正子因自己是孟子学生，齐王又正尊重孟子，所以与王驩同行，绝不是真的为了饮食，孟子不过借此责问他罢了。

孟子曰：“不孝有三，无后为大。舜不告而娶，为无后也；君子以为犹告也。”

中国古时最重祭祀，以为有了子孙，祖宗的祭祀才能继续而不废。《诗经》

里又有“娶妻如之何，必告父母”两句话，所以人要娶妻，必须禀告父母而先得父母的同意。“不孝有三，无后为大”者，据赵岐注谓：“于礼，有不孝者三事：阿意曲从，陷亲不义，一也；家贫亲老，不为禄仕，二也；不娶无子，绝先祖祀，三也。三者之中，无后为大也。”舜娶尧帝之女为妻，并没有禀告父母，因为舜虽是个孝子，他的父亲瞽瞍非常恶劣，舜若禀告，一定不能得到允许。所以孟子推论舜的不告而娶，因为是恐怕绝了后代，后世君子，多能原谅他，以为舜的不告，犹之禀告而不能说他是错的。

（问） 何谓不告而娶？

（研究）据古传记所言，尧为天子，舜为匹夫。尧以女妻舜，以天子之位授舜，舜之见重于尧，可算到了极点。但舜娶尧之女为妻，不告父母，实在有不得已之处，后世的人绝不能以“不告而娶”怀疑到舜的无礼也。

孟子曰：“仁之实，事亲是也。义之实，从兄是也。智之实，知斯二者，弗去是也。礼之实，节文斯二者是也。乐*之实，乐斯二者，乐则生矣。生则恶*可已也？恶*可已，则不知足之蹈之，手之舞之。”

乐之实之乐字，为音乐之乐，应读如浴。余俱为欢乐之乐，读如洛。恶，音乌。

实者，实在也。仁，是对人要仁爱，对人仁爱，须先从爱亲做起，所以仁的实在，就是事亲。义者，是应该做的事，而主要在乎能敬。敬人须先从敬兄做起，所以义的实在，就是依从兄长。智者，是能明白一切事理，所以智的实在，就是能明白事亲与从兄两种道理，而不把它们抛掉，故曰：“智之实，知斯二者，弗去是也。”节文者，据赵岐注：“事亲从兄，不失其节而文其礼敬之容，故中心乐之。”

意思是：事亲从兄，不失礼节，而容貌又能文质彬彬，含着恭敬的态度，这就是礼的实在也。故曰："礼之实，节文斯二者是也"。音乐之设，本为礼太烦琐，故于行礼之中，特用音乐以和畅其心神。一个人能事亲从兄，事事遵礼，于是雍容和乐，而欢乐即从此而生。故曰："乐之实，乐斯二者，乐则生矣。""足之蹈之，手之舞之"，是在乐舞时两手的舞动与两足的踏步也。"生则恶可已也"云云者，是说事亲从兄的礼行之已久，爱亲敬兄的心自然发生，既经发生，那就不能停止（恶可已），既不能停止，那就手舞足蹈，不知不觉地快乐到极点了。

（问） 何谓足之蹈之，手之舞之？

（研究）此章言礼教之原因与结果也。礼虽繁博至不可计数，然无不从事亲从兄最切近的地方做起。苟能如此，礼教自行，人生皆臻欢乐之极境矣！

孟子曰："天下大悦而将归己，视天下悦而归己，犹草芥也，惟舜为然。不得乎亲，不可以为人。不顺乎亲，不可以为子。舜尽事亲之道而瞽*瞍*底豫，瞽瞍底豫而天下化；瞽瞍底豫而天下之为父子者定：此之谓大孝！"

瞽，音古。瞍，音叟。

瞽瞍，舜之父，因是瞎眼，故称瞽瞍；犹说是瞎眼的老人。底，是做到的意思。豫，欢喜也。"瞽瞍底豫"者，据古史言：瞽瞍常欲杀舜，舜终是极尽孝道，结果连瞽瞍都能弄到他欢喜了。此章言舜之所以为大孝。孟子道："天下的人民，都非常欢喜（大悦），都要来归向自己，但舜觉得天下人民都来归向自己，没有什么重要，不过像草和芥菜一般，那就只有舜能够这样（为然）。舜的心里，以为不能得父母的欢心，自己就不可以做人。不能顺遂父母的心，自己就不可以做人的儿子。所以舜只知极尽事父母的道理；于是连瞽瞍也弄到欢喜了。瞽瞍都弄到欢喜，遍天下的人就一齐感化了；瞽瞍都弄到欢喜，遍天下做父的知道做父的道理，做子的知道做子的道理，就统统安定了。这就是他所以被称为大孝啊。”

（问） 何谓瞽瞍底豫？

（研究）据古史载：舜为瞽瞍前妻所生。后母与前氏之子总是不睦的居多数，此时为父者，又多信从后妻之言，凌虐前妻之子。苟前妻之子，能不以此为意，仍极尽其孝道，则为父母者，自能久而感化，此和乐家庭之所由造成。世称舜为大孝，即此故耳！

孟子曰：“舜生于诸冯，迁于负夏，卒于鸣条，东夷之人也；文王生于岐周，卒于毕郢*，西夷之人也。地之相去也，千有余里。世之相后也，千有余岁。得志行乎中国，若合符节；先圣后圣，其揆一也。”

郢，音影。

诸冯、负夏、鸣条，皆地名。岐，岐山，周朝建国的地方。毕郢，也是地名。东夷西夷，是东西二处未开化的地方。符节，是古时用竹雕刻文字，分为两半，双方各执其一，要验看时可以并合的。“若合符节”者，是比喻双方相同，像合并符节一样。揆，度量的意思。“其揆一也”者，言度量他们两个人的道德，是一样的。孟子道：“舜生在诸冯的地方，后来迁居到负夏，死在鸣条，他是东方未开化地方的人。文王生在岐山下的周国，死在毕郢的地方，他是西方未开化地方的人。他们两人的地方，相去有一千余里。世代的前后，相隔有一千多年。他们得志在中国行起仁政来，竟像并合符节，完全相同。所以先出来的圣人和后出来的圣人，度量他们的道德，是一样的。”

（问） 何谓若合符节？

（研究）此章是孟子劝告当时的诸侯，只要能行仁政，大家都可以做到舜与文王，地点的偏远，时代的先后，对于国家的成立，个人的生死，都是没有关系的。

子产听郑国之政，以其乘舆济人于溱*、洧*。孟子曰："惠而不知为政。岁十一月徒杠*成，十二月舆梁成，民未病涉也。君子平其政，行辟*人可也。焉*得人人而济之？故为政者，每人而悦之，日亦不足矣！"

溱，音臻。洧，音委。杠，音缸。辟，同闢。焉，音烟。

子产，是春秋时郑国的贤大夫。溱、洧，郑国的两条水名。乘舆，是坐的车子。杠，桥也。徒，走也。梁，也是桥。舆梁，可行车子的桥也。子产听治郑国的政事，把他所坐的车子，在溱水、洧水地方渡来往的人。孟子说他只知道以恩惠待百姓，不知道真正办理政治的道理。故曰："惠而不知为政。"真正会办理政治的，于每年十一月，就要把好走的桥造成。十二月，把好通车子的桥造成。如此，则百姓勿会苦到去涉水了。故曰："民未病涉也。"病，是苦患的意思。涉，就是从水中走过去。有了桥，不必涉水了。"君子平其政"者，言君子施行公平的政治。"行辟人可也"者，言使行路的人，都开辟得有一定的地方，就可以了。(例如现在的路政，车行路，人行路，或向左边走等，都辟有一定的地方，人的走路，自然不至于碰撞了。)为政只要如此就好。若用自己的车子去渡人过水，怎么来得及将所有的人都渡过呢？故曰："焉得人人而济之。"所以为政治者，要每个人都使他欢喜，虽终日去做这种事，也仍旧是不够的。故曰："每人而悦之，日亦不足矣！"

（问） 何谓惠而不知为政？

（研究）本章的意思是说施行仁政，并不是给百姓一些小恩惠就算数的，必须对于政治有整个的计划，按部就班，切实做去，那末才可以使全国的人得着好处。子产的惠爱百姓，可谓至矣；然非能使人人皆得其所，故孟子以为不知为政。

孟子告齐宣王曰："君之视臣如手足，则臣视君如腹心。君之视臣如犬马，则臣视君如国人。君之视臣如土芥，则臣视君如寇仇。"王曰："《礼》为旧君有服，何如斯可为服矣？"曰："谏行，言听，膏泽下于民；有故而去，则君使人导之出疆，又先于其所往；去三年不反，然后收其田里：此之谓三有礼焉。如此，则为之服矣。今也为臣，谏则不行，言则不听，膏泽不下于民；有故而去，则君搏* 执之，又极之于其所往；去之日，遂收其田里：此之谓寇仇；寇仇，何服之有？"

搏，音卜。

此章言君臣的待遇。孟子告齐宣王道："人君看待臣下如自己的手足，知道他们种种的事情，则臣下看待君上，也如自己的腹心一样，竭力保护它，使它没有忧患。人君看待臣下如狗马，只知使唤骑坐，不管它苦不苦，则臣下看待君上，也一些不关切，当他不过是国里的一个人罢了。人君看待臣下如一块泥土、一把芥菜一样，则臣下看待君上，也如强盗（寇）仇人一样了！"此言犬马还有知识，至土芥，连知识都没有，土则要踏便踏，芥则要吃就吃，臣下处此地位，自然心怀怨恨，不但忍视君之危殆，还要当他是寇仇，用力扑杀他了。

齐王听了此话，心中很是气愤，然又不敢得罪于孟子，故用"《礼》为旧君有服"的话来暗驳孟子。言此人现在虽然已经不为此君之臣，但因以前曾经事过此君，现在此君死了，在古人所定的《礼经》上面，还要给他穿素服。可见臣对君的关系是很深切的，不能轻易解除，当然更不能随便反对了。“何如斯可为服矣?”齐王引了《礼经》上的话，又问怎样才可以给以前的君主穿素服。孟子于是又对道：以前他事此君的时候，他谏君，君照他的谏而行事。他有言语，又听从他的言语(谏行言听)。因此君的恩泽可以下及百姓，但他却为了有些事情，要到别国去。那时候为君的还要派了人，引导他走出己国的疆界。“又先于其所往”者，又对于他所往的国里，为他介绍，请那国的君主，收用他。“去三年不反，然后收其田里”者，等这个臣子去了三年还不回来，然后把他所有的田地住宅收为国家的产业。这样叫做三次有礼。那么，那为臣的等到旧君死了，要给旧君穿素服了。

上节是说明为旧君有服的道理，下节又说明现在的臣下，所以不必为旧君有服的道理。搏执之者，将他的亲族捉起来杀掉。“极之于其所往”者，言对臣所往之国，极力说他这个人不好。孟子又继续道：“现今为臣下的，他谏，君不肯行。他言，君不肯听。君的厚恩，因此也不能下施到百姓身上去。一朝他有事到别国去，那君上就要将他的亲族捉住了杀掉，还要极力向他所往的国，说他的种种不好。他去的日子，就没收他的田地和住宅。这个就是强盗和仇人了；既然是强盗和仇人，哪里有再为他穿素服的道理呢?”

(问) 何谓如土芥、如寇仇?

(研究)此章极言君臣待遇的平等。可见孟子时的专制君主还不十分暴虐，儒家尚能持正当的言论。至后世腐儒，乃倡为“君臣之义，无所逃于天地之间”，及“君使臣死，臣不得不死”之谬论，于是专制君主之暴虐，遂比虎狼还要厉害了!

明太祖读《孟子》此章，竟不许孔庙中祭祀孟子，可笑亦复可恨。难怪黄黎洲《明夷待访录》，要痛斥小儒的无识而肇祸了。

孟子曰："无罪而杀士，则大夫可以去。无罪而戮民，则士可以徙。"

士，就是有学问而尚未做官的人。大夫，当时的官。民，百姓。此章言须明哲保身，不要受暴君之杀戮。士与君尚无直接关系，君今无故杀戮士人，则为官者日在君之左右，更随时可以杀戮了。因此为官的看到君主杀无罪的士人，就可以去官而不做。同样，百姓终年辛苦，捐纳赋税，假使无罪而遭君的杀戮，则为士的人，更可被君杀戮了，因此也就可以迁徙到别的地方去了。

(问) 士与大夫与民有何分别？

(研究)《易》曰："履霜坚冰至"，言踏着了霜，就可以预先知道天气必定逐渐要寒冷了，就要有坚的冰了，应该预先防备着。国君无罪杀人，虽然杀的是比我下一等的人，将来当然也就可以杀我的，所以一看见这些事不如早些去早些徙也。

孟子曰："君仁莫不仁，君义莫不义。"

一群人，总看着首领的行动而行动，故君能以仁存心，以义行事，则一群人，自然也都看着他而有仁有义了。

(问) 何谓莫不仁？莫不义？

(研究)此章系言一般人的态度。至于有大知识者，自能独立，不必随君而为行动也。

孟子曰:“非礼之礼,非义之义,大人弗为。”

有道德而在上位者,古称为大人。种种礼节,都有道理在内。若没有道理的礼节,便叫做“非礼之礼”。义者,应该做的事体;若不应该做的事体,便叫做“非义之义”。这种礼、这种义,是有道德而在上位的人不做的,故曰“大人弗为”。

(问) 何谓非礼之礼?非义之义?

(研究)世之在上位者,种种动作虽属非礼非义,而必自言是礼是义,故喝破之曰:非礼非义也。

孟子曰:“中也养不中,才也养不才,故人乐* 有贤父兄也。如中也弃不中,才也弃不才,则贤不肖之相去。其间不能以寸。”

乐,音洛。

“中也”者,是说做事没有过头或不及,刚刚做得恰到好处的人。“才也”者,言有才能的人。不中,就是做事不能做得恰到好处的人。不才,就是没有才能的人。孟子说:人之性是善的,全在乎教育,有了教育,善的人不至于变为恶人了。故不中不才的人,须有中有才的人去教养他,所以一个人最快活的是有贤父兄教养他。如若有中有才的人,对于不中不才的人,放弃而不去教养他,则有中有才的人,就和不中不才的人彼此没有什么大分别了。

(问) 何谓乐有贤父兄?

(研究)此章言家庭教育最为重要。人有贤父兄,则自幼得受善良的教育,人人皆能成有用之才。

孟子曰:“人有不为也,而后可以有为。”

不为者,就是不做非义的事,不去钻营。有为者,就是能够做合义的事,也能够担当大事。能够担当大事的人，必不肯去乱撞乱干，到了可做的境遇，便用出才能去做。

（问） 何谓不为？何谓有为？

（研究）不为者，如诸葛亮之躬耕隆中，不和群雄去争权力；及刘玄德之三顾草庐，则担任军国大事，所谓有为也。

孟子曰："言人之不善，当如后患何！"

寻常自命能干的人，最喜欢说人家的不好；不知被人家听了去，心中记着怨恨，有时候施行报复，那就有后患了。

（问） 何谓言人之不善？

（研究）人要自己称能，往往说他人的不能；要自己称好人，往往说他人是坏人，都没有顾虑到有后患。

孟子曰："仲尼不为已甚者。"

已甚，就是太过头。做人做事，都要适中，只有孔子能够如此，故孟子称之。

（问） 何谓已甚？

（自省）我对人对事，有已甚之弊否？

孟子曰："大人者，言不必信，行不必果，惟义所在。"

有些人疑此章，绝非圣贤的言语。无论大人小人，做人做事，岂可言不信，行不果乎？人至言而不信，行而不果，还有什么义可讲呢？但是孟子此言，是有感而发的。譬如有一个人，在前清时做着满清的官，却暗地投入了革命党，力做排满的事。这样，他做官时的言就不必信，行就不必果了。原来他的目的是"惟义所在"，只要革命成功罢了。一个人如果言必信，行必果，却情愿牺牲大义，充其量只是硁硁自守的小人，算不得大人。实在说起来，他的目的是义，始终不变，努力进取，也就是言而信，行而果了。

（问） 何谓惟义所在？

（研究）读古人书，须认清其主要点所在，不可曲解取巧。若以言不必信、行不必果为大人，而忘却了惟义所在，则无恶不作矣！

孟子曰："大人者，不失其赤子之心也。"

赤子者，初生的婴孩也。婴孩的心毫无假情，大人对人，也全是真情，故曰："不失其赤子之心。"这是因为世上坏人，都被恶俗沾染，以至真性情俱失，假面目流行，只有真智识真道德的大人，才不为恶俗所沾染。

（问） 何谓赤子之心？

（自省）我对人的态度与思想如何？

孟子曰："养生者，不足以当大事，惟送死，可以当大事。"

养生送死，乃人子事亲之事，这当然是对的。但扩而充之，凡人不独对亲为然，对于戚族朋友，也当如此。否则在其生存时，养之爱之；至其死，则变易面目，弃而不顾，不免要令人发"一死一生，交情乃见"之感叹了。这种人是有头无尾的小人，哪里能够担当大事。所以做人能够对死者与生者一样，才可以担当大事。

（问） 何谓当大事？

（研究）当大事，不是专指一种人说的。如君相，担当国家大事。家主，担当一家大事。乃至社会上任何一小团体，都有重要事件、重要时节，都须有人担当。

孟子曰："君子深造*之以道，欲其自得之也。自得之，则居之安；居之安，则资之深；资之深，则取之左右逢其原*，故君子欲其自得之也。"

造，音慥。原，同源。

道，就是做人之道。深造之者，言把做人的道理，深深地熔铸在心中也。自得之者，这种做人的道理要自己去行，自己得来，不是别人能够为力的。自得之，则居之安者，就是能够把做人的道理涵养得透，居在这世界上，便无不安乐也。孔子言，仁者不忧，智者不惑，勇者不惧，即居之安的意思。居之安，则资之深者，资，犹凭借的意思；言所居既能安乐，则凭借这安乐的境地，深远而不尽，于日常交际种种事情，无不左也顺利，右也顺利，如舟在大水中，到处可以行驶，故曰："左右逢其原"也。因为如此，所以做君子的，要他自己去求得的。

（问） 何谓深造自得？

（自省）我能深造自得否？

孟子曰："博学而详说之，将以反说约也。"

此即《论语》颜子说："博我以文，约我以礼"之意。所以要博学于文而把道理详细解说之者，为了要反过来说到至约的地步也。就是说，等到道理融会贯通以后，心有所得，就可以凭着心思去做，无不可通的。

（问） 何谓博学详说？

（研究）说约者，如王阳明只说"致良知"三字，而于万事万物，无不应付裕如；甚至擒宸濠，对权奸，都用此法，此约之效用也。但是他能够如此，当然是借着他的“博学而详说之”，不是一步便办到的。

孟子曰：“以善服人者，未有能服人者也。以善养人，然后能服天下；天下不心服而王*者，未之有也。”

王，去声。

此章言以善去压服人，是不能叫人心服的。只有以善去教养人，天下的人才能心服。也可以说空口说善是无益的，必须有实惠及人，然后人能服他。近今一班人，最喜发表议论，虽所说的都是善的行动，但人家是不会服从他的。要把所说的善，实实在在施惠泽于人，然后能服天下的人也。天下的人不心服，是断不会王天下的。

（问） 何谓以善养人？

（研究）汉人言“为政不在多言，顾力行何如耳！”亦言只要以实惠养人，自能得人心服也。

孟子曰：“言无实不祥。不祥之实，蔽贤者当之。”

“言无实不祥”者，说话不真实，即是不祥之事。“不祥之实，蔽贤者当之”者，言这种不祥之实患，应由这种蔽贤的人负其咎也。古话：“进贤受上赏，蔽贤受显戮”，受显戮就是不祥之实。

（问） 何谓蔽贤？

（自省）我说话能诚实吗？

徐子曰：“仲尼亟*称于水曰：‘水哉！水哉！’何取于水也？”孟子

曰:"原泉混*混*,不舍昼夜,盈科而后进,放乎四海,有本者如是,是之取尔!苟为无本,七八月之间雨集,沟浍*皆盈,其涸*也可立而待也。故声闻*过情,君子耻之!"

亟,读若器。混混,同滚滚。浍,音桧。涸,音壑。闻,音问。

徐子,与孟子同时代的人。仲尼,孔子的字。亟,屡次也。混混,水涌出不断的状态。科,坎也,空处也。涸,水干也。声闻,声名闻望也。情,实也。徐子问孟子道:"孔子屡次称赞水道:'水啦!水啦!'有何取意呢?"孟子道:"有源(原)头的泉水,滚滚地流出来,昼夜不停,到满了一个空处,再向前流去,一直放到四面的海里。因为它有本源,所以会这个样子。孔子所取的就是这一点。苟或没有本源的水,像七八月之间,雨落下来,集在一处,田里的沟和通水的路(浍,水路也)水都满了;然而这种水的流干(涸),可以立着等它的。"上面所说泉水,是有本源的,虽日夜长流,流进海里,不至于断绝。七八月间的雨水,因无本源,虽田地上落满了水,也立刻可以流干的。这就是说人的声名闻望,超过实在的学问道德,是君子所羞耻的。人必须有实在的学问道德,和水的有本一样才对。

(问) 何谓原泉?

(研究)此章虽是说水,实是喻人的学问涵养。孔子的赞美水,实在是因水以赞美有本行的人。

孟子曰:"人之所以异于禽兽者几希!庶民去之,君子存之。舜明于庶物,察于人伦,由仁义行,非行仁义也。"

此章言人伦的道理。"人之所以异于禽兽者几希"者,言人与禽兽所异的地方,只有一些。寻常的庶民,不知道这所异的一些,把它丢掉了。只有君子,才把这一些保存着。庶物,种种事物也。舜明白这种种事物的道理,体察人伦之所以然,一切的动作,就都自然合于仁义,不是晓得了仁义的好处,特地照着仁义去行的。故曰:"由仁义行,非行仁义也。"

（问） 何谓几希?

（研究）圣人之所以为圣人,不过明白物理人伦,因情理而行动,自然合乎仁义,不是学了仁义而去行动的。而人的知识,实在都有明白物理人伦的可能性;不过寻常的庶民,不知保存此可能性,君子能保存之而已!

孟子曰:"禹恶* 旨酒,而好善言。汤执中,立贤无方。文王视民如伤,望道而未之见。武王不泄迩,不忘远。周公思兼三王,以施四事。其有不合者,仰而思之,夜以继日;幸而得之,坐以待旦。"

恶,音污。

旨,味好的意思。禹厌恶味好的酒,而喜欢听为善的言语。执中者,做事刚刚合着要处,没有过头或不及的毛病。方,一定也。"立贤无方",言用贤人,没有一定的资格、阶级,只要是贤,无不可随时使他做官。"视民如伤"者,是看待百姓,总像还有伤害,必定要把他医好。"望道而未之见"者,言文王虽然已经深知做人的道理，但他自己还像没有看见道理一般。泄者，宠爱过头的意思。“不泄迩，不忘远”者，言武王对于近身使用的人，不宠爱过头。对于远地的办事人，不会忘记他。“周公思兼三王，以施四事”者，言周公想把三代圣王的美德，都兼在自己一个人身上，去做上面所说禹、汤、文、武的四件事。自己有不合的地方，把头仰起来想着，或夜里继续想下去。如果幸而把上面所说的事想着了，那么就夜里坐着，再也不睡，一直等到天亮，连忙就去做。

（问） 何谓思兼三王，以施四事？

（研究）周公想把古圣王的美德都兼在一人身上，所以称为多才多艺之人。

孟子曰：“王者之迹熄*而《诗》亡；《诗》亡，然后《春秋》作。晋之《乘》，楚之《梼*杌*》，鲁之《春秋》，一也。其事则齐桓、晋文，其文则史。孔子曰：‘其义则丘窃取之矣！’”

熄，音息。梼，音逃。杌，音兀。

“王者之迹熄”，言周自平王东迁，文、武、成、康王业的遗迹，像火的熄灭一般。“《诗》亡”者，《诗经》里面，如颂扬文、武、成、康等诗，从此无人再咏，故曰“《诗》亡”也。“《春秋》作”者，言诗人的咏歌已经停息了，只有史官，还记载当时的大事。这种记载大事的书，在晋国叫做《乘》，在楚国叫做《梼杌》，在鲁国叫做《春秋》，都是一样的东西。乘本来是指田赋乘马之事，此书所记如此，故名。梼杌是嚚凶的东西，此书所记都是足以为戒的恶事，故名。春秋是错举的两季，此书万事都记，故名。至于其中所记载的事，最重大的是齐桓公、晋文公两个诸侯。它的文字，叫做史。孔子道：这种记载里面的精义，则已经由我孔丘把它取出来了。这就是说笔则笔，削则削，成了一部《春秋》。

（问）何谓其义？

（研究）孔子自言“述而不作”，如《春秋》一经，不过私自将鲁国旧有的《春秋》修削一下，于字句间寓以褒贬，所谓窃取也。

孟子曰：“君子之泽，五世而斩。小人之泽，五世而斩。予未得为孔子徒也，予私淑诸人也。”

泽者，言一个人的事业，或此人所造之风尚。斩者，犹言用刀把一物斩断。此章孟子言无论君子或小人，他的事业或风尚，到了五世，都断绝了。因为这个缘故，自己离孔子的年代已远，不能得为孔子的弟子，故曰：“予未得为孔子徒也。”私淑者，私下请教善的道理也。淑，作善解。言我虽未得为孔子的弟子，但我私下向继续孔子学业的诸人请教过。

（问） 何谓私淑？

（研究）孔子之道，到战国时已经衰微，因孟子的倡言而复振于世，此即私淑之效。

孟子曰：“可以取，可以无取，取伤廉；可以与，可以无与，与伤惠；可以死，可以无死，死伤勇。”

廉是一种高洁的品行；惠是有利益给人，勇是对于应该做的事；不顾死活去做，三者都是道德。“可以取，可以无取”者，言这一项利益，我可以拿，或者可以不拿，在这两者之间，我就把这利益拿来，这是有伤于廉的。故曰：“取伤廉。”“可以与，可以无与”者，言一项利益，我可以给人，也可以不给人，我以为要好，竟给了人，这是虽有利益及人，但给得没有什么道理，故曰：“与伤惠。”意思还是不给人，为得道理的正当也。遇着一件生死关头的事体，我或者应该拼命去做，或者于我的地位责任，不必拼命地去做，这是在“可以死，可以无死”之间，我遇着这种事，却不顾一切，竟以死殉事，这是看错勇的意义了，故曰："死伤勇。"

（问） 可以与不可以之间，如何分别？

（研究）凡事都有一个适当；如给人利益，以死殉事，都是美德，但行于不适当之处，亦非君子所取。

逢*蒙学射于羿*，尽羿之道，思天下惟羿为愈己，于是杀羿。孟子曰："是亦羿有罪焉。"公明仪曰："宜若无罪焉。"曰："薄乎云尔，恶*得无罪？

逢，读若庞。羿，音义。恶，音乌。

羿，是古时候会射箭的人。逢蒙，是与羿同时代的人。逢蒙向羿学习射箭，果然把羿射箭的诀窍都学尽了。"思天下惟羿为愈己"者，愈，胜也。逢蒙心里想，天下射箭的人，就只有羿胜于自己，于是把羿杀了，以便独自称雄。孟子对于这事，批评道："这个羿也是有罪的。"公明仪听见孟子的话，说道："似乎羿是没有罪的。""曰：'薄乎云尔，恶得无罪？'"这是孟子回答的话。意思是：羿的罪，不过轻（薄）些罢了，哪里好说没有罪呢？

"郑人使子濯*孺子侵卫，卫使庾*公之斯追之。子濯孺子曰：'今日我疾作，不可以执弓，吾死矣夫*！'问其仆曰：'追我者，谁也？'其仆曰：'庾公之斯也。'曰：'吾生矣！'其仆曰：'庾公之斯，卫之善射者也；夫子曰"吾生"，何谓也？'曰：'庾公之斯，学射于尹公之他*；尹公之他学射于我。夫尹公之他，端人也；其取友必端矣。'庾公之斯至，曰：'夫子何为不执弓？'曰：'今日我疾作，不可以执弓。'曰：'小人学射于尹公之他，尹公之他学射于夫子，我不忍以夫子之道，反害夫子。虽然，今日之事，君事也，我不敢废。'抽矢扣轮，去其金，发乘*矢而

后反。”

濯，音浊。庾，音愈。夫，音扶。他，此处读如陀。乘，去声。

郑、卫，二国名。子濯孺子、庾公之斯、尹公之他，都是人名。上段孟子说羿亦有罪，故此段中再解释之。孟子道：“郑国的人，使子濯孺子暗中去攻（侵）卫国。卫国使庾公之斯去追击子濯孺子。子濯孺子说道：‘今天我生病，不能够拿弓了，我要被敌人射死了！’于是问自己的仆人道：‘来追我的是谁？’他的仆人道：‘是庾公之斯。’子濯孺子道：‘我死不了啦！’他的仆人道：‘庾公之斯是卫国最善射箭的人，你夫子却说死不了啦，是何道理呢？’子濯孺子道：‘庾公之斯的射箭，是从尹公之他那里学来的。尹公之他的射箭，是从我这里学去的。这个尹公之他，是个端正人。他所取的朋友，也必定是端正人。’正说着，庾公之斯追到了，问子濯孺子道：‘你夫子为什么不拿弓？’子濯孺子道：‘今天我的病发作了，不可以拿弓。’庾公之斯道：‘我小人学射箭于尹公之他，尹公之他学射箭于夫子，我不忍以夫子教人的诀窍，反来害夫子。虽然如此，但今日是君上派我来追的，是君上的事，我也不敢把君事废掉。’说到这里，他把箭抽出来，击着车子的轮，把箭头上的铁锋去掉，射了四支（乘矢），然后回去。”

（问）　何谓羿亦有罪？

（研究）世间精通拳术的人收受徒弟，必拣心术端正者，始授以诀窍。如传授心术不端之人，往往有谋害其师之事。孟子言羿亦有罪，是责羿以射术传授心术不端之人之故。因之本章的意思，是说求交取友，必须要得到端人，然后你遇到了患难，他会救你，否则你就是好好地过活，他反而要来害你的，简直弄成你自害自了。

孟子曰："西子蒙不洁，则人皆掩鼻而过之。虽有恶人，斋戒沐浴，则可以祀上帝。"

西子，即世所称春秋时越国美女西施。"蒙不洁"者，把污秽有臭气的小帽罩在头上。如此，人家见了她，虽然她的面容很好看，也会捂着鼻子走过去，不要看她了。"斋戒沐浴"者，吃斋、戒杀生畜、洗脸、洗浴，表示一片至诚的意思。虽然是个恶人（就是丑人），只要肯斋、戒、沐、浴，也就可以去祭祀上帝了。

（问） 何谓蒙不洁？

（研究）此章意思是说人虽有善良的资质，若不好好修身立品，绝无人看重他。虽是资质差一些的人，只要肯事事留心，处处至诚，也可以立身于社会的。

孟子曰："天下之言性也，则故而已矣。故者，以利为本。所恶*于智者，为其凿也。如智者，若禹之行水也，则无恶*于智矣。禹之行水也，行其所无事也。如智者，亦行其所无事，则智亦大矣。天之高也，星辰之远也，苟求其故，千岁之日至，可坐而致也。"

恶，音污。

性，即一个人的天性。故者，故常，即一切事物的本质。孟子主张性善，如前面说的"大人者，不失其赤子之心"，都是说做人只要本着原来自然的性质去做，就是好人。否则，成为坏人。本章言"天下之言性也，则故而已矣"者，是说现在天下人之言天性，就不过说故常的本质罢了。本质就以通顺为最要紧（以利为本），切不可改变其性，以致失去其利。智者丢掉原来的自然本性不讲，另去穿凿艰深的道理，自以为能，这是最可厌恶的。故曰："所恶于智者，为其凿也。”继言真是有智的人，不必穿凿什么艰深的理论，只要像禹王之行水一样，如此，则这种智也就没有可以厌恶的地方了。故曰：“如智者，若禹之行水也，则无恶于智矣。”“禹之行水也，行其所无事也。如智者，亦行其所无事，则智亦大矣”者，言禹王之治理水灾，不过顺着水就下的性质，疏解一下，水患自平，所以像没有行什么重大之事一般。如有智的人，也如禹王行水的行所无事，不妄加改作，则他的智也就真的大了。继又言“天之高也”云云者，是说明天之运行，也是本于原来的自然性质。故天虽然高，星辰虽然远，苟能探求其故常，虽有一千年的长时期，它的两至日（夏至、冬至）也可以坐着推算明白的。故曰：“苟求其故，千岁之日至，可坐而致也。”

（问） 性与故，是何分别？

（研究）此章的本意是说，人只要修性守故，那么就连天道也可以知道。如果要妄用聪明，改变常度，必至不合道理，一无所得。而且也可以说，世界上无论如何深微的理论，都是从极浅近的地方发生的；只要把发生的浅近道理明白贯通，即无论如何深的，也都不难理解了。

公行*子有子之丧，右师往吊。入门，有进而与右师言者，有就右师之位而与右师言者。孟子不与右师言。右师不悦曰：“诸君子皆与驩言，孟子独不与驩言，是简驩也。”孟子闻之曰：“礼，朝廷不历位而相与言，不逾阶而相揖也。我欲行礼，子敖以我为简，不亦异乎？”

*行，音杭。

王驩，字子敖，即前孟子不与说话的人。此章系记孟子与王驩在公行子家相遇，又不与说话，所以王驩生起气来。孟子据理以辩。“不历位而相与言”者，不隔着许多座位，大家说话，言须在邻近的座位，才好说话也。“不逾阶而相揖”者，言须同在一条阶沿上才好作揖，不宜立在两条阶沿上作揖也。公行子，是齐国的大夫。右师，是官名。王驩此时，做右师的官。简是简慢，看不起的意思。此章大意：公行子家里有儿子的丧事，右师王驩去吊丧，有的人一见他入门，就抢上前去和他说话，有的人还走到他的座位前，与他说话。只有孟子，不与他说话。王驩很不高兴，说道：“诸位君子，都与我王驩说话。孟子独不与我王驩说话，是看不起（简）我王驩也。”孟子听见了这话，便说道：“讲起礼来，朝廷上的官，不应该隔着许多座位而说话，不应该跨过阶沿去作揖。我要行礼，子敖（王驩）以为我待他简慢，看不起他，岂不是怪异吗？”

（问） 何谓简？

（研究）王驩是齐王的宠臣，所以一班官员一见面，就赶过去奉承。孟子本不肯做这种献媚权贵的事，所以老是不理他。他一责问，孟子就引用两句古礼推托我欲行礼，使他再无话说。原来孟子虽然心恶王驩，也看不起一班没有骨气的官员，却用礼来解释自己的行动，不明明斥责人，这是孟子的善于措辞处。

孟子曰：“君子所以异于人者，以其存心也。君子以仁存心，以礼存心。仁者爱人，有礼者敬人。爱人者，人恒爱之；敬人者，人恒敬之。

此章言君子所以不同于寻常的一般人民者，因他的存心，是以仁待人，以礼律己。因为以仁存心，所以爱人；因为以礼存心，所以对人恭敬。又因为爱人之故，所以人也回转来爱他。因为敬人之故，所以人也回转来敬他。

“有人于此，其待我以横逆，则君子必自反也。我必不仁也，必无礼也，此物奚宜至哉？”

假定这里有一个人，他对我横蛮无理（横逆），则为君子者，一定反躬自问，他为什么不爱我呢？这必是因为我没有爱他（不仁）的缘故。他为什么不敬我呢？这必是我对他没有礼的缘故。否则，他怎么会用这种横蛮无理的态度来对待我呢？奚宜。作何为解。

“其自反而仁矣，自反而有礼矣，其横逆由*是也，君子必自反也，我必不忠。”

由，同犹。

忠者，尽自己的心去待人也。此段言我反躬自问，我是爱人的，我待人是有礼的，但他依然横蛮无理；为君子者，必定再一次反躬自问，总是我还没有竭尽自己的心去待他。

“自反而忠矣，其横逆由是也。君子曰：此亦妄人也已矣！如此，则与禽兽奚择哉？于禽兽，又何难*焉？”

难，去声。

妄人者，没有知识、胡作妄为的人。言我反躬自问，对他是已经尽了忠心了，他的横逆，仍旧那样，为君子者，一定就可以说：“这个人也可以算得妄人的了！他既这样，那么他和无知识的禽兽有什么区别呢？我对于这种无知识的禽兽，又何必去责难它呢？”

“是故君子有终身之忧，无一朝之患也。乃若所忧则有之：舜人也，我亦人也，舜为法于天下，可传于后世，我由未免为乡人也；是则可忧也。忧之如何？如舜而已矣。若夫君子所患则亡*矣。非仁无为

也,非礼无行也,如有一朝之患,则君子不患矣。"

亡,今作无。

此段总结上文,说明所以为君子之道。先两句,又引起下文的意思,即在下文说明君子有终身之忧者,是忧什么呢?就是自己想想:"舜是什么人?我是什么人?舜做的事,可以为法式于天下,又可流传后世,我则还不免做个乡下人,这个是可忧的事情。忧它怎样呢?所做的事要像舜一般就罢了。"所忧的既如上所述,至于所患的(若夫),君子倒没有(亡)了。何以君子会没有所患的事情呢?因为君子的做人,不是仁的事情,君子是不去做的。不是礼的事情,君子是不去行的。"如有一朝之患,则君子不患矣"者,言如有一日遭遇飞来横祸,则君子可以不去管它,因为这种祸患,不是我做人做错,就是想避免,也是无从避免的,所以不必去顾虑。

(问) 何谓有终身之忧,无一朝之患?

(研究)此章言做人只要自己做得不错,至于横逆之来,只要问心无愧,都可置之不顾。昔人所说的镇定工夫,孔子所说的"仁者不忧,智者不惑,勇者不惧",义皆一贯。惟一所宜忧的,就是恐怕自己不能像舜那样的好。为人处世,此章意义,最宜玩味。

禹稷当平世,三过其门而不入,孔子贤之。颜子当乱世,居于陋巷,一箪食*,一瓢饮,人不堪其忧,颜子不改其乐,孔子贤之。

食,音寺。

此章先述古人的品行,后加以评论。"三过其门而不入"者,只有禹,此言禹稷,是连类及之。古人作文不讲逻辑,此类甚多,不独孟子也。禹稷处太平的时世，为了百姓而尽力，孔子以为贤人。颜子处扰乱的时世，住在污秽狭小的地方，只有一篮饭、一瓢汤吃吃，人家看他很难过，而颜子不改他的快乐，孔子也以为贤人。

孟子曰："禹、稷、颜回同道。禹思天下有溺者，由己溺之也。稷思天下有饥者，由己饥之也。是以如是其急也。禹稷颜子，易地则皆然。"

上段述过了三人，此段孟子加以评论道："禹、稷、颜回，怀抱同一的道。禹想到天下有被溺的人，由于自己的不尽力，而使他溺的。稷想到天下有受饥的人，由于自己的不尽力，而使他饥的。所以那样的着急。使禹、稷和颜子换一个地位，禹、稷也能像颜子的乐，颜子也能像禹、稷的忧急的，故曰'易地则皆然'也。"

"今有同室之人斗者，救之，虽被* 发缨冠而救之，可也。乡邻有斗者，被发缨冠而往救之，则惑也；虽闭户可也。"

被，与披同。

"被发缨冠"者，就是披着头发，帽子也没有戴好，以致帽缨拖在头上而没有摄于颈下，形容极其慌忙。此段的意思是说：如今遇着同一屋内的人相斗，就要去解救他们。虽然来不及把头发束好，把帽戴好，也是可以的。至于乡村里的邻舍相斗，也被发缨冠立刻去解救，这是于情理方面有些惑乱了。这样的事情，虽关着门不去管它，都可以的。

(问) 何谓易地则皆然？

(研究)此章说明圣贤怀抱之道皆同，只因所处的境遇不同，故所做的事亦异。朱子说："圣贤心无不同，事则所遭或异；然处之各当其理，是乃所以为同。”也是这个道理。

公都子曰：“匡章，通国皆称不孝焉；夫子与之游，又从而礼貌之，敢问何也？”孟子曰：“世俗所谓不孝者五：惰其四支，不顾父母之养*，一不孝也；博弈好饮酒，不顾父母之养*，二不孝也；好货财，私妻子，不顾父母之养*，三不孝也；从*耳目之欲，以为父母戮，四不孝也；好勇斗很，以危父母，五不孝也。章子有一于是乎？”

从，今作纵。养，音恙。

匡章，齐人。礼貌之者，用礼节待他也。惰其四支，手足懒惰也。不顾父母之养者，不管奉养父母的衣食也。博，赌钱。弈，着棋。好货财，喜欢赚了货物钱财，藏着不肯用。私妻子，一味听从妻子。从，放纵；言放纵着声色的嗜欲。戮，本系杀戮之戮，可以引申作羞辱的意思；言人的身体，本是父母给自己的，今放纵于嗜欲，给父母受羞辱。好勇斗很者，好勇力，和人家拼命很斗，自己身体受了危险，自然危及父母也。世俗说的这五件，都是不孝的事。今匡章有一件在这五件中吗？故曰：“章子有一于是乎？”上言匡章，此言章子，是于名下加一子字，随便的称呼也。

“夫*章子，子父责善而不相遇也。责善，朋友之道也。父子责善，贼恩之大者。夫*章子，岂不欲有夫妻子母之属哉？为得罪于父，不得近，出妻屏*子，终身不养*焉。其设心以为不若是，是则罪之大者，是则章子已矣。”

夫，音扶。屏，音丙。养，音恙。

此又言章子实有不得已的苦衷，非真不孝，故礼貌之也。“夫章子，子父责善而不相遇也”者，是说这章子，不过因子父责善（责善，前易子章已解过），

遂至与父不相得也。"责善,朋友之道也",言责善的事体,在朋友切磋,是有这个道理的。"父子责善,贼恩之大者",言如父子责善,乃是伤害(贼)父子恩情的最大的一端。今这章子岂有不要夫妻子母等亲人,同在一处的吗?只因为他得罪于父,不得近到父的身边去奉养他,所以只好把妻抛离,儿子也摒逐了,情愿自己终身也不受妻子的奉养。他的存(设)心是,以为不这样,就是自己最大的罪。"是则章子已矣"者,言这样就是章子的为人,此外并没有别的不好。

(问) 章子的人格如何?

(研究)此章是说众恶必察之意。重在设心二字。盖孟子以为匡章因为得罪于父,而知自责,其人非全无心肝者,并且也不是不孝,故不与之绝交也。

曾子居武城,有越寇。或曰:"寇至,盍去诸?"曰:"无寓人于我室,毁伤其薪木。"寇退,则曰:"修我墙屋,我将反。"寇退,曾子反。左右曰:"待先生如此其忠且敬也!寇至,则先去以为民望。寇退则反,殆于不可?"沈犹行曰:"是非汝所知也。昔沈犹有负刍之祸,从先生者七十人,未有与*焉。"

与,同预。

武城,鲁国的一个县。越寇,是越国的兵来攻。曾子住武城的时候,适有越国的兵来攻。有个人(或)对曾子道:“越兵到了,何不(盍)避去呢?”曾子听了他的话就动身,对守舍的人道:“不要使别人寄居在我的屋里,免得毁坏损伤这里的树木(薪,犹树也)。”等到寇退去了,曾子又传语守舍的人道:“修好我的墙壁房屋,我将要回来了。”寇退了之后,曾子回来了。曾子身边的门人(左右)说道:“武城的官民,待先生如此的忠心而且恭敬;寇来了,先生倒先去了,使这里的百姓,看了你这个样子,也都逃去。寇退去了才回来,这样的行动,似乎不可以吧?”沈犹行,是曾子的弟子。他对说这话的人道:“这个不是你所知道的。从前我们沈犹氏也遇到一个名叫负刍的人作乱,那时候,跟从先生(曾子也)的有七十个人,大家都避去了,没有一个预问这件事的。”负刍,有的人就解作挑柴的人,也可以通。

子思居于卫,有齐寇,或曰:“寇至,盍去诸?”子思曰:“如伋*去,君谁与守?”孟子曰:“曾子、子思同道。曾子,师也;父兄也。子思,臣也;微也。曾子、子思,易地则皆然。”

伋,音急。

子思住在卫国的时候,有齐国的兵来攻城,有个人对子思道:“敌寇到了,何不避去呢?”子思道:“如我孔伋(伋,子思名)去了,卫国的君主和谁共守此城呢?”上面两个故事,孟子评论道:“曾子与子思,是同样有道理的。曾子在武城,是居师的地位,和父兄的地位相等,父兄是没有守城的责任的,要去则去。子思在卫国,是居臣的地位;臣对于君,犹子对于父,身份是极微小的。所以只得帮助卫君共守城池,是不应去的。如果使曾子与子思彼此换一个地位,两人的行为也会是这样的。”

（问） 曾子去，子思不去，是何意义？

（研究）此章着重师和臣的分别，便是言为人处世，道理总是一样的，只因为地位不同，所以有时行止会不同。

储子曰："王使人瞯* 夫子，果有以异于人乎？"孟子曰："何以异于人哉？尧、舜与人同耳。"

瞯，音谏。

储子，齐国人。瞯，窃视的意思。储子对孟子道："齐王时常使人来偷看你夫子，到底有什么异于寻常人的地方否？"孟子道："有什么异于他人呢？连尧、舜也是与人一样的。"

（问） 储子之问，是何意思？

（研究）圣贤和平常人，在外表方面本来是一样的。所不同的，圣贤有仁义之道在内心罢了，但这是窃视所见不到的。

齐人有一妻一妾而处室者，其良人出，则必餍* 酒肉而后反。其妻问所与饮食者，则尽富贵也。其妻告其妾曰："良人出，则必餍酒肉而后反，问其与饮食者，尽富贵也。而未尝有显者来。吾将瞯良人之所之也。"蚤起，施* 从良人之所之。遍国中无与立谈者。卒之东郭墦* 间之祭者，乞其余。不足，又顾而之他。此其为餍足之道也。其妻归，告其妾曰："良人者，所仰望而终身也。今若此！"与其妾讪* 其良人，而相泣于中庭。而良人未之知也，施施从外来，骄其妻妾。

餍，音厌。施，音移。墦，音燔，讪，音山。

餍，吃饱也。良人，妇人称丈夫也。蚤起，即早晨起来。蚤早，古通用。施，斜行也。遍国中，就是遍城中的意思，东郭，东方城门外也。墦，塚也。墦间之祭，犹今人之上坟也。讪，讥骂也。施施，俨然之貌；犹今人言像煞有介事也。

大意是：有一齐国人，他有一妻一妾，同住在一屋里。这齐人出门去，则必定吃饱了酒肉而后回家。他的妻问与他一道吃喝的是谁，原来都是富贵的人家。他的妻告诉他的妾道："丈夫出去，必定吃饱了酒肉回来，问他与些什么人吃喝，又都是富贵的人家。却未尝见有大官富绅来我家。我将去偷看丈夫所到的地方。"这日早起，她暗暗地跟在丈夫后面，跟了许多地方，遍一个城里，没有一个人和她的丈夫站着谈一句话的。末了，看他到了东门外坟墓间人家在上祭的地方，讨了上坟人吃剩的东西吃了。还没有饱，他又寻到别处去乞食了。这就是他吃饱酒肉的道理也。他的妻归来，告诉他的妾说道："丈夫者，我们所仰望他终身的人，如今乃这个样子！"因此，与他的妾讥骂丈夫，又流着眼泪，在庭中哭泣。但是她们的丈夫还不晓得，又像煞有介事地从外面走进来，在她们的面前摆架子。

由君子观之，则人之所以求富贵利达者，其妻妾不羞也，而不相泣者，几希矣！

照朱子《集注》，谓此章章首当有"孟子曰"三字。书中无者，或后人抄写时失阙。然看全章语意，"孟子曰"当在"由君子观之"之句上；因前文皆叙事，至"由君子观之"句，则孟子之评论也。

孟子评论道：从君子看起来，则凡一般人之所以求富贵利达者，要使他的妻妾看见了不以为羞耻，而且不相哭泣的，恐怕也少极了！

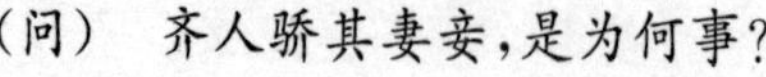
(问) 齐人骄其妻妾,是为何事?

(研究)此章是孟子醒世之言,骂尽了一般无耻求荣的人。可惜现在的齐人真多着呢!

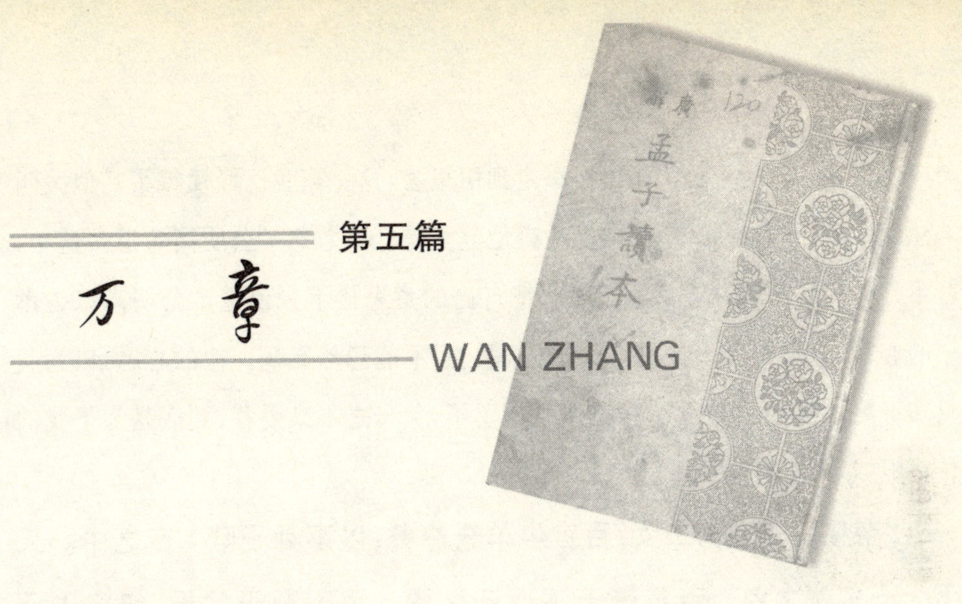

第五篇

万 章

WAN ZHANG

万章问曰："舜往于田，号泣于旻* 天，何为其号泣也？"孟子曰："怨慕也。"万章曰："父母爱之，喜而不忘。父母恶* 之，劳而不怨。然则舜怨乎？"曰："长息问于公明高曰：'舜往于田，则吾既得闻命矣。号泣于旻天于父母，则吾不知也。'公明高曰：'是非尔所知也。'夫公明高以孝子之心，为不若是恝*，我竭力耕田，共* 为子职而已矣；父母之不我爱，于我何哉！

旻，音闵。恶，音污。恝，音介。共，作供。

万章问道："舜走到田里去，哭叫着慈悯的(旻)天，为什么去哭叫呢？"孟子道："他是为了心里怨恨，又思念(慕)父母的缘故。"万章又道："父母爱自己呢，则我欢喜而不要忘记父母。父母厌恶自己呢，则我出了劳力，去奉事父母，而不怨恨父母，这是孝子的行为。那么舜怨父母吗？"孟子乃引长息问公明高的话，对万章说，这件事前人已经讨论过了。长息是公明高的弟子，公明高是曾子的弟子。因言长息问于公明高道："舜走到田里去，这一点我已经懂得了。他哭叫着慈悯的天，哭叫着父母，我却不懂得他究竟是什么意思？"公明高答道："这个，就不是你们能理解的了。"孟子因此把自己的意思接下去说道："公明高以为孝子的心思，有不得意于父母，所以自己悲怨，不能恝然无忧。他的心思，以为我只知道竭力耕田，供献为人子的职责就罢了，父母之不来爱我，到底是为了我的什么呢？"

"帝使其子九男二女，百官牛羊仓廪备，以事舜于畎* 亩之中。天下之士多就之者。帝将胥天下而迁之焉。为不顺于父母，如穷人无所归。

畎，音犬。

畎亩，即田亩。帝，尧帝也。言尧帝把自己的九个儿子、两个女儿，及朝里的百官与所畜的牛羊、仓廪里的谷米，都派送到田亩上去供舜使用。天下的士人见尧帝如此待舜，都自动去跟着舜。尧帝的意思，是要把天下都（胥）给舜（迁）。但舜却因为不见爱（顺）于父母，好像一个穷苦人无家可归的样子。

"天下之士悦之，人之所欲也，而不足以解忧。好色，人之所欲；妻帝之二女，而不足以解忧。富，人之所欲；富有天下，而不足以解忧。贵，人之所欲；贵为天子，而不足以解忧。人悦之，好色，富贵，无足以解忧者，惟顺于父母，可以解忧。人少*，则慕父母。知好色，则慕少* 艾。有妻子，则慕妻子。仕则慕君；不得于君则热中。大孝终身慕父母，五十而慕者，予于大舜见之矣！"

少，去声。

"天下之人悦之"，言天下的人都喜欢舜而服从他也。少艾，年轻女子也。

孟子又言：天下之人都服从舜，舜又妻尧帝两个年轻的女儿，富则有天下，贵则为天子。这四件事虽为人人所欲，但都不足以解去舜的忧愁；只有见爱于父母，乃可以解舜的忧愁。

孟子又言：人当年纪小的时候，则思念父母。年纪大些，知道好色了，则思念年轻的女子。有妻子，则思念妻子。做官，则思念君上。不能得君上的欢心，则心里热辣辣地难过着。这是一般人所有的性情。只有大孝的人，才终身思念父母。年纪到了五十岁，还只是思念父母的，我从大舜这个人那里见着了！

（问） 何谓终身慕父母？

（研究）此章言舜之所以为孝，因一切幸福都不在意，惟以得父母的欢心，为遂愿也。

万章问曰："《诗》云：'娶妻如之何？必告父母。'信斯言也，宜莫如舜；舜之不告而娶，何也？"孟子曰："告则不得娶。男女居室，人之大伦也。如告，则废人之大伦，以怼* 父母，是以不告也。"

怼，音坠。

万章问道："《诗经》里说：'一个人娶妻，是怎样的办法呢？就是必须告知父母。'相信这句话的，一定谁也比不上舜；可是舜之不告而娶，又是为什么呢？"

"告则不得娶"者，是说舜的父瞽瞍，爱后妻所生之子而仇恨舜。若给瞽瞍得知，一定要把尧的二女给后妻之子而不许给舜也。故孟子如此说。"男女居室，人之大伦也"，犹今人言："男大须婚，女大须嫁。"居室，是同居一室，这是做人最大的伦理。如告知瞽瞍，则事必不成，故曰："如告，则废人之大伦"也。怼，仇怨也。言如告了父母，父母不许，就要一面废了人的大伦，一面怨怼于父母了，为了这个缘故，所以不告也。

万章曰:“舜之不告而娶,则吾既得闻命矣,帝之妻* 舜而不告,何也?”曰:“帝亦知告焉则不得妻* 也。”

妻,去声。

将女儿嫁人,亦叫做妻。万章又问:“舜之不告而娶,则我已经听见你所说的道理了,可是尧帝以女儿嫁舜,也不告知舜的父母,这是何故呢?”孟子道:“尧帝也晓得一告知瞽瞍,则嫁舜的事便不成功也。”

万章曰:“父母使舜完廪,捐阶,瞽瞍焚廪。使浚井,出,从而揜* 之。象曰:‘谟盖都君,咸我绩。牛羊父母,仓廪父母,干戈朕,琴朕,弤* 朕,二嫂使治朕栖。’象往入舜宫,舜在床琴。象曰:‘郁陶,思君尔!’忸* 怩* 。舜曰:‘惟兹臣庶,汝其于予治。’不识舜不知象之将杀己与* ?”曰:“奚而不知也? 象忧亦忧,象喜亦喜。”

揜,音厌。弤,音底。忸,音纽。怩,音尼。与,作欤。

廪,藏米的屋子。完廪,修治仓廪也。捐阶,把走上廪去的梯阶拿掉也。浚井,把井底的泥掘出也。揜者,从井上投下土石,将井堵塞也。象,瞽瞍后妻所生之子。谟,计谋也。都君者,因舜所住的地方,附从的人甚多,即成了都市,故称舜为都君。咸,都也。绩,功劳也。干戈,舜用的兵器。弤,舜的弓。栖,床也。朕,古人自己的通称。郁陶,烦闷得很的意思。忸怩,极惭愧的神色,臣庶,官及百姓也。万章又问道:“舜的父母,使舜到廪上面去修理,瞽瞍就把梯阶拿掉,烧起廪来,心想把舜烧死(据《史记》,舜以两顶笠帽当做两翼,自廪上跳下)。又使舜去掘井底的泥(《史记》舜在井旁,早穿一洞逃出),不知舜已逃出,瞽瞍把土石从井上盖覆了(揜)。象说道:‘想法子把都君盖在井里的,都是我的功劳。尧帝赐的牛羊、仓廪,都归父母。干戈及弓和琴,都归我。二个嫂嫂,使她们来服侍我。'象说完了，就走到舜住的宫里去，舜刚坐在床上弹琴。象见舜不死，一时说不出别话，只得说道：'我心里很烦闷，正在想你！'说了这话，不觉脸上露出很惭愧的神色来。舜道：'这里的官和百姓，你去给我管理管理罢。'"万章说了上面的故事，接着就问道："不知道是否舜真的不晓得象要杀死他？"孟子道："怎么会不晓得呢？不过舜因为兄弟的情义，休戚相关，所以看见象忧愁了，自己也忧愁；看见象欢喜了，自己也欢喜了！"

曰："然则舜伪喜者与*？"曰："否。昔者有馈生鱼于郑子产，子产使校人畜之池。校人烹之，反命曰：'始舍之，圉圉焉，少则洋洋焉，攸然而逝。'子产曰：'得其所哉！得其所哉！'校人出，曰：'孰谓子产智？予既烹而食之，曰："得其所哉！得其所哉！"'故君子可欺以其方，难罔以非其道。彼以爱兄之道来，故诚信而喜之，奚伪焉！"

与，今作欤。

万章又问道："这样说，舜对他的弟弟象是假装出来的喜欢吗？"孟子道："不是的。"孟子就引一故事，解释舜的不是假喜欢。校人，主池沼的小吏。圉圉，困而未舒之貌。洋洋，舒缓摇尾之貌。攸然，自得其乐之貌。"从前有人送活鱼给郑国的子产，子产就叫看守池沼的校人，把这活鱼去养在池里。校人将鱼煮着吃了，回来报告道：'把鱼放在池里，起初是微微地动着，少息了一回，它就自由游行起来，然后很快活的游去了。'子产听了校人的话，高兴起来，说道：'它得着好的地方去了！它得着好的地方去了！'校人听了子产的话，走出来说道：'哪个说子产聪明？我已经把鱼煮了，吃在肚里了，他还说："它得着好的地方去了！它得着好的地方去了！"'上面是引的故事。孟子又说明这个道理。"君子可欺以其方，难罔以非其道"者，言君子也可以用常有之情（方）来欺骗他，却不能用不可信的道理来欺骗他。如象的行为,他以爱兄的常有之情、可信的道理来对舜说,所以舜也很诚实地相信他,而喜欢起来,有什么假的呢!”

(问) 何谓可欺以其方,难罔以非其道?

(研究)本章可以分作上下两大段:上段言舜遇着家庭变故,而处之以权。后段言舜遇着家庭变故,而处之以诚。用了权,就无难处之事;用了诚,就无难化之人了。而且权不失却经常的道理,诚不掩去他的精明,所以称之为圣人。

万章问曰:“象日以杀舜为事,立为天子,则放之,何也?”孟子曰:“封之也,或曰放焉。”

放者,犹后世言充军,把人驱逐到远方,派人把他管束起来也。万章又问孟子道:“象日日以杀舜为心事,到舜做(立)了天子,只把象流放到远方去,没有杀他,是何故呢?”孟子道:“非但没有杀他,这是封他,或者有人说是流放他罢了。”

万章曰:“舜流共*工于幽州,放驩兜*于崇山,杀三苗于三危,殛鲧于羽山,四罪而天下咸服,诛不仁也。象至不仁,封之有庳,有庳之人奚罪焉?仁人固如是乎:在他人则诛之,在弟则封之?”曰:“仁人之于弟也,不藏怒焉,不宿怨焉,亲爱之而已矣。亲之,欲其贵也。爱之,欲其富也。封之有庳,富贵之也。身为天子,弟为匹夫,可谓亲爱之乎!”

共,音恭。兜,音都(dōu)。

流,就是驱逐。共工,是官名。舜把那时共工的官,驱逐到幽州地方。驩兜,是人名。舜把驩兜流放到崇山地方。三苗,是国名,即今南方山洞中的苗人。舜在三危地方,把这些作乱的苗人杀了。殛、诛,都是杀有罪的人的说法。

鲧因为治水没有功效，白白耗费百姓许多人力财力，对于百姓是有罪的，故舜在羽山地方也把鲧杀了。舜处治了这四种罪犯，天下人都(咸)服舜办得不错，因为所诛伐的都是不仁的人。至于象的为人，是最不仁的了，舜却封他到有庳地方，做了诸侯；那么，有庳的人民，是犯了什么罪呢？"仁人固如是乎"者，是万章说，舜既然是个仁人，那么，仁人果然应该这样吗？就是应该"在他人则诛之，在弟则封之"吗？孟子说，"仁人之于弟也"，就是有怒气，不藏在心里；有怨恨，过了一宿就忘记了。只知道亲他爱他罢了！为了亲他，所以要他贵。为了爱他，所以要他富。封他到有庳地方去做诸侯，就是给他富贵。"身为天子"，谓舜也。"弟为匹夫"，谓象也。要是兄弟相差如此之大，哪里可以说是亲爱呢！

"敢问或曰放者，何谓也？"曰："象不得有为于其国，天子使吏治其国，而纳其贡税焉；故谓之放。岂得暴彼民哉？虽然，欲常常而见之，故源源而来，不及贡，以政接于有庳，此之谓也。"

万章又问道："我敢问问，或人说他是放，究竟是甚么意思呢？"孟子道："象在他的国内，不能做什么事情，天子另行派官，治理他的国政，纳他进贡的物品和租税，所以人家说他是流放。象虽暴虐，哪里还会暴虐那一方的百姓呢？虽然如此，舜因为象是兄弟，要常常和他见面，所以使象源源不绝地到都城里来上朝，而且舜不等到诸侯朝贡的时期，日以政事接见有庳的君主，就是这句话了！"

(问) 何谓不藏怒？不宿怨？

(研究)象固不仁，舜因亲亲之义，不可使己为天子而弟为匹夫，故封以有庳的国土。又恐其虐民，更要时常和他见面，所以派吏治其政。这样，不以公义废私恩，也不以私恩害公义，公私两全了？

咸丘蒙问曰："语云：'盛德之士，君不得而臣，父不得而子；舜南面而立，尧帅*诸侯北面而朝*之，瞽瞍亦北面而朝*之。舜见瞽瞍，其容有蹙。孔子曰："于斯时也，天下殆哉，岌岌乎！"'不识此语诚然乎哉？"孟子曰："否，此非君子之言，齐东野人之语也，尧老而舜摄也。《尧典》曰：'二十有八载，放勋乃徂落，百姓如丧考妣，三年，四海遏密八音。'孔子曰：'天无二日，民无二王。'舜既为天子矣，又帅天下诸侯以为尧三年丧，是二天子矣。"

帅，今作率。朝，音潮。

咸丘蒙，孟子弟子。他问孟子道："俗语说：'道德极盛的人士，君不得以他为臣，父不得以他为子。'所以舜做天子，朝南面立着，尧帝率领天下诸侯，北面去上朝；瞽瞍也北面去上朝，舜见了瞽瞍，是自己的父亲，不免皱着眉头，脸上露出不安的神情。孔子说：'在这个时候，天下危殆得岌岌乎要倒翻的样子'，不晓得这句话是真有的吗？"蹙，神情不安貌。岌岌，如山要倒下的样子；言尧是君，瞽瞍是父，反而去朝见臣子，像天翻地覆，山要倒下的不安也。齐东野人，是齐国东郭外乡下人也。摄，代也。放勋，尧帝的名。徂，升也。落，降也。徂落，犹言升天入地，谓人死也。"遏密八音"，遏止绝灭金石丝竹匏土革木八种乐器的声音。父母死后称为考妣，今日犹如此。孟子答咸丘蒙道："不是的，这不是君子的言语，是齐国东郭外乡下人所说的话。其实呢，是尧帝年纪老了，叫舜来代理政治的。《尚书》的《尧典》说道：'舜摄政二十有八年，放勋乃死了，百姓思念他，如死了父母一般。三年里头，四海的人都悲伤得不唱歌、不作乐，连金石丝竹匏土革木的八种声音，都遏止灭尽了。'孔子曾说过：'天上没有两个太阳，人民没有两个帝王。'如果舜既做了天子,又率领天下诸侯,去服尧帝三年的丧,是有两个天子了。"意思是,人民没有两个帝王,天子的位子,仍旧是尧帝,舜仍旧是臣子;不过尧帝老了,舜代理政治,所以尧帝死了,舜仍服三年之丧。这都是乡下人随便所说的话,所以连瞽瞍朝舜的事,也是没有的。

咸丘蒙曰:"舜之不臣尧,则吾既得闻命矣。《诗》云:'普天之下,莫非王土;率土之滨,莫非王臣。'而舜既为天子矣,敢问瞽瞍之非臣如何?"曰:"是《诗》也,非是之谓也。劳于王事而不得养父母也。曰:'此莫非王事,我独贤劳也。'故说《诗》者,不以文害辞,不以辞害志,以意逆志,是为得之。如以辞而已矣,《云汉》之诗曰:'周余黎民,靡有孑遗。'信斯言也,是周无遗民也。"

舜之不臣尧者,言舜并不以尧为臣也。这道理,咸丘蒙道:"既得闻命矣。"又引《诗经》里的话,来问孟子。"普天之下,莫非王土,率土之滨,莫非王臣",是说遍天下的地方,没有不是王的土地;遍天下一直到海边(滨)的人,没有不是王的臣属。"既是这样,则舜既然做了天子,敢问瞽瞍,难道还不是个臣吗?这是怎么讲?"孟子道:"这首诗,不是说舜应该以父为臣的。这是说,大家都是王家的臣子,为什么我一个人,为了有贤才而辛苦勤劳,做着王家的事,而不能够奉养自己的父母也。""故说《诗》者,不以文害辞"云云者,文,字也。辞,语也。逆,迎也。《云汉》,是《诗经》里一首诗的题目。孑,是残余的意思。遗,遗传下来也。孟子论读《诗》之道是:"不可以一个字(文)的缘故,而害一句诗的意义"。又不可把一句的话而害诗人的志趣,故曰:"不以辞害志"也。读《诗》者,应该以自己的意思,去迎合诗人的志趣;这样,那就得诗人所咏的句义了。故曰:"以意逆志,是为得之"也。"如以辞而已矣"者,言但将诗里的字面,用呆板的讲法,则如《云汉》篇的《诗》，说“周余黎民，靡有孑遗”，是周朝所余的百姓，没有几个存活了下来。按《云汉》诗之说这句话，是因为天时大旱，稻麦枯死，人民都要饿死不过是一句忧急的形容话，并不是天一旱，真个便一个人也没有留传也。以《云汉》诗的句子，去比普天之下四句诗，都是一样的。读诗者，不可固执一两个字，以为事情就是这样也。

“孝子之至，莫大乎尊亲；尊亲之至，莫大乎以天下养*。为天子父，尊之至也。以天下养，养之至也。《诗》曰：‘永言孝思，孝思维则’，此之谓也。《书》曰：‘祇载见瞽瞍，夔*夔齐*栗，瞽瞍亦允若’，是为父不得而子也。”

养，音恙。夔，音葵。齐，今作斋。

孟子又接下去说明孝子的道理。至，是极顶的意思。言孝子的极顶之处，莫有大过于尊敬他的父母的，尊敬他父母的极顶之处，莫有大过于以天下来供养父母的。现在舜使瞽瞍为天子之父，是尊敬父母的极顶之处。以天下去奉养瞽瞍，是奉养父母的极顶之处。《诗》曰：“永言孝思，孝思维则”者，是说人能永久说着孝思而不忘记，这种孝思，就可以做天下的法则。这可以说就是舜的孝道了！故曰：“此之谓也。”“《书》曰：‘祇载见瞽瞍，夔夔齐栗，瞽瞍亦允若”，是《书经》里的话。祇，敬也。载，事也。夔夔齐栗者，敬谨恐惧的状貌。允，信也。若，顺也。言舜恭恭敬敬奉事瞽瞍，又露着敬谨恐惧的状貌，就是瞽瞍也相信舜是真孝顺的。“是为父不得而子也”者，朱子《集注》说：“瞽瞍不能以不善及其子，而反见化于其子，即是所谓父不得而子也。”此说的意思，是本来只有父感化子的，舜则相反，成了子感化其父，所以父不得而子也。

（问） 何谓以天下养？

（研究）关于上古史事，大半是神话，或十口相传的故事。如齐东野人之说，咸丘蒙尚信以为真，故研究古史者，不可不知此义。

万章曰："尧以天下与舜，有诸？"孟子曰："否，天子不能以天下与人。""然则舜有天下也，孰与之？"曰："天与之。""天与之者，谆*谆*然命之乎？"曰："否，天不言，以行与事示之而已矣。"

谆，音肫。

万章又问孟子道："尧把天下给了舜，有这事吗？"孟子道："不是的，天子是不能把天下给人的。"万章又问道："那么舜所以获得天下，是哪个人给他的呢？"孟子道："舜的天下，是天给与他的。"万章又道："天与之者，谆谆然命之乎？"谆谆，是说话很诚恳的样子。万章以孟子说舜的天下，是天给与的，因问道"天把天下给与舜，是很诚恳地对舜说道：'我把天下给你，你好端端地做天子去'的么？"孟子道："不是的。天不会说话的。只用舜的品行和他的政绩，表示出来罢了。"

曰："以行与事示之者，如之何？"曰："天子能荐人于天，不能使天与之天下。诸侯能荐人于天子，不能使天子与之诸侯。大夫能荐人于诸侯，不能使诸侯与之大夫。昔者尧荐舜于天而天受之。暴*之于民而民受之。故曰：天不言，以行与事示之而已矣。"

暴，音仆。

万章又问："以舜的品行和政绩表示出来，究竟是怎么样的呢？"孟子道："天子能把人荐给天，却不能使天就给与他天下。诸侯能把人荐给天子，却不能使天子就让他做诸侯。大夫能把人荐给诸侯，却不能使诸侯就让他做大夫。从前尧把舜荐给天，天接受了。又把这事情通知(暴)了百姓，百姓接受了。所以说：天不言，以行与事示之而已矣。”

曰："敢问荐之于天而天受之；暴之于民而民受之，如何?"曰："使之主祭，而百神享之，是天受之。使之主事而事治，百姓安之，是民受之也。天与之，人与之，故曰，天子不能以天下与人。舜相*尧二十有八载，非人之所能为也，天也。尧崩，三年之丧毕，舜避尧之子于南河之南，天下诸侯朝觐者，不之尧之子而之舜。讼狱者，不之尧之子而之舜。讴歌者，不讴歌尧之子而讴歌舜。故曰，天也。夫然后之中国，践天子位焉。而居尧之宫，逼尧之子，是篡也，非天与也。《泰誓》曰：'天视自我民视，天听自我民听'，此之谓也。"

相，去声。

万章又说："敢问荐给天，天会接受；通知百姓，百姓也会接受，这是如何做法呢?"孟子道："使他去办理祭祀，凡百的神祇，都来享受，这就是天接受了。使他去办理政事，办得很好，百姓都平安了，这就是百姓接受了。天让他做天子，百姓也让他做天子，所以说：'天子不能以天下与人'也。舜帮助尧办了二十八年政事，事事办得好，这不是人的力量所能做得到的，是天意。尧死(崩)了，三年的丧服毕后，舜避开尧的儿子，自己到南河的南面去，不与尧之子争天子之位。但是天下的诸侯，来上朝的，不到尧之子那里去，而到舜的地方来。打官司(讼狱)的人，不到尧之子那里去求判决，而都到舜这里来求判决。还有做了歌词称扬人的(讴歌者)，不做歌词称扬尧之子而称扬舜。所以说，是天意了。到了这样光景，舜然后才回到中国，就了天子的位。否则，若住在尧的宫里，逼着尧的儿子，不许他做天子，让自己来做，这就是篡位，不是天让他做天子了。"上面系孟子解释荐之天、暴之民的事理。此外他又引《尚书·泰誓》里两句话道："天视自我民视，天听自我民听"，言天的看人行动，是从我们百姓的看人行动而来的。天的听人言语，是从我们百姓的听人言语而得的。如舜之做了天子，都是百姓见他办事能干，待人仁厚，而且听见他是个大孝的人，所以天下的百姓，都要他做天子。天下的百姓，看见他如此，听见他如此，就是天看见他如此，听见他如此了。故又曰："此之谓也。"意思是：就是这句话也。

（问） 何谓以行与事示之而已矣？

（研究）此章言使主祭祀，百神享之，盖缘古时是神权政治时代，一切政治，都由执政者问天而行，如《周易》的卜筮是也。既要以卜筮向天问休咎，故那时人之对天，无异是一人格神，所以孟子言尧不能以天下与舜，而舜的天下，实由上天与之也。凡世界各国，在神权时代之政治，皆是如此。致《周易·洪范》等书，能流行数千年而不废者，以我先民，曾奉之为至高至贵之典册故也。而且即天子二字，明明是说上天之子，降在人间以施行政治。古称'受天明命'者，亦即此义。

万章问曰："人有言，至于禹而德衰，不传于贤而传于子，有诸？"孟子曰："否，不然也。天与贤，则与贤；天与子，则与子。昔者，舜荐禹于天，十有七年，舜崩，三年之丧毕，禹避舜之子于阳城，天下之民从之，若尧崩之后，不从尧之子而从舜也。禹荐益于天，七年，禹崩，三年之丧毕，益避禹之子于箕山之阴，朝觐讼狱者，不之益而之启，曰：'吾君之子也。'讴歌者，不讴歌益而讴歌启，曰：'吾君之子也。'"

万章问道："人有句话，说到了夏禹王，道德就衰薄了，他把天子之位，不传于贤人而传于儿子，有这个道理吗？"孟子道："不对，不是这样的。天子之位，是要天来作主的，天要给贤人，就给贤人；天要给儿子，就给儿子。从前舜把禹荐于上天，十七年之后，舜死了，到三年的丧事完后，禹避开舜的儿子，自己去住在阳城地方，那时候天下的百姓，都去跟从他，像尧死的时候一样，不去跟从尧的儿子，而去跟从舜。禹也曾把益荐于上天，七年之后，禹死了，三年的丧事完了，益也避开禹的儿子，自己去住在箕山的背后，天下诸侯来朝觐的，天下百姓来讼狱的，都不到益那里去，而到禹的儿子启这里来，他们说：'这是我们君主的儿子也。'讴歌的人，也不讴歌益而讴歌启，也说：'这是我们君主的儿子也。'

"丹朱之不肖，舜之子亦不肖。舜之相*尧，禹之相*舜也，历年多，施泽于民久。启贤，能敬承继禹之道。益之相*禹也，历年少，施泽于民未久。舜、禹益相去久远，其子之贤不肖，皆天也，非人之所能为也。莫之为而为者，天也；莫之致而至者，命也。"

相，去声。

此又是孟子续说也。丹朱，尧的儿子。不肖，子不肖其父，今通称不能克家的劣子。舜的儿子名商均，也是不肖的。孟子道："舜相尧，禹相舜，所历的年数多，施恩泽于百姓的年数也长久。禹的儿子启很贤德，又能够恭恭敬敬，承继禹的道理。益的相禹，所历的年数少，施恩泽于百姓，又未长久。因此，舜、禹与益，为相的年份相差很多，而各人的儿子又有贤与不肖的差别，这都是天意，并不是人的力量所能作成的。故不去作为而自然作为的，这是天意；不去追求而自然会来的，这是定命。"

“匹夫而有天下者，德必若舜禹，而又有天子荐之者。故仲尼不有天下。继世以有天下，天之所废，必若桀、纣者也。故益、伊尹、周公不有天下。

此又是孟子说明圣人不作天子的缘故。匹夫，犹言平常百姓。平常百姓而能得天下者，他的德行，必定要像舜和禹，而且必定又有天子保荐他。像孔子（仲尼）因无天子保荐，所以不得天下。至于继续世袭下去的，也可以有天下；天所废去的，必定要像桀、纣那样的暴虐才会有。像益的君主是启，伊尹的君主是汤，周公的君主是武王、成王，都是贤圣的君主，所以天不去废掉他们，而益、伊尹、周公，也都不会有天下。

“伊尹相* 汤以王* 于天下。汤崩，太丁未立，外丙二年，仲壬四年。太甲颠覆汤之典刑，伊尹放之于桐。三年，太甲悔过，自怨自艾，于桐处仁迁义。三年，以听伊尹之训已也，复归于亳*。周公之不有天下，犹益之于夏，伊尹之于殷也。孔子曰：‘唐、虞禅，夏后、殷、周继，其义一也。’”

亳，音薄。相，王，去声。

此节先承上文言伊尹及周公不有天下之事，后借孔子的话作结。商代君主，多以甲乙丙丁等字取名。赵岐云：“太丁，汤之太子，未立而死。外丙立二年，仲壬立四年，皆太丁弟也。太甲，太丁子也。”“太甲颠覆汤之典刑”者，言太甲立后，把汤的旧规矩一切废掉也。那时伊尹为相，就把太甲流放到桐的地方。过了三年，太甲懊悔，自己改过，自己怨自己不好，自己责治（艾）自己。住在桐的地方，做仁的事（处仁），看得应该做的事就去做（迁义）。这三年里头，一切听受伊尹的教训，所以伊尹宽恕了太甲的过处，仍旧把他迁回亳的京城，由他做了君主。“周公的不有天下，情形正和益之于夏，伊尹之于殷相同。”孔子说：“唐尧、虞舜的禅位，夏王、殷王、周王的子孙继续而为天子，他们的道理是一样的。”

（问） 尧、舜、禹、汤、文、武的道德如何？

（研究）儒家重道统，所以说唐、虞、夏、殷、周之有天下，都是受天之命而王天下；孟子的意思是劝春秋战国时代的君主，都要法先王行仁政也。

万章问曰：“人有言，伊尹以割烹要* 汤，有诸？”孟子曰：“否，不然。伊尹耕于有莘之野，而乐尧、舜之道焉。非其义也，非其道也，禄之以天下，弗顾也。系马千驷，弗视也。非其义也，非其道也，一介不以与人，一介不以取诸人。”

要，平声。

万章又用一般人说的一个故事来问孟子了。割烹要汤者，割肉烹羹，做了好的菜，去请汤吃，以此求汤，使自己做宰相。万章问这件事，是有的吗？孟子也答他不是的，绝没有的，因此说：伊尹在有莘的乡野耕田，心里喜欢尧、舜的道义。他对于不应该做的事，违反道理的事，虽给他全天下的俸禄，他连看都不看一看。虽系了一千驷的马给他，他也不看一看。如果不合道义，他连一粒微小的芥（介）子，也不肯给人家，也不向人家取得。

“汤使人以币聘之，嚣嚣然曰：‘我何以汤之聘币为哉！我岂若处畎亩之中，由是以乐尧、舜之道哉！’汤三使往聘之；既而幡* 然改曰：‘与我处畎亩之中，由是以乐尧、舜之道，吾岂若使是君为尧、舜之君哉！吾岂若使是民为尧、舜之民哉！吾岂若于吾身亲见之哉！天之生此民也，使先知觉后知，使先觉觉后觉也；予，天民之先觉者也；予将以

斯道觉斯民也；非予觉之而谁也！'"

幡，音翻。

此段孟子说明伊尹事汤的经过。币，财物也。嚣嚣然，无欲而自得之貌。孟子道："汤差人用了财物去聘伊尹。伊尹觉得不耐烦，就爽快地说：'我要汤的聘币做什么呢！我岂如住居田亩（畎亩）之中，由此以乐尧、舜之道为得呢！'后来汤接连使人聘了他三次，他因此变了前次的话，改说道：'与其我一个人在田亩中，由此以乐尧、舜之道，何不如使现在的君主做一个像尧舜一样的君主呢？又何不如使现在的百姓做尧舜时代一样的百姓呢？我何不如亲眼目睹尧舜盛世再现呢？上天生育人民，是要使先知道理的人，去觉悟后知道理的人。使先觉悟的人，去觉悟后觉悟的人。我是天所生的百姓中间先觉悟的人，我是要把这个道理，去觉悟这班百姓的，现在不是我去觉悟这班百姓，叫谁去觉悟他们呢！'"

"思天下之民，匹夫匹妇，有不被尧、舜之泽者，若己推而内*之沟中，其自任以天下之重如此，故就汤而说*之以伐夏救民。吾未闻枉己而正人者也，况辱己以正天下者乎！圣人之行不同也，或远或近，或去或不去，归洁其身而已矣。吾闻其以尧、舜之道要汤，未闻以割烹也。《伊训》曰：'天诛造攻自牧宫，朕载自亳。'"

内，今作纳。说，音税。

此段是孟子论伊尹的话。孟子道："伊尹想天下的百姓，男的女的，有一个不沐浴到尧、舜的恩泽的，好像是自己把他们推到水沟中去的，他自己肯担当天下的重任如此，所以到汤那里，说服汤伐夏救民。"孟子又评论道："我没有听见谁枉屈自己的身份，去规正他人的；哪里还有屈辱着（割烹）自己的身子，以正天下的人呢！圣人的行为是不同的，或者在远地隐逸，或者近在君主身边任事，或者去做事，或者不去做事，归结一句话，总要洁身不污已罢了！"所以"我只听见伊尹是以尧、舜之道去要求汤的，不听见他是做了厨子去趋奉汤的。在《尚书》的《伊训》上说：'天的诛戮夏桀，是由桀居的牧宫开始的，汤说我是从亳地方开始的。'"

（问） 何谓割烹？何谓以尧、舜之道要汤？

（研究）古时的大人物，出现于历史上的，一般人总形容他初时怎样落拓，怎样困苦，后来遇了知己的君主，始大有作为，如伊尹做厨子、姜太公钓鱼等等，都是社会心理所衍成的故事。读古书者，不可被此种俗说所蒙也。本章孟子的辨明事实，可以给我们一个证据。

万章问曰："或谓孔子于卫主痈*疽*。于齐主侍人瘠*环。有诸乎？"孟子曰："否，不然也。好事者为之也。于卫主颜雠由。弥子之妻与子路之妻，兄弟也。弥子谓子路曰：'孔子主我，卫卿可得也。'子路以告。孔子曰：'有命。'孔子进以礼，退以义，得之不得，曰有命。而主痈疽与侍人瘠环，是无义无命也。孔子不悦于鲁、卫，遭宋桓司马，将要*而杀之，微服而过宋。是时孔子当厄，主司城贞子，为陈侯周臣。吾闻观近臣，以其所为主，观远臣，以其所主。若孔子主痈疽与侍人瘠环，何以为孔子？"

痈，音拥。疽，音居。瘠，音脊。要，平声。

万章又提有人说孔子的事问孟子。痈疽，旧说为医疮毒的医生。侍人，齐君左右的奄人。瘠，姓；环，名。主者，住在这个人家也。万章问："有人说孔子在卫国,住在痈疽的家里。在齐国,住在齐君的侍人瘠环的家里。有这些事情吗?”孟子答以不是,又说:这是喜欢造谣生事的人造出来的,因又说明孔子在卫国和齐国经过的事实。颜仇由,卫国的大夫,子路的妻兄。孔子在卫,实住在颜雠由家里。弥子,是卫君的宠臣,叫弥子瑕。弥子之妻与子路之妻,是姊妹(兄弟,即姊妹)。孟子道:“弥子对子路说:‘孔子若肯来住在我家里,我对卫君说一声,他就可得卿相的位子。’子路把这话告知了孔子。孔子说:‘有命。’”意思是:做不做卿相,须由天命决定,不必去投奔弥子也。孟子道:“孔子的做人,进去做官,必定遵礼。退出来不做官,也必合于道义。卿相之得与不得,他只说是有天命的。若竟投奔痈疽和侍人瘠环,是没有道义、不知天命了。孔子因为不喜欢在鲁国、卫国,就离开了那些地方,经过宋国时,不料宋国的大夫桓魋,想在半路上把孔子拦住了(要)杀死。孔子不得已,乃换了平常的衣服,逃过了宋国。这时候,孔子遇了患难,并没有乱投人家,却还投在司城官贞子的家里,做了陈侯名周的臣子。”上面是说明孔子已往的事情。末了孟子道:“我听说过:要观近臣的贤否,只要看谁寄居在他家里;观远臣的贤否,只要看他寄居的主人是谁。如果孔子投奔了痈疽和瘠环,他怎样能够成其为孔子呢?”

(问) 何谓有命?

（研究）此章言孔子虽在患难之中，总是以礼义为进退，决不肯不顾出处，乱于投奔品行不端的人。

万章问曰：“或曰，百里奚自鬻于秦养牲者，五羊之皮，食*牛，以要*秦穆公，信乎？”孟子曰：“否，不然。好事者为之也。百里奚，虞人也。晋人以垂棘之璧与屈*产之乘*，假道于虞以伐虢。宫之奇谏，百里奚不谏，知虞公之不可谏而去之秦，年已七十矣。曾不知以食牛干秦穆公之为污也，可谓智乎？不可谏而不谏，可谓不智乎？知虞公之将亡而先去之，不可谓不智也。时举于秦，知穆公之可与有行也而相之，可谓不智乎？相秦而显其君于天下，可传于后世，不贤而能之乎？自鬻以成其君，乡党自好者不为，而谓贤者为之乎？”

食，音寺。要，平声。屈，此音掘。乘，去声。

万章又提起了一个故事来问孟子：“有人说：百里奚自己以五张羊皮，卖身于秦国养牲畜者之家，便为他饲牛，以此来干求秦穆公，这事可信吗？”孟子也答以不是的，这是好事者所造的。于是说：“百里奚，是虞国的人。那时候，晋国把垂棘地方所出的宝玉和屈地方所产的良马，去送给虞国的君主，向虞国借一条道路，去讨伐虢国。宫之奇谏以为不可，百里奚不谏；因为百里奚知道虞公是谏了不听的，又知道虞国将亡，因此避到秦国去，他当时已经七十岁了。他假使不晓得以饲牛去干求秦穆公是一件污辱的事，可以说他聪明吗？他晓得不可谏就不谏，可说他不聪明吗？他晓得虞公将要灭亡了就先避去，不可谓不聪明。那时候，举用于秦国，晓得秦穆公是可与他行大事的，所以就做了他的宰相，这样，可说他不聪明吗？他相秦国，能使秦君的声名显耀于天下，又可流传于后世，假使不是贤人能做到这样吗？自己卖身去成全人君的声名，这种事情，就是一乡一党中稍知珍爱自己的人，尚且不肯做，倒可以说贤人肯做的吗？”

（问） 百里奚之人格如何？

（研究）宫之奇谏是忠，百里奚不谏是智，二人各有所长。

孟子曰：“伯夷，目不视恶色，耳不听恶声。非其君不事，非其民不使。治则进，乱则退。横政之所出，横民之所止，不忍居也。思与乡人处，如以朝*衣朝*冠，坐于涂炭也。当纣之时，居北海之滨，以待天下之清也。故闻伯夷之风者，顽*夫廉，懦*夫有立志。

朝，音潮。顽，音还。懦，音糯。

此孟子评论古人也。横，不循法度。顽，贪也。廉，廉洁不贪也。懦，柔弱也。孟子言伯夷的为人，眼睛不看秽恶的颜色，耳朵不听污恶的声音。不是有道的国君，不去服事，不是善良的人民，不去使令。天下治的时候，则上进而做官，乱的时候，则退到乡野不闻政治。不循法度的政令所发出来的地方，或者不循法度的人民所居的场所，他是不忍去住的。他甚至和一个没有道德的乡野人住在一处，就好像穿了上朝的衣裳，戴了上朝的帽子，坐在泥土或灰炭上面。当纣为天子的时候，他住在北海之滨，等待天下的清平。所以一般人听见了伯夷的高风亮节，贪顽的人也能廉洁了，柔弱的人也能有自立做人的志向了。

“伊尹曰：‘何事非君？何使非民？’治亦进，乱亦进，曰：‘天之生斯民也，使先知觉后知，使先觉觉后觉。予，天民之先觉者也，予将以此道觉此民也。’思天下之民，匹夫匹妇，有不与被尧、舜之泽者，若己推而内*之沟中，其自任以天下之重也。

内，今作纳。

伊尹的思想与伯夷正相反。他说，“何事非君，何使非民”，意思是以为君即使无道，君还是君，民即使不善良，民还是民，不过他们都是无知无觉的人，我既做了先知先觉的人，应该教导他们，使他们都明白做人的道理。所以“治亦进，乱亦进”了。“天之生斯民也”以下，解已见前章。

“柳下惠不羞污君，不辞小官。进不隐贤，必以其道。遗佚而不怨，厄穷而不悯。与乡人处，由由然不忍去也，‘尔为尔，我为我，虽袒*裼*裸*裎*于我侧，尔焉能浼*我哉？’故闻柳下惠之风者，鄙夫宽，薄夫敦。

袒，音但。裼，音锡。裸，音卵。裎，音呈。浼，音每。

柳下惠在春秋时，亦称圣人，他又是一种性情。“不羞污君”者，言君主虽秽污，去事他，不以为羞耻也。“不辞小官”者，官虽卑小，也可做的。进去做官，不把贤人隐匿，必以正经的道理辅佐君主，故曰：“进不隐贤，必以其道。”“遗佚而不怨，厄穷而不悯”者，谓自己虽被遗落不用，佚（同逸）在民间，也不怨人，处困难穷苦的境地，也不悲悯。与没有道德的乡野人，处在一个地方仍旧由由然自得其乐，不以为意，不肯就走开。“袒裼裸裎”，犹俗言赤身裸体，浼者，污也。言做人，你是你，我是我，虽你是赤身露体的人，立在我身边，你岂能污我呢？所以听见柳下惠的风采者，见识狭陋的人，胸怀会宽起来，志气浅薄的人也会敦厚起来。

“孔子之去齐，接淅而行；去鲁，曰：‘迟迟吾行也！’去父母国之道也。可以速而速，可以久而久，可以处而处，可以仕而仕，孔子也。”

孔子为人，又与伯夷、伊尹、柳下惠不同。淅，渍米也。接淅，是说米已下在锅里，为了要紧走，来不及炊，就此用手将米捞了起来。接淅而行，是说孔子离开齐国的时候，连一餐饭都来不及煮熟，急于要去。至于离开鲁国，则说：“迟迟吾行”，犹言“慢慢地走开罢”，这是因为鲁是父母之国，不忍即别也。速、久、处、任四者，是说孔子做人，看时局，看环境，随机应付。如离开齐国，可速即速。离开鲁国，可久则久。不做官，则可隐处则隐处。做官，则可仕则仕。不像前三人之固执不移也。

孟子曰：“伯夷，圣之清者也。伊尹，圣之任者也。柳下惠，圣之和者也。孔子，圣之时者也。孔子之谓集大成；集大成也者，金声而玉振之也。金声也者，始条理也；玉振之也者，终条理也。始条理者，智之事也。终条理者，圣之事也。智，譬则巧也。圣，譬则力也。由射于百步之外也：其至，尔力也；其中*，非尔力也。”

中，去声。

上文都是孟子所叙述的话。此段与上文是一章，特加“孟子曰”三字者，以为总结上文之区别，使眉目清楚也。

清，如俗语所说的清白，一些不着污点，此是伯夷之所以为圣的道理。任，是担当责任。和，是和气，不与人竞争，此是伊尹、柳下惠之所以为圣的道理。时者，即上文说的看时局，看环境，随机应付，无不合于道义的意思，此惟孔子能之。集大成者，言孔子能把三人之长处集于一身也。金声玉振，是作乐时的以金发声，以玉收声。言三人之圣，或为金声，或为玉振，都各有一长，只有孔子，其始则合于金声的条理，其终则合于玉振的条理，所以谓之集大成。其始能合于条理，这是他的智慧之事；其终能合于条理，这是他的圣德之事。“智，譬则巧也；圣，譬则力也”者，犹如射箭于百步之外，把箭射得到，是气力大的缘故，至于射得中，乃是射法巧妙的缘故。只有孔子力和巧（便是圣和智）无不具备。

（问） 清任和三德，有优劣否？

（研究）必如孔子之智与圣，然后能集三人之长处于一身。若无孔子之智与圣，硬要把清任和集于一身，便反要弄得四不像，成为乡愿一流的人，故学者，不如任取一长而学之为得也。

北宫锜问曰："周室班爵禄也，如之何？"孟子曰："其详不可得闻也。诸侯恶*其害己也，而皆去其籍。然而轲也尝闻其略也：天子一位，公一位，侯一位，伯一位，子男同一位，凡五等也。君一位，卿一位，大夫一位，上士一位，中士一位，下士一位，凡六等。天子之制，地方千里，公侯皆方百里，伯七十里，子男五十里，凡四等。不能五十里，不达于天子，附于诸侯，曰附庸。天子之卿，受地视侯，大夫受地视伯，元士受地视子男。大国地方百里，君十卿禄，卿禄四大夫，大夫倍上士，上士倍中士，中士倍下士，下士与庶人在官者同禄。禄，足以代其耕也。次国地方七十里，君十卿禄，卿禄三大夫，大夫倍上士，上士倍中士，中士倍下士，下士与庶人在官者同禄。禄，足以代其耕也。小国地方五十里，君十卿禄，卿禄二大夫，大夫倍上士，上士倍中士，中士倍下士，下士与庶人在官者同禄。禄，足以代其耕也。耕者之所获，一夫百亩；百亩之粪，上农夫食*九人，上次食*八人，中食*七人，中次食*六人，下食*五人，庶人在官者，其禄以是为差*。"

锜，音裔。恶，音污。食，音寺。差，音雌。

北宫，姓；锜，名，卫人。班，同颁。北宫锜问孟子：周代所颁爵位俸禄之制是如何的。孟子道："它的详细情形，已不得而知了。因为诸侯都自己称王，与周室所颁的爵禄制度抵触，所以厌恶此种制度以为有害于自己，把此种典籍都废去了。然而我轲呢，曾经还听见过它的大略。天子、公、侯、伯、子男爵凡五等。一国里面，君、卿、大夫、上士、中士、下士，职位凡六等。天子的制度，他的地方凡一千方里。公、侯的国，皆一百方里。伯七十方里，子男五十方里，比五十方里更小的国家，不能直达于天子，只能附在诸侯下面，称为附庸。天子的卿所受的地方如侯一样，天子的大夫所受的地方如伯，天子的元士所受的地方如子男。大的诸侯国土一百方里，国君十倍卿之俸禄，卿给四大夫之禄，大夫比上士加倍，上士倍中士，中士倍下士，下士与百姓曾居官的人拿一样的俸禄。有了俸禄，就足以代替他耕田的收入了。次一等的伯爵的国土有七十方里，国君也是十倍于卿的俸禄，卿禄三倍于大夫，大夫倍上士，上士倍中士，中士倍下士，下士也与百姓居官的同样的俸禄。小的子男国土只五十方里，君也是十倍于卿禄，卿禄二倍于大夫，上士以下，与他国一样。耕田的人，一夫可以受田百亩，加上肥料，肥料多而力勤者为上农，其所收可供九人。其次，用力不齐，所收而供给的人数也不同，共有五等。庶人在官者，其受禄的多少，也以这个为标准，而有所相差，共为五等。”

（问） 周代爵禄之制，与后世所异之点何在？

（研究）程子曰：“孟子之时，去先王未远，载籍未经秦火，然而班爵禄之制，已不闻其详。今之礼书，皆掇拾于灰烬之余，而多出于汉儒一时之附会，奈何欲尽信而句为之解乎？然则其事固不可一一追复矣！”真通论也。

万章问曰：“敢问友。”孟子曰：“不挟长*，不挟贵，不挟兄弟而友。友也者，友其德也，不可以有挟也。

长，此处读如掌。

此章记万章问交友之道也。“不挟长”者，不自己挟恃我为长辈也。“不挟贵”者,不自己挟恃我为贵、人为贱也。“不挟兄弟而友”者,不挟恃兄弟之富贵而轻视人也。故曰:“友也者,友其德也,不可以有挟也。”言交友之道,在友其人之道德,不可以自己有什么挟恃的。

“孟献子,百乘之家也,有友五人焉:乐正裘、牧仲,其三人则予忘之矣。献子之与此五人者友也,无献子之家者也。此五人者,亦有献子之家,则不与之友矣。

孟献子,鲁国之贤大夫,有车百乘之家也。他有朋友五人,孟子只记得乐正裘、牧仲二人的姓名,其余三人则已忘记。献子对于这五人,完全以友道相待,并不挟恃着自己的家世。当然这五人所以肯和献子为友,也是不将献子的家世放在心中的。假使不如此,献子也就不与他们为友了。此言大夫的不挟贵。

“非惟百乘之家为然也,虽小国之君亦有之。费惠公曰:‘吾于子思,则师之矣。吾于颜般,则友之矣。王顺、长息,则事我者也。’

上言孟献子之交友,此言不但大夫交友如此,即小国君主的交友,也是如此。费惠公,小国的君主也。他曾说过,对于有道德学问的子思,则师事之。于次一等的颜般,则友事之。若王顺、长息,道德学问不及自己,就当做事我的人了。此言小国之君的不挟贵。

“非惟小国之君为然也,虽大国之君亦有之。晋平公之于亥唐也,入云则入,坐云则坐,食云则食,虽疏食*菜羹,未尝不饱,盖不敢不饱也。然终于此而已矣。弗与共天位也,弗与治天职也,弗与食天禄也,士之尊贤者也,非王公之尊贤也。

食,音寺。

此又言不但小国的君主如此,晋平公为大国的君主,也无不如此。他对于亥唐，无不听命。亥唐叫他进内则进内，叫他坐则坐，叫他吃则吃，亥唐和他同吃饭，虽然是粗饭和菜羹，也未尝不吃饱，因为他在亥唐的面前不敢不吃饱也。"然终于此而已矣"者，言晋平公之待遇亥唐，终于以此为止也。国君之位，为天所授予，故位曰天位，职曰天职，禄曰天禄，此三者，平公弗与亥唐共有也。言平公的交友，是和士人的尊贤一般的，不是用王公的身份来尊贤的。此言大国之君的不挟贵。

"舜尚见帝，帝馆甥于贰室，亦飨舜，迭为宾主，是天子而友匹夫也。

帝，尧帝也。"舜尚见帝"者，舜上朝去见尧也。馆，房舍也。《礼》：妻之父曰外舅。舅之相对待者为甥，所以婿可以称甥。贰室，副宫也。言尧帝请舜，住在副宫里也。时时到舜的地方去吃饭，故曰："亦飨舜。""迭为宾主"者，因尧馆舜于贰室，是尧为主，尧亦往舜处吃饭，是又尧为宾了。此言尧以天子而友匹夫，是天子的不挟贵。

"用下敬上，谓之贵贵；用上敬下，谓之尊贤。贵贵尊贤，其义一也。"

以在下位的人，敬重在上位的人，叫做贵贵，尊贵贵重的人，是理所当然的。以在上位的人，敬重在下位的人，叫做尊贤，尊重贤德的人，也是应该的。所谓贵贵尊贤，在事情方面有些两样，在道理方面则是一样的。

（问） 交友之道应如何？

（研究）此章言大夫交友、国君交友、天子交友，虽有等级，至于尊敬的意思是一样的。

万章问曰："敢问交际何心也？"孟子曰："恭也。"曰："却之却之为

不恭，何哉？"曰："尊者赐之，曰：'其所取之者，义乎？不义乎？'而后受之，以是为不恭，故弗却也。"曰："请无以辞却之，以心却之。曰：'其取诸民之不义也'，而以他辞无受，不可乎？"曰："其交也以道，其接也以礼，斯孔子受之矣。"

上章言交友，此章言交际。交际者，指一般礼仪币帛的往来也。万章问以何种心思为可，孟子答以恭敬可也。万章又问："却之却之为不恭，是什么意思呢？"孟子答："凡尊长赐给我东西，假使我心里想一想道：他所得来的这东西，合义的还是不合义的？合义的才收它，不合义的就不收它，这样就是不恭敬了，所以还是自己心中不要忖问，更不要推却不受。"万章又问："假使为了他得来的东西是不义的，我一定要不受它，我不显然用说话来推却，只在自己的心里来推却，想着说：他这赐予的物件，从人民那里取来，是不义的；乃另用一种婉转的言词来推却，这样，难道不可以吗？"孟子说："只要他的交往，是合乎道理的，他的接待，是合乎礼仪的，他送东西来，就是孔子也接受它了。"

万章曰："今有御人于国门之外者，其交也以道，其馈也以礼，斯可受御与*？"曰："不可。《康诰》曰：'杀越人于货，闵*不畏死，凡民罔不憝*'，是不待教而诛者也。殷受夏，周受殷，所不辞也。于今为烈，如之何其受之！"

与，作欤。闵，今作悯。憝，音队。

御，止也。止住人而杀之，且夺其货物也。国门之外，谓无官吏治理之处。万章以为如果不问他货物的来历，假使有人在国门之外，拦路抢劫，他也依规矩来和我交往，依礼节来馈送我，那么，可收受他抢来的东西吗？孟子说不可以接受的，就以《尚书》中的《康诰》篇来作证。"杀越人于货"者，言杀死别人，抢夺货物。闵不畏死，闵本作暋，强也，强横不怕死也。这种人是没有人不痛恨的（憝，痛恨的意思）。可以不必教训他，即把他诛戮。这种办法，三代以来早就通行，不必多说的。到现在这办法更是严厉了，怎样还可以接受他的东西呢！

曰："今之诸侯，取之于民也，犹御也。苟善其礼际矣，斯君子受之，敢问何说也？"曰："子以为有王者作，将比* 今之诸侯而诛之乎？其教之不改而后诛之乎？夫* 谓非其有而取之者，盗也，充类至义之尽也。孔子之仕于鲁也，鲁人猎较*，孔子亦猎较。猎较犹可，而况受其赐乎？"

比，音畀。夫，音扶。较，音角。

万章又问："现今的诸侯，他取百姓的赋税，也和拦路抢劫差不多。若只要以为交际不失礼，君子就可收受他的货，我敢请问这又有何说词呢？"孟子道："你以为有王天下的人起来，必定把现今的诸侯，一个一个（比）都诛杀吗？还是先教导他们，他们不肯改过而后诛杀他们呢？所说不是他应该有的东西而他取了来，就说他是盗贼，这只是极而言之，提高到原则最高度的说法。"意思是说，现今的诸侯，毕竟不是真的盗贼。田猎时夺取禽兽以祭也，孟子又引孔子之事为证。鲁国的人，在那里猎较，孔子也跟着他们猎较。孔子连这种小事还可以从俗，何况受人家所赐予的东西呢？

曰："然则孔子之仕也，非事道与* ？"曰："事道也。""事道奚猎较也？"曰："孔子先簿正祭器，不以四方之食供簿正。"曰："奚不去也？"曰："为之兆也；兆足以行矣，而不行，而后去，是以未尝有所终三年淹也。

与，今作欤。

万章问："那么孔子的做官，不是以行道为事吗？"孟子答以孔子的做官，是以行道为事的。万章又问孔子做官既以行道为事，怎么又跟着人家猎较起来呢？孟子说，孔子所以猎较者，因为孔子仕于衰世，不可以立刻更变一切习俗。所以先用文字规定祭祀所用器物和祭品（先簿正祭器），不用四方夺来的猎物做祭品（不以四方之食供簿正）。这样，猎较之俗，也就可以废止了。万章又问，孔子如此作为，终于行不通，为什么不走呢？孟子说，孔子做官，先要试行一下，如果他的道行得通，而君主却不肯施行，他才走开。所以孔子在一个国里做官，没有超过三年的。

"孔子有见行可之仕，有际可之仕，有公养之仕。于季桓子，见行可之仕也。于卫灵公，际可之仕也。于卫孝公，公养之仕也。"

此节仍为孟子之言，言孔子入仕之事。见行可者，见其道之可行也。际可者，交际上有礼也。公养者，国君养贤也。孔子对于季桓子，本希望得行其道，可以称为行可之仕。卫灵公尝郊迎孔子，所以可谓际可之仕。卫孝公，按《史记》，并无孝公其人，恐即系出公辄。他尝致粟于孔子，所以可谓公养之仕。

（问） 何谓受御？

（研究）此章因万章之问交际，而孟子与之反复辩论，说出了许多交际和入仕的道理。

孟子曰："仕非为贫也，而有时乎为贫。娶妻非为养*也，而有时乎为养。为贫者，辞尊居卑，辞富居贫。辞尊居卑，辞富居贫，恶*乎宜乎？抱关击柝。孔子尝为委吏矣，曰：'会计当而已矣。'尝为乘田矣，曰：'牛羊茁壮长而已矣。'位卑而言高，罪也。立乎人之本朝*而道不行，耻也。"

养,去声。恶,音乌。朝,音潮。长,读如掌。

做官本为行道,不是为了家贫,但有时候确是为了家贫而谋禄。娶妻本为嗣续,不是为了奉养父母,但有时候,却也为了奉养而娶妻。如果为了贫而做官,当辞让高显之位、重厚之禄,以只能糊口为度就够了。这样,应该做些什么呢?就如抱关击柝也可以了。抱关,管城门也。击柝,敲更也。孟子说了这些话还不算,又抬出了孔子来证明他的话。委吏,仓廪的管账小吏也。乘田,主苑囿刍牧的小吏也。孔子做委吏的时候,他说只要会计不错就罢了。做乘田的时候,他说只要牛羊肥壮、能长大就罢了。因为孔子深知,位卑的人而高谈朝事,不称其职,是有罪的。若位子高了,立在人的朝廷上而其道不能行,也是可耻的事情。

(问) 何谓有时乎为贫,有时乎为养?

(研究)此章言已无道救民,就不宜居高位受厚禄,只好寻些小事做做,独善其身。

万章曰:"士之不托诸侯,何也?"孟子曰:"不敢也。诸侯失国而后托于诸侯,礼也。士之托于诸侯,非礼也。"万章曰:"君馈之粟,则受之乎?"曰:"受之。""受之何义也?"曰:"君之于氓也,固周之。"曰:"周之则受,赐之则不受,何也?"曰:"不敢也。"曰:"敢问其不敢,何也?"曰:"抱关击柝者,皆有常职以食* 于上;无常职而赐于上者,以为不恭也。"曰:"君馈之,则受之,不识可常继乎?"曰:"缪公之于子思也,亟* 问,亟* 馈鼎肉,子思不悦。于卒也,摽* 使者出诸大门之外,北面稽首再拜而不受,曰:'今而后知君之犬马畜伋。'盖自是台无馈也。悦贤不能举,又不能养也,可谓悦贤乎?"

食，音寺。亟，读如器。摽，音彪。食，音寺。

士者，未做官而读书明道的人。托，寄也。万章问："士人不寄食诸侯的俸禄，是何意义？"孟子道："不敢食诸侯的俸禄也。只有诸侯失了国家，去寄食于邻国的诸侯，是礼所有的。士人寄食于诸侯，是没有这礼的。"万章又问："如国君馈送他以粟米，可收受吗？"孟子道："可以收受的。"万章又问："可以收受，是什么道理呢？"孟子道："君之于百姓（氓民通），固然应该加以周济的，所以可收受也。"万章又道："君于百姓，周济他则收受，赏赐他则不收受，又是什么道理呢？"孟子道："是为了不敢受赏赐。"万章道："不敢受又是什么道理呢？"孟子道："像抱关击柝，都有一定的职务，所以可吃君上的禄米。没有一定的职务，而收受君上所赐的东西，这就是不恭敬，所以不受也。"万章又道："君上馈送食物，就受了他的，不知可以常常继续受他否？"孟子道："从前鲁缪公对于子思，屡次（亟）去问，屡次馈送熟肉（鼎肉），子思反而不高兴起来。最后（卒）一次，子思把差来的人驱（摽）出于大门之外，自己却朝着北面，磕头再拜，不肯受缪公所馈的东西，说道：'今天，我才晓得你君上待我孔伋如犬马也。'"这是因为子思并不做事，屡次送他食物，好像豢养犬马一样，所以子思不敢受也。"盖自是台无馈也"者，台，古称舆台，即奴隶一流的人。自从子思拒绝了食物，鲁缪公便也不再派舆台这种人去馈送食物了。孟子又评论道："爱悦贤人，却不能重用，又不能用正经的道理去奉养他，如此，好算是爱悦贤人吗？"

曰："敢问国君欲养君子，如何斯可谓养矣？"曰："以君命将之，再拜稽首而受。其后廪人继粟，庖人继肉，不以君命将之。子思以为鼎肉，使己仆仆尔亟拜也，非养君子之道也。尧之于舜也，使其子九男事之，二女女* 焉，百官牛羊仓廪备，以养舜于畎亩之中，后举而加诸上

位。故曰王公之尊贤者也。"

第二女字读去声。

万章又问："敢问国君要养君子，怎样才可说是养呢？"孟子道："起先应该以国君的命令送东西去，君子则再拜磕头而收受。以后国君只须叫管谷仓的人，继续送以米谷，厨夫继续送以熟肉，不必再用国君的命令送去，以免其拜赐之劳。子思那时的不高兴，是因为缪公时常差人用君命送鼎肉去，使他仆仆不休地屡次下拜，不是尊养君子的道理。像尧帝之于虞舜，先使自己九个儿子去奉事他，又把两个女儿嫁给他。百官牛羊仓廪，无不完备，到田亩间去养舜。后来提拔他，登了上位。像这样，才可以说是王公之尊养贤人。"

（问） 何谓以君命将之？

（研究）君命将之，是有国君所赐的名义，故不可不受，并且不可不拜。但是屡次去叫君子下拜，就无异以犬马待君子了。其实国君对于君子，最好是举之上位，养他还在其次呢。

万章曰："敢问不见诸侯，何义也？"孟子曰："在国，曰市井之臣；在野，曰草莽之臣：皆谓庶人。庶人不传质为臣，不敢见于诸侯，礼也。"

万章问："不去见诸侯，是什么道理呢？"孟子道："在都邑里（国）居住的，叫做市井之臣；在乡野里居住的，叫做草莽之臣：都是庶人百姓。庶人百姓，不应把贽（质）见的礼物，自通（传）于诸侯，而自以为臣，既不是臣，就不敢谒见诸侯，这是合乎礼的。"

万章曰："庶人召之役，则往役。君欲见之，召之则不往见之，何也？"曰："往役，义也。往见，不义也。且君之欲见之也，何为也哉？"

万章道："君主用命令召庶人充工役，则庶人去做工役。君主平时要见庶人，特地召他，又不去见君主，这是什么道理呢？”孟子道：“去做工役，是应该的。去见君主，是不应该的。而且君主要召见庶人，究竟为什么呢？”

曰：“为其多闻也。为其贤也。”曰：“为其多闻也，则天子不召师，而况诸侯乎？为其贤也，则吾未闻欲见贤而召之也。缪公亟*见于子思，曰：‘古千乘之国以友士，何如？’子思不悦，曰：‘古之人有言曰：“事之云乎！岂曰友之云乎？”’子思之不悦也，岂不曰，‘以位，则子君也，我臣也，何敢与君友也？‘以德，则子事我者也’，奚可以与我友？千乘之君，求与之友而不可得也，而况可召与*！

亟，读如器。与，作欤。

万章答孟子道：“君主之要见庶人，因为他多见闻，因为他有贤德也。”孟子道：“既为他多见闻，是要请教他了。那么天子尚且不敢召师，何况是诸侯呢？若是因为他有贤德，那么，我没有听说过要见贤德的人，而用命令去召他来的。从前鲁缪公屡次去见子思，他对子思道：‘古时候有千乘国家的君主，要和士人做朋友，怎么办呢？’子思不高兴起来，说道：‘古人有一句话，说遇到了贤人，以师礼事他就是了！岂能说和他做朋友呢？’子思之所以不高兴，他的意思岂不是说，‘以爵位论，则你是君上，我是臣下’，我哪里敢与你做朋友呢？‘若以道德而论，则你是应该来师事我的’，哪里好与我做朋友呢？像缪公以千乘的国君，求与子思做个朋友而不可得，何况可以召他呢！”

“齐景公田，招虞人以旌，不至，将杀之。志士不忘在沟壑，勇士不忘丧其元，孔子奚取焉？取非其招不往也。”

此节亦孟子的话，已见于《滕文公篇》，不重述。

曰：“敢问招虞人，何以？”曰：“以皮冠。庶人以旃，士以旂，大夫以

旌。以大夫之招招虞人，虞人死不敢往；以士之招招庶人，庶人岂敢往哉？况乎以不贤人之招招贤人乎！欲见贤人而不以其道，犹欲其入而闭之门也。夫*义，路也。礼，门也。惟君子能由是路，出入是门也。《诗》云：'周道如底，其直如矢，君子所履，小人所视。'"

夫，音扶。

万章问："国君招虞人（掌山泽苑囿之官），该用什么东西呢？"孟子道："国君招虞人用皮帽，招庶人用帛（旃），招士用旗，招大夫用旗竿上的旌。当时齐景公以招大夫的旌，去招虞人，虞人虽然死，也不敢去见景公。若以士的招去招庶人，庶人岂敢去呢？何况用不是贤人的招，去招贤人呢！国君要见贤人，而不用应该的道理，犹之乎要他进房屋里来，却把门关闭起来也。义呢，是一条路；礼呢，是一扇门。只有君子能走这条路，进出这扇门。《诗经·小雅·大东篇》上说的：'通（周，通也）行的大道，如同磨过的石头（底同砥）那样平，它又如放出去的箭那样直。这是君子的脚步所履，而小人所视以为法的。'"

万章曰："孔子'君命召，不俟驾而行'，然则孔子非与？"曰："孔子当仕有官职，而以其官召之也。"

与，作欤。

万章又问："孔子说过的，'一听得君的命令来召，不等到马驾好车子，就应该步行去见君上'，这样说，孔子错了吗？"孟子道："孔子那时候正在做官，有官的职务，当时国君因他有官职而召他的。"此言孔子并没有不对的地方。

（问） 何谓义，路也；礼，门也？

（研究）士人不做官，不应求见君主，以此可见士之操守；此与后世到处钻营，以得进见为荣的，正绝对相反也。

孟子谓万章曰:“一乡之善士,斯友一乡之善士。一国之善士,斯友一国之善士。天下之善士,斯友天下之善士。以友天下之善士为未足,又尚论古之人,颂其诗,读其书,不知其人可乎,是以论其世也,是尚友也。”

此章言自己是什么样的人,才可以与什么样的人为友,自一乡推至一国天下,都是一样。甚至友了天下之善士,尚以为不足,又须上(尚)论古之人,诵(颂)古人之诗,读古人之书,不知古人的为人,可以吗?所以又要考论他的时代,这样就可以上友古之人了,那便叫做尚友。

(问) 何谓尚论古之人?

(研究)志气高大的人,往往看不起同时的人士,如此,则惟有于书史中寻求古人而友之。

齐宣王问卿。孟子曰:“王,何卿之问也?”王曰:“卿不同乎?”曰:“不同。有贵戚之卿,有异姓之卿。”王曰:“请问贵戚之卿。”曰:“君有大过则谏,反复之而不听,则易位。”王勃然变乎色。曰:“王勿异也。王问臣,臣不敢不以正对。”王色定。然后请问异姓之卿。曰:“君有过则谏,反复之而不听,则去。”

卿是一国中最大的官。齐宣王问孟子:卿的行为,应该怎样?孟子道:“王问哪一种卿呢?”王道:“卿有不同的吗?”孟子道:“不同。有与国君有亲族关系的,叫贵戚之卿。有与国君不同姓的,叫异姓之卿。”王道:“请问贵戚之卿是怎样的?”孟子道:“国君有了大过失,就要去谏他。反反复复地谏他,而不听,就可以把国君逐去,另选一个善良的族人,来登君位。”王听了这话,又怒又惊,突然变了神色。孟子又道:“王不用怪异,因为王来问臣,臣不敢不用正经的话来回答王。"王听了这话，神色略定，然后再请问异姓之卿。孟子道："若异姓之卿，君有过失，也就去谏他。反反复复地谏他而仍旧不听，则为卿的，惟有离开这个国，不再做官。"

（问） 贵戚之卿，何以谏之不听则易位呢？

（研究）国君如犯了大过失，将使祖宗传下来的国家丧亡，那么，为贵戚之卿者，自然可以废易君位，例如汉代霍光之废昌邑王，即是一例。

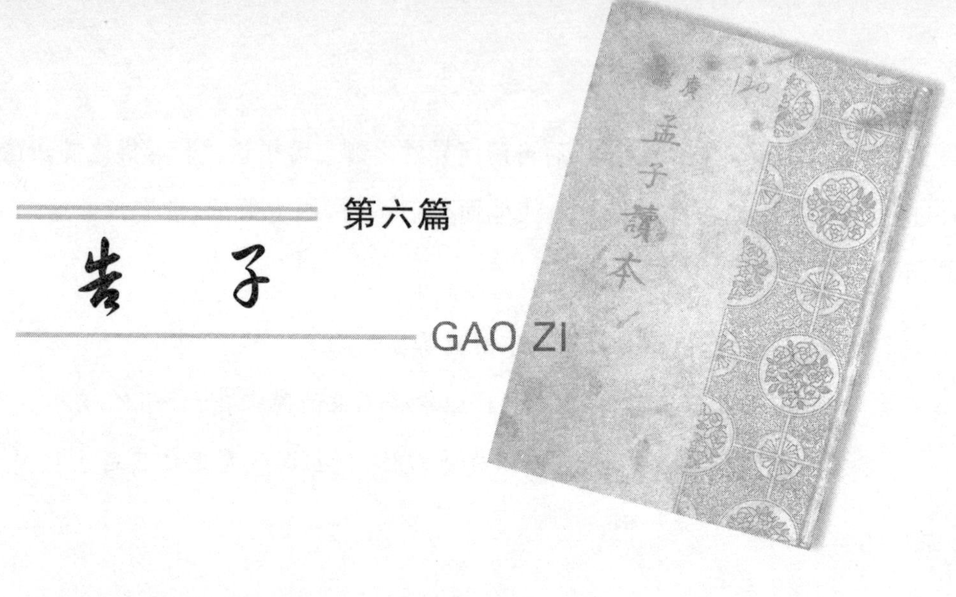

第六篇

告子

GAO ZI

告子曰:“性,犹杞柳也。义,犹桮*棬*也。以人性为仁义,犹以杞柳为桮棬。”孟子曰:“子能顺杞柳之性而以为桮棬乎?将戕*贼杞柳而后以为桮棬也?如将戕贼杞柳而以为桮棬,则亦将戕贼人以为仁义与*?率天下之人而祸仁义者,必子之言夫*!”

桮,音杯。棬,音圈。戕,音墙。与,作欤。夫,音扶。

杞柳,是一种落叶灌木,山东、河北等处尤多。桮棬,是一种屈木所制的器具,如杯盘之类。告子言人的性质,出于自然生成,犹如杞柳,也是自然生成的。而义呢,则有如杯盘,是人工制成的。若要使人性做仁义的事情,有如把杞柳制成杯盘,非加人工不可。戕贼,犹言残害。孟子以告子之言为不然,故辟之曰:“你能够顺着杞柳的本性去制杯盘吗?还是用刀斧残害了杞柳,然后去制成杯盘呢?如果一定要残害了杞柳去制成杯盘,难道也要残害了人的本性去做仁义的事情吗?率领天下的人,都去残害仁义的,一定是你的这种理论了!”这章的意思，是孟子以仁义为人性所固有，不必像以刀斧去制杯盘那样勉强造成也。

（问） 何谓戕贼人以为仁义？

（研究）孟子主张性善，如恻隐、羞恶、辞让、是非之心，皆人所固有。若承认人为仁义，有如木头制器，非加残害不可，这便是说人类没有善性，大家都将去做恶事了。

告子曰："性，犹湍* 水也。决诸东方则东流，决诸西方则西流。人性之无分于善不善也，犹水之无分于东西也。"孟子曰："水信无分于东西；无分于上下乎？人性之善也，犹水之就下也！人无有不善，水无有不下。今夫水，搏而跃之，可使过颡；激而行之，可使在山，是岂水之性哉？其势则然也。人之可使为不善，其性亦犹是也。"

湍，音 tuān。

湍水，波流潆洄的水也。告子又说："人的本性，犹如湍水，决它向东则东流，决它向西则西流。人的本性，本来分不出什么善和什么不善，犹如水流不分东西也。"孟子道："水的确是分不出东西的，难道分不出上下吗？人的本性是善的，犹水的必定向下流去。所以人无有不善，水无有不向下流去的。现在假使击水，叫它溅起来，可使它高过人的额头。又假使阻遏水势，使其倒流，可使它流到山上去。这些难道是水的本性吗？它是因为迫于势而这样的。一个人可以驱使他做不善的事情，也犹如这个一样，被迫而然，并非本性也。"

（问） 告子言人性犹湍水，其说如何？

（研究）孟子主张性善，所以用水之就下，比人性之本善。以为人之所以为不善，由一种外力硬激而成，如搏水可以过颡，激水可使在山是也。

告子曰:“生之谓性。”孟子曰:“生之谓性也,犹白之谓白与*?”曰:“然。”“白羽之白也,犹白雪之白;白雪之白,犹白玉之白与*?”曰:“然。”“然则犬之性,犹牛之性;牛之性,犹人之性与*?”

与,作欤。

告子以为人之性,就是人之知觉运动与生俱来,故曰“生之谓性”也。孟子不以为然,故问告子:“如果说生来的就是性,那么是否犹如白的颜色,都叫它白呢?”告子道:“是的。”孟子道:“白的颜色,都叫它白;如此,白鸟毛之白,犹如白雪之白;白雪之白,犹如白玉之白吗?”告子又道:“是的。”孟子道:“照这样说,那么狗性犹如牛性,牛性犹如人性吗?”这话,告子当然再不能说是的了。

(问) 何谓生之谓性?

(研究)孟子的意思,是说万物虽然都有性,但性各不同。只有人之性与善俱生。

告子曰:“食色,性也。仁,内也,非外也;义,外也,非内也。”孟子曰:“何以谓仁内义外也?”曰:“彼长*而我长之,非有长于我也;犹彼白而我白之,从其白于外也;故谓之外也。”曰:“异于白马之白也,无以

异于白人之白也。不识长马之长也，无以异于长人之长与*？且谓长者义乎？长之者义乎？”

长，音掌。与，作欤。

告子说：“凡人见了美味和美色，总是喜欢的，这是人的本性。仁是内在的东西，不是外在的东西；义是外在的东西，不是内在的东西。”孟子是主张人性皆善的，仁义都是善事，都是一样的，故反问之曰：“何谓仁内义外也？”告子辩道：“譬如我遇见一个年长的人，我尊敬他，是见他年长，并不是内心里先有尊敬之情；就好比白色的东西我认它是白的，是因为它外表是白的一样，所以说义是外在的东西。”孟子听了这话，于是问道：“假使说，白马之白，没有异于白人之白（按朱子《集注》，采张氏曰，上异于二字疑衍），那么，不知怜惜老马与不知尊敬长者，也没有什么不同吗？而且，所谓义，在于长者呢，还是在于尊敬长者的人呢？”孟子的意思便是义不在他的长，而在我的敬他长，到底义也是内在的，不是外在的。

曰：“吾弟则爱之，秦人之弟则不爱也，是以我为悦者也；故谓之内。长楚人之长，亦长吾之长，是以长为悦者也；故谓之外也。”曰：“耆*秦人之炙*，无以异于耆*吾炙*，夫*物则亦有然者也；然则耆炙亦有外与*？”

耆，今作嗜，音自。炙，音只。夫，音扶。与，作欤。

告子又道：“我自己的兄弟则爱他，至于秦国人的兄弟，我就不爱他；因为我的兄弟是我内心所爱的，所以叫做内。至于敬楚国人的长辈，也敬我自己的长辈，是以长辈为主体而言的，所以叫做外。”孟子又驳他道：“一般人喜欢（耆）吃秦人所烤的肉，也喜欢吃自己所烤的肉，两者没有什么不同，事物都有类似的情况。照你的说法,那么,喜欢吃烤肉的心也是外在的吗?”孟子的意思,总是说义也是从内心发出的。这样一来,告子又无言可答了。

(问) 何谓食色性也?

(研究)告子也是战国时一位哲学大家,对于性理很有研究,而旨趣实与孔子“性相近也”相通。但孟子因主张性善之说,要使自己的言论一贯,故不得不有此辩论也。

孟季子问公都子曰:“何以谓义内也?”曰:“行吾敬,故谓之内也。”“乡人长于伯兄一岁,则谁敬?”曰:“敬兄。”“酌则谁先?”曰:“先酌乡人。”“所敬在此,所长在彼,果在外,非由内也。”公都子不能答,以告孟子。孟子曰:“‘敬叔父乎? 敬弟乎?’彼将曰:‘敬叔父。’曰:‘弟为尸,则谁敬?’彼将曰:‘敬弟。’子曰:‘恶* 在其敬叔父也?’彼将曰:‘在位故也。’子亦曰:‘在位故也。庸敬在兄,斯须之敬在乡人。’”季子闻之曰:“敬叔父则敬,敬弟则敬,果在外,非由内也。”公都子曰:“冬日则饮汤,夏日则饮水,然则饮食亦在外也。”

恶,音乌。

孟季子,疑即孟仲子之弟。他听了告子仁内义外之说,也以告子为是,所以问公都子道:“何以说义是内的?”公都子答道:“因为表达我内心的敬意,所以说是内在的。”孟季子又道:“如一个同乡的人,他大于长兄一岁,则应该敬重哪一个?”公都子道:“应该敬长兄。”孟季子道:“请他们两人吃酒,先酌哪一个?”公都子道:“这应该先酌乡人。”孟季子驳道:“所尊敬的在兄(此),却先给年长的乡人(彼)斟酒,照此看来,所谓义者,果然是外在的,而不是从内心发出的了。”公都子听了这话,不能对答,只得去告诉孟子。孟子道:“你只问他:‘一个人敬叔父呢？还是敬弟呢？'他将说道：'敬叔父。'你再问他：'弟在祭祀时作代表神的尸，那么在弟和叔父之间，你将敬谁呢？'他将说道：'敬弟。'你再问他：'这样，怎么说敬叔父呢？'他将说道：'为了在尸位的缘故也。'你也就可以说，'所以敬乡人的缘故，也是为了在位也。'平时（庸）的敬重，是在兄；暂时（斯须）的敬重，是在乡人。"孟季子听了这句话，又说道："敬叔父则这样敬，敬弟则那样敬，这样看来，则所谓义者，果然是在外，不是在内的了！"公都子道："冬日则饮热汤，夏日则饮冷水，照你这样说，则饮食也不是出于本性而是外在的了！"

（问） 孟季子之说如何？

（研究）此章的用意和前章相同，孟子不承认仁内义外之说，以为仁义都是发之于内心的。

公都子曰："告子曰：'性无善无不善也。'或曰：'性可以为善，可以为不善。是故文、武兴则民好善，幽、厉兴则民好暴。'或曰：'有性善，有性不善。是故以尧为君而有象，以瞽瞍为父而有舜，以纣为兄之子，且以为君，而有微子启、王子比干。'今曰性善，然则彼皆非与＊？"

与，作欤。

公都子引告子的话道："一个人的性，无所谓善亦无所谓不善。"又引别人的话道："人的性可以是善，也可以是不善。所以文王、武王兴起来了，则百姓都跟着向善；幽王、厉王兴起来了，则百姓都跟着好暴。"又引别人的话道："人的性有的生来是善的，有的生来是不善的。所以尧帝做了人君，而有象这样的坏人；瞽瞍做了人父，而有纯孝的舜；有纣王这样残暴的侄儿，而且做了人君，而有微子启，王子比干这些善人。"如今说人性是善的，那么，像上面那些人所说的话都不对吗？"按，微子是纣王的庶兄，比干才是纣王的叔父，此处并在一处言，是孟子行文的便利罢了,并非孟子之误。

孟子曰:"乃若其情,则可以为善矣;乃所谓善也。若夫*为不善,非才之罪也。恻隐之心,人皆有之。羞恶*之心,人皆有之。恭敬之心,人皆有之。是非之心,人皆有之。恻隐之心,仁也。羞恶之心,义也。恭敬之心,礼也。是非之心,智也。仁义礼智,非由外铄*我也,我固有之也;弗思耳矣。故曰,求则得之,舍则失之。或相倍蓰*而无算者,不能尽其才者也。

夫,音扶,恶,音污。铄,音烁。蓰,音徙。

才,材质也。铄,如火灼皮肤,从外面爆进去。倍蓰,倍是一倍,蓰是五倍。孟子道:"从人的性情上看,是可以为善的,这就是所说的性善了。""若夫为不善,非才之罪也"者,言若是他之所以为不善者,不是他天生的材质有什么罪过也。意思便是环境造成的。同情心,人人都有;羞耻心,人人都有;恭敬心,人人都有;是非心,人人都有。同情心属于仁,羞耻心属于义,恭敬心属于礼,是非心属于智。这仁义礼智四种美德,不是由外人给与我的,是我本来就有的。"我固有之也。"不过大家弗去想想罢了(弗思耳矣)!所以说,仁义礼智等美德,要人自己去想想而求得的;若把它舍去,不加过问,就失掉了。人的善与不善,其间相去或一倍,或五倍,或无穷者,都是没有发挥他的本能也。

"《诗》云:'天生蒸民,有物有则,民之秉夷,好是懿德。'孔子曰:'为此诗者,其知道乎!'故有物必有则,民之秉夷也,故好是懿德。"

蒸,众也。物,事也。则,法也。夷,常也。懿,美也。言天生众民,有事物必有法则,民众所秉持的常性,都是喜好懿美的道德的。孔子对于此诗,曾加以赞美道:"作此诗的人,他是很知道理的了!"孟子又加以说明道:"所以有了事物,则必有法则,有了民众所秉持的常性,所以就一定喜好美德也。”

(问) 何谓为不善,非才之罪?

(研究)此亦孟子主张性善的一贯理论。然性究竟是善,是不善,孟子以后,如荀卿,如扬雄,如王充,如韩愈,直到现在,还没有正确的定论。看来还是以孔子“性相近,习相远”的说法为最完美。

孟子曰:“富岁子弟多赖,凶岁子弟多暴。非天之降才尔殊也,其所以陷溺其心者然也。今夫*䴵*麦,播种而耰*之,其地同,树之时又同,浡*然而生,至于日至之时,皆熟矣。虽有不同,则地有肥硗*,雨露之养,人事之不齐也。故凡同类者,举相似也。何独至于人而疑之?圣人与我同类者。故龙子曰:‘不知足而为屦,我知其不为蒉也。’屦之相似,天下之足同也。

夫,音扶。䴵,音牟。耰,音忧。浡,同勃。硗,音敲。

赖,善也。䴵麦,大麦也。耰,覆种也,谓农田播种后以土覆之也。浡然,即勃然。硗,瘠薄的土地。屦,麻鞋。蒉,置草的器具。孟子道:“收成好的年份,子弟们因衣食饶足,多知为善。凶荒的年份,子弟们因衣食不足,心里不快,多做强暴的事情。不是天降给各人的材质,有这样的(尔)不同,只因为有饥寒陷溺了他们的心思,所以到了这个地步。现今譬如大麦下了种子后,再盖上一层土,种的地方,是相同的,种植的时候,也是相同的,蓬蓬勃勃地生长起来,到了夏至的时候,自然都成熟了。其间虽然有些不同之处,这是因为地土有肥的,有瘠的;天上的雨露,有下得到的地方,或下不到的地方;更或者人所用的力量,不能齐一的缘故。照此讲来,所以凡是同一种类的东西,都是相像的。那末为什么独独到了人而疑心其不同呢？就是圣人，也是与我同类的。故龙子说道：‘虽然不晓得脚的大小长短而做麻鞋，我知道他决不会做成草器的。’因为麻鞋都是相像的，也就是因为天下人的脚都是相同的。”

“口之于味，有同耆*也。易牙，先得我口之所耆者也。如使口之于味也，其性与人殊，若犬马之与我不同类也，则天下何耆*皆从易牙之于味也？至于味，天下期于易牙，是天下之口相似也。惟耳亦然，至于声，天下期于师旷，是天下之耳相似也。惟目亦然，至于子都，天下莫不知其姣也。不知子都之姣者，无目者也。故曰：口之于味也，有同耆*焉；耳之于声也，有同听焉；目之于色也，有同美焉；至于心，独无所同然乎？心之所同然者，何也？谓理也，义也。圣人先得我心之所同然耳。故理义之悦我心，犹刍豢之悦我口。”

耆，今作嗜。

易牙，古时最善烹调的人。故孟子道：“口之于味，大家都有同样的嗜好。易牙煮的菜，是能先得我口之所嗜好的。如果说人的口味，各各不同，就像犬马的口味与我们人类的口味完全不同一样，那么天下人为什么都嗜好易牙所烹调的滋味呢？讲到口味，天下人都期望着易牙，那就是天下之口相似了。”此外孟子又想到耳嗜听音，人皆期望着师旷。至于色，人人皆想见子都之美丽。可见一切嗜好，都是人人所同的，那么至于心，难道会独有所不同吗？然后他又说出人心之所同然者，究竟是什么。原来便是理和义。圣人之所以为圣人，不过是先明白人心相同的理义罢了。所以理义的悦我心，正像牛羊（刍）犬豕（豢）的悦我口。牛羊食草即刍，所以即称牛羊为刍；犬豕食谷即豢，所以即称犬豕为豢。

（问） 为什么人心有所同然？

(研究)此章正是申说前章人的材质,本来是相同的,所以不同之故,不过是环境造成的,并非人性的本来不同。

孟子曰:"牛山之木尝美矣。以其郊于大国也,斧斤伐之,可以为美乎?是其日夜之所息,雨露之所润,非无萌蘖*之生焉;牛羊又从而牧之,是以若彼濯濯也。人见其濯濯也,以为未尝有材焉,此岂山之性也哉?

蘖,音孽。

牛山,齐国城外的一座大山。它的树木,本来是极其盛美的。因为它在大国国都的郊外,人人拿斧头去砍伐它,还能保全它的盛美吗?它虽然日日夜夜,仍旧生长草木,又有雨露滋润它,不是没有萌芽(蘖)生出来;无奈牧童又把牛羊赶上去吃草并践踏,所以把一座草木盛美的山,弄得一无所有(濯濯)。人家见它没有一些草木,就以为这座山未尝有过材木,这岂是这座山的本性吗?

"虽存乎人者,岂无仁义之心哉?其所以放其良心者,亦犹斧斤之于木也。旦旦而伐之,可以为美乎?其日夜之所息,平旦之气,其好恶*与人相近也者几希;则其旦昼之所为,有梏*亡之矣。梏之反复,则其夜气不足以存;夜气不足以存,则其违禽兽不远矣。人见其禽兽也,而以为未尝有材焉者,是岂人之情也哉?

恶,音污。梏,音梏。

上节说山,实是以山比人,此节就说人了。人的情况,也是和山的固有草木一样的,岂会没有仁义的心呢?这仁义的心,就是人的良心。人之所以丧失良心的缘故,亦犹斧头之于树木,一天一天地砍伐,怎么还能够盛美呢?人心日夜发出善念，当天初明时，他的清明气质，他的好恶，也有一些与贤人相近了。然而，一到第二天，他的所作所为，又将他的良心搅乱了，亡失了。这样反反复复，久而久之，夜里生发出的那一点清明气质也就不存在了；清明气质既不存在，他与禽兽也就相差不远了。人家见他是与禽兽一样了，便以为他未尝有过做人的材质，这个，岂是人的本来情性吗？

“故苟得其养，无物不长；苟失其养，无物不消。孔子曰：‘操则存，舍则亡。出入无时，莫知其乡。’惟心之谓与*？”

与，作欤。

此是上两节的总评。言人与牛山一样，如果能够得到好好的培养，没有什么东西不会长大的，人就可以成为盛德的君子，牛山也可以成为盛美的风景。如果失了好好的培养呢，没有一物不会消失的。人自然也要成禽兽，而牛山便会荒芜了。孟子说了这话，又用孔子的话来引证。操，持也，即得其养；舍，即失其养。孔子说：“把持着它，它就存留着，放掉了它，它就亡失。它的出与进是没有时候的，而且也不知道它的归宿地在哪里。”这就是指着人心所说的一句话了。

（问） 何谓得养？何谓失养？

（研究）此章言人与物一样的道理，都非修养不可。也就是人性本善，其不善者，都因为不加修养，为物欲所蔽之故。

孟子曰：“无或*乎王之不智也。虽有天下易生之物也，一日暴*之，十日寒之，未有能生者也。吾见亦罕矣。吾退而寒之者至矣。吾如有萌焉何哉？今夫*弈之为数，小数也；不专心致志，则不得也。弈秋，通国之善弈者也。使弈秋诲二人弈，其一人专心致志，惟弈秋之为

听。一人虽听之，一心以为鸿鹄将至，思援弓缴* 而射* 之；虽与之俱学，弗若之矣。为是其智弗若与* ？曰：非然也。”

或，作惑。暴，作曝。夫，音扶。缴，音灼。射，音社。与，作欤。

战国的君主，多数称王，此言王者，恐怕是指齐王也。“无或乎王之不智也”者，言王的不聪明不足为怪。这是孟子私下议论王的话。大概那时有人怪王不智，而孟子又不帮他忙，所以孟子说了以下的一番话来答他。孟子说，虽然有天下最易生长的东西，假使让它在太阳下晒一日，再让它冷十日，那它当然是不会生长的了。意思是人君近贤人，犹如晒太阳；人君天天近贤人，国家自然会好，假如一日近贤臣，十日不近贤臣，叫他怎样好起来呢！“吾见亦罕矣”者，孟子自言见王甚少也。因此他说：“我一退去，使王受寒冷的佞人就到了。我的话虽然能够使王萌而为善，又有什么用呢？”弈，就是下围棋。弈秋者，古时一个最能下围棋的人，他本来只名秋，后来呼惯了，把弈字加上去，成了他的专名。孟子道：“今说到下棋这个技艺（数），本来是一件小技艺，可是若不专心致志，就得不到下棋的奥妙。如弈秋这人，是通国里擅长下棋的人，假使让弈秋去教诲两个人学棋，其中一人专心致志，只听弈秋的话。另外一人虽然也听着弈秋的话，他心里却以为有一只鸿鹄将要飞来了，想拿了弓，将绳系了箭（缴）去射鸿鹄，心思一分，两人虽然同在学着，而心想射鸿鹄的人，必定不及专心致志的那一个人了。难道因为他的聪明不及另一人吗？当然不是的。”

（问） 弈秋诲二人弈，何以一人成绩不佳？

（研究）此章是孟子说明王之不智的缘故，是不肯多亲近他，听他的话。但也可以推广了说，做人学艺，必须一心，才能有成。若一分心，必至落后。

孟子曰："鱼，我所欲也。熊掌，亦我所欲也。二者不可得兼，舍鱼而取熊掌者也。生，亦我所欲也。义，亦我所欲也。二者不可得兼，舍生而取义者也。生亦我所欲，所欲有甚于生者，故不为苟得也。死亦我所恶*，所恶*有甚于死者，故患有所不辟*也。

恶，音污。辟，今作避。

鱼味固美，熊掌之味亦佳，假使二物并陈，不能都吃，我就只有弃了鱼而吃熊掌了。生命，也是我所要的；义，也是我所要的。到了为生命则顾不得义，为义则顾不得生命，二者不可得兼的时候，我就只有舍掉生命而取义了。生命固然为我所要的，但所要的却更有甚于生命者，所以这时候，对于生命，不期望苟且获得。至于死亡，也是我所厌恶的，但是还有比死亡更为我所厌恶的，所以有的祸患我并不躲避。

"如使人之所欲，莫甚于生，则凡可以得生者，何不用也？使人之所恶*，莫甚于死者，则凡可以辟*患者，何不为也？由是则生而有不用也，由是则可以辟*患而有不为也。是故所欲有甚于生者，所恶*有甚于死者，非独贤者有是心也，人皆有之，贤者能勿丧耳。

恶，音污。辟，今作避。

此节承上节，为更深一层的说法。言如若人所有的欲望，莫有更甚于生命；那么，凡可以得到生命的事情，为什么不去用力呢？假使人的厌恶，莫有更甚于死亡者，那么，凡可以避免祸患的事情，为什么不去做呢？然而，有人明知这样可以保全生命而不为，明知这样可以避免祸患而不为，由此可知，有比生命更为人所珍爱的东西，有比死亡更为人所厌恶的东西。这种心并非贤人所独有，人皆有之，不过贤人能保持勿失罢了。

“一箪食*，一豆羹，得之则生，弗得则死。嘑*尔而与之，行道之人弗受；蹴*尔而与之，乞人不屑也。万钟，则不辨礼义而受之，万钟于我何加焉？为宫室之美，妻妾之奉，所识穷乏者得我与*？乡*为身死而不受，今为宫室之美为之；乡*为身死而不受，今为妻妾之奉为之；乡*为身死而不受，今为所识穷乏者得我而为之：是亦不可以已乎？此之谓失其本心。”

食，音寺。嘑，今作呼。蹴，音促。与，作欤。乡，作响，亦作向。

一箪食，一筐饭。一豆羹，一木碗的羹。饥饿的人对于这些东西，得之则生，弗得则死，这是人人所晓得的。假使将这饭这羹，大声呼了一个人的名字说：某某人，你来吃了这些东西吧，这样，就是走路的人也是不愿意领受的。假使更甚一步，把这些东西放在地下，用脚蹴过去给人家，就是叫化子也不屑领受的。这是说，人皆有羞恶之心，就是饿死，也不肯受无礼的待遇。扩而充之，万钟的厚禄，如果不辨其礼义就受了下来，万钟之禄虽厚，于我有什么益处呢？难道说为了所住的房屋的华美，三妻四妾的侍奉我，而我所识的穷乏朋友可以得些我的恩惠，我就不辨礼义，受此厚禄吗？我在以前（乡），因为知耻，情愿忍着冻饿，至死而不肯受人无礼的待遇，今则为了房屋的华美，妻妾的侍奉，所识的穷乏朋友可以得些我的恩惠，而竟受了，这样的事情，难道竟不可以作罢吗？这个，可以说是失了他的本心了。钟是容量名，六斗四升为釜，十釜为钟。

（问）　何谓失其本心？

（研究）此章的主要点，便是舍生取义四字，也便是孟子一生的着意处。

孟子曰："仁，人心也。义，人路也。舍其路而弗由，放其心而不知求，哀哉！人有鸡犬放，则知求之；有放心而不知求。学问之道无他，求其放心而已矣！"

仁，是人人固有的爱人之心，故曰人心。义，是人生该走的正路，故曰人路。舍弃了正路而不走，丧失了良心而不知道找回来，真是可悲呀！人走失了鸡犬，尚晓得去寻找，丧失了良心，却不晓得去找回来。学问之道没有别的，就是把那丧失的良心找回来罢了。

（问） 何谓求放心？

（自省）我能求放心吗？

孟子曰："今有无名之指，屈而不信*，非疾痛害事也。如有能信*之者，则不远秦、楚之路，为指之不若人也。指不若人，则知恶*之。心不若人，则不知恶*，此之谓不知类也。"

信，今作伸。恶，音污。

假使人的无名指，弯曲着不会伸直，既没有病痛，也不碍于做事，这样，听由它弯曲着，也没有什么要紧。可是如果有人能把这无名指伸直，那么这个人一定会不怕如秦国和楚国那样的远路，而去求治的，这是为了无名指的不如人，终究是一件羞耻之事，总要想治好了才罢。现在人为了一个手指不如人，心里便很厌恶，自己的心邪曲着不能做正经的事情，也是不如人，则不知道厌恶，这个就可以叫做不懂轻重(类)了。

（问） 何谓不知类？

(自省)我对自己邪曲的心与弯曲的指,感想如何?

孟子曰:"拱把之桐梓*,人苟欲生之,皆知所以养之者。至于身,而不知所以养之者,岂爱身不若桐梓哉?弗思甚也。"

梓,音子。

两只手围拢来叫拱,一只握拢来叫把。这样大的桐树梓树,人如果要它长起来,都晓得培养它的道理。至于自己的身子,倒不晓得培养它的道理,难道是爱身子不及爱桐梓吗?实在是太不愿动脑筋的缘故。

(问) 何谓养身?

(自省)我能想得到养身的道理吗?

孟子曰:"人之于身也,兼所爱;兼所爱,则兼所养也。无尺寸之肤不爱焉,则无尺寸之肤不养也。所以考其善不善者,岂有他哉?于己取之而已矣。体有贵贱,有小大。无以小害大,无以贱害贵。养其小者为小人,养其大者为大人。今有场师,舍其梧槚,养其樲棘,则为贱场师焉。养其一指,而失其肩背而不知也,则为狼疾人也。饮食之人,则人贱之矣,为其养小以失大也。饮食之人,无有失也,则口腹岂适为尺寸之肤哉?"

此言人于自己的一身,无有不爱,故对于一身中之耳目手足等,都兼而爱之。兼爱之,则兼养之,无有尺寸的体肤是不爱的,所以也无有尺寸的体肤是不养的。然考究一个人的所养,有善有不善,岂有其他的法子呢?也只是看他注重的是身体的哪个部分罢了。人的众体,有贵贱小大的分别,如心脑,则为一体中之贵者大者,口腹则为贱者小者。人既爱养其身体,不可只爱养其贱者小者，以害其贵者大者。故养其小者，就是小人；养其大者，就是君子。场师，管理场圃之师。梧，梧桐。槚，梓树，是有用的大木。樲棘，是一种小枣树，无材料可取者。假使有个场师对于树木，舍弃梧槚有用之树，而培养小枣无用之树，则为无知识的糟糕场师了。同样，假使一个人对于自己的身体，只养了一指，而失了肩背而自己不知其轻重，这样，就是一个糊涂人了。只知饮食的人，便是专顾口腹，不知仁义之重要，大家是要看轻他的，因为他养了小的而损失了大的也。如果既顾口腹又不失道德修养，那么口腹之欲岂仅是为了那尺寸之肤吗？

（问） 何谓以小害大？以贱害贵？

（研究）此言养身当知所重。但是也就可以说，不论应付什么事情，总要权其轻重，不要贪小失大。

公都子问曰："钧*是人也，或为大人，或为小人，何也？"孟子曰："从其大体为大人，从其小体为小人。"曰："钧*是人也，或从其大体，或从其小体，何也？"曰："耳目之官不思，而蔽于物；物交物，则引之而已矣。心之官则思；思则得之，不思则不得也。此天之所与我者。先立乎其大者，则其小者不能夺也。此为大人而已矣。"

钧，今作均。

此章所说大人，犹言君子。大体，心思礼义。小体，纵恣情欲。公都子问："同样是人，有的是君子，有的是小人，这是何故呢？"孟子道："能够从大体着想的，则为君子。只知从小体着想的，则为小人。"公都子又问："同样是人，有的从大体着想，有的从小体着想，又是何故呢？"孟子道："人身上耳目，这些器官是不会思想的；因为它们不会思想，所以见了物即动嗜欲，为嗜欲所遮蔽。如此，则耳目也成了一物。以物交接于外来之事物，自然被外来之事物引去了。只有心这器官，是能思想的；能思想，则能得到善处；不思想，就不能得到善处。耳目与心，都是天之所给予我的。我只要先把大的心立定，则小的耳目就不会被什么所夺了。这样就是君子了！”

（问） 何谓大体？何谓小体？

（研究）此章言人之为善为恶，全在心去思想；若凭耳目，则耳只知嗜声，目只知爱色，无心作主，则人必堕落矣。

孟子曰：“有天爵者，有人爵者。仁义忠信，乐善不倦，此天爵也。公卿大夫，此人爵也。古之人，修其天爵而人爵从之。今之人，修其天爵以要人爵，既得人爵而弃其天爵，则惑之甚者也，终亦必亡而已矣。”

天爵者，出于自己的修炼，能够仁义忠信，乐善不倦，自然为人所尊也。人爵者，由人给予之官职，如公卿大夫是也。“古之人，修其天爵而人爵从之”者，言古时候的人，只要把自己的道德修好，虽然不求官做，却就有人给他官做。“今之人修其天爵”云云者，言“现今的人，把道德修好，目的只在要求做官，等到做了官，就把道德丢掉了，这样做人，真是糊涂透顶了（惑之甚者也），终究要弄到官爵亡失而罢的。”

（问） 何谓既得人爵，弃其天爵？

（研究）人性虽善，然因万恶社会之引诱，往往失去善性。而官场则蝇营狗苟，卑鄙龌龊，尤甚于他界。所以高洁之士，多愿做隐士而不肯做官，亦所以保全其天爵也。

孟子曰：“欲贵者，人之同心也。人人有贵于己者，弗思耳！人之

所贵者，非良贵也；赵孟之所贵，赵孟能贱之。《诗》云：‘既醉以酒，既饱以德，’言饱乎仁义也；所以不愿人之膏粱之味也。令闻* 广誉施于身，所以不愿人之文绣也。”

闻，去声。

欲贵，即做公卿大夫的官，是人人所同想的，故曰，同心也。“人人有贵于己者，弗思耳”者，言人人都有比公卿大夫还要贵重的爵位，即天爵，在自己的身上，不过不去想罢了。别人所给你的贵，不是真正本来的贵也。赵孟，是晋国有势力的贵族，他能给人做官，使你贵，也能夺人的官，使你贱。《诗经》上《大雅·既醉》之篇说：“既醉以酒，既饱以德。”既将酒饮醉，又将德吃饱，这是什么意思呢？就是言做人将仁义饱满在身也，有了仁义所以不愿人家给我吃膏粱的美味了。“令闻广誉”者，是说好名声、大名誉。只要有好大的声誉在我身上，所以就不愿人家给我华美的绣服了。

（问） 何谓赵孟能贵之？赵孟能贱之？

（研究）此章言人家给予的官爵，是靠不住的。全在自己做人，做得不错，乃能立足于社会。

孟子曰：“仁之胜不仁也，犹水胜火。今之为仁者，犹以一杯水，救一车薪之火也。不熄，则谓之水不胜火。此又与于不仁之甚者也，亦终必亡而已矣。”

仁者能互助，故力众而强。不仁者不能互助，故力孤而弱。所以如以水浇火，必能灭火也。但现在自命为仁者，其实与不仁者相去无几，好像用一杯的水，去浇一车子上烧着的柴薪，自然是浇不熄火的。等到浇不熄火，就说这是水到底不能胜火。这种人的行为，真是大大地帮助（与）了不仁的行为，其结果也终将是灭亡罢了。

(问) 何谓水不胜火?

(研究)此言自己不知仁之不足,只因为敌不过不仁,遂以为不仁是不错的,这种人的结果,也必和不仁一般,而归于灭亡。

孟子曰:"五谷者,种之美者也。苟为不熟,不如荑稗。夫*仁,亦在乎熟之而已矣。"

夫,音扶。

荑稗,像五谷的两种野草。言五谷虽然是美种,然必须成熟,乃有益于人食。倘若不成熟,反不如野草之可以另有用处。所以为仁,须使仁成熟,始有益也。

(问) 何谓不熟?

(研究)人欲为仁,必须做到底。不可今日为仁,明日即不为仁。否则伪君子真有些不及真小人了。

孟子曰:"羿之教人射,必志于彀*,学者亦必志于彀*。大匠诲人,必以规矩,学者亦必以规矩。"

彀,音遘。

羿,古时善于射箭的人。彀者,弓开满也。言羿教人射箭,必须专心于把弓开满,学的人亦然。大匠教人制器,必须要用制圆的规、制方的矩;学的人亦然。

(问) 何谓必志于彀?

(研究)此章言学射箭,或匠人制器,必先有一种规则。人学圣贤,也必须以仁义为规则也。

任人有问屋庐子曰:"礼与食孰重?"曰:"礼重。""色与礼孰重?"曰:"礼重。"曰:"以礼食,则饥而死;不以礼食,则得食;必以礼乎?亲迎,则不得妻,不亲迎,则得妻,必亲迎乎?"屋庐子不能对,明日之邹,以告孟子。孟子曰:"于答是也何有?不揣其本,而齐其末,方寸之木,可使高于岑楼。金重于羽者,岂谓一钩金与一舆羽之谓哉!"

任,国名。任人者,一个任国的人。屋庐子,名连,孟子弟子。"礼与食孰重"者,任人问人间所行的礼与吃的食,哪一样重要也。屋庐子答道:"自然是礼重。"任人又问:"人都好色,以色比礼,哪一样重呢?"屋庐子又道:"自然是礼重。"任人驳道:"假使一个人按礼而吃饭,则必饥饿而死。若不按礼而吃饭,就有饭吃,两件事比起来,难道一定要按礼吗?还有,娶妻以亲迎为礼,而现在大家废礼不讲。假使一个人想按礼亲迎,就不能得妻,不按礼亲迎,倒可以得妻,那么两件事比较起来,难道一定要亲迎吗?"任人的话,实在也有相当的道理在内,所以屋庐子不能对答,只好明日到邹国去将这话告知孟子。孟子道:"于答是也何有?"言要对答这句话,有什么难呢?接着便道:"假使不探究(揣)它的根本而专说它的末节,那末一方寸的木头,若放在高处,可使它比尖顶(岑)的高楼还高。又如金子是重于鸟羽的,难道说可以拿几钱金子去同一车(舆)的鸟羽相比吗?"意思是凡事凡物的真价值是一定的,不能因事物的作用有些变化,便否定了事物的真价值。

"取食之重者,与礼之轻者而比之,奚翅* 食重?取色之重者,与礼之轻者而比之,奚翅* 色重?"

翅与啻同,音亦同。

此节即解释上文本末的道理。言拿了得食则生,不得食则死的食之重要,去比可以守，可以不守的礼之轻便，哪里只单单（奚啻）食重而已，这时简直用不到礼。同样，拿了色的重要地方，去比礼的轻便地方，自然不但色重，而且不必按礼了。

“往应之曰：‘紾 * 兄之臂而夺之食，则得食。不紾 * ，则不得食，则将紾 * 之乎？逾东家墙而搂 * 其处子，则得妻。不搂 * ，则不得妻，则将搂 * 之乎？’”

紾，音轸。搂，音娄。

“往应之曰”，是孟子教屋庐子的说法，便是“你去对他说”也。紾者，扭转也。言“扭转了兄的臂膀，把兄手里的食物夺了来自己吃，这样才能得了食。不去扭转兄的臂膀，就不得食，那么就必须扭转兄的臂膀夺食吗？”逾，越过去也。东家墙，东边人家的墙壁也。搂，抱持也。处子，即处女。言“越过东边人家的墙，去搂抱他家的处女，如此，就可以得妻。如不去搂抱，就不能得妻，那么他会去搂抱吗？”这当然是不可以的。虽然食与妻还是重要的，但是得食与得妻的行动，去礼太远，和礼比较起来，礼就重得多了。任人所说的失礼，并不重要也。用上面的话去回答任人，任人自然也会满意了。

（问） 礼与食色，究竟何者为重？

（研究）取礼之轻者，与食色之重者比，自然是礼轻而食色重。取礼之重者与食色之重者比，自然礼尤重于食色。总之，临事量宜，总要权其轻重。根本上总要以礼为先，以食色为后。有时反常，必须是的确应该从权的。

曹交问曰："人皆可以为尧、舜，有诸？"孟子曰："然。""交闻文王十尺，汤九尺，今交九尺四寸以长，食粟而已，如何则可？"曰："奚有于是？亦为之而已矣。有人于此，力不能胜*一匹雏，则为无力人矣。今曰举百钧，则为有力人矣。然则举乌获之任，是亦为乌获而已矣。夫*人岂以不胜为患哉？弗为耳。

胜，平声。夫，音扶。

曹交，曹国君主之弟，其名曰交也。"人皆可以为尧、舜，有诸"，是曹交来问孟子的话，道："人人都可以做尧、舜一样的人，有这道理吗？"孟子道："有的。"曹交又引古圣王来问道："我听得文王身长十尺，汤身长九尺，今我身长有九尺四寸，但只能吃饭，没有别的才德，怎么才可以呢？"孟子答道：做人哪里是讲身子的长短的，故曰"奚有于是"也。"亦为之而已矣"者，言要做尧、舜那样的人，也只要去做就罢了！于是孟子就解释道："有一个人在这里，他的气力不能够拿得起（胜）一只小鸡，必定是没有气力的人了。假使他说他能够拿得起三千斤（一钧三十斤）重的东西，那么他就是有气力的人了。"因为他的不能胜一只雏，是他不肯用力，他说能举百钧，是他肯用力。乌获，是古时的大力士。孟子说，可见得人只要能够做乌获所做的事体，他也就是乌获了。故曰："举乌获之任，是亦为乌获而已矣！"又说："人难道以不胜任为可患的么？实在只是不肯用力罢了。"不肯用力才是可患呢。

“徐行后长者谓之弟*，疾行先长者谓之不弟*。夫*徐行者，岂人所不能哉？所不为也。尧、舜之道，孝弟*而已矣。子服尧之服，诵尧之言，行尧之行*，是尧而已矣。子服桀之服，诵桀之言，行桀之行*，是桀而已矣。”

弟，今作悌。夫，音扶。行，去声。

做人的道理，从孝悌做起。孝悌的事，并没有难处。孟子说：“与长辈同行，只要慢慢地跟在长辈后头，就可以说是悌。跑得快，赶在长辈先头，就可以说是不悌。像这样慢慢地走路，难道是人所不能做的吗？不过他不去做罢了。尧、舜的道理，也没有别的，就是孝悌罢了。你只要穿着尧的衣服，说着尧的言语，行着尧的行为，就是尧了。你若穿着桀的衣服，说着桀的言语，行着桀的行为，就是桀了。”

曰：“交得见于邹君，可以假馆，愿留而受业于门。”曰：“夫*道，若大路然，岂难知哉？人病不求耳。子归而求之，有余师。”

夫，音扶。

曹交听了孟子的说话，大为佩服，因此说：“我要去见见邹国的君主，他若肯借我一间住的馆屋，我情愿留在这里，在先生前做个弟子。”孟子听见他要见邹君，要假馆，有些搭架子，还没有诚意，所以又道：“这所说做人的道理，如一条大路一样。你要走这条路，有什么难于知道呢？一个人只患不自己去探求罢了，假使肯探求的，你归去只把孝悌的道理，实行探求起来，就无异有许多的师法了。”叫他不必住在这里。不过孟子说不必寻先生，只要肯自己探求，那也是实在的。

（问） 何谓道若大路然？

（研究）曹交误以为自己身体，有文王汤一样的长大，而只能吃饭，没有才德，以此为叹。孟子教以就是做尧、舜一样的人，也只要从孝悌做起。做得好，也就是尧、舜，并不在身体的短长。

公孙丑问曰："高子曰：'《小弁*》，小人之诗也。'"孟子曰："何以言之？"曰："怨。"曰："固哉，高叟之为《诗》也！有人于此，越人关*弓而射*之，则己谈笑而道之，无他，疏之也。其兄关弓而射之，则己垂涕泣而道之，无他，戚之也。《小弁》之怨，亲亲也；亲亲，仁也。固矣夫*，高叟之为《诗》也！"

弁，音盘。关，同湾。射，音舍。夫，音扶。

《小弁》，是《诗经·小雅》里的一篇诗名，作者是周幽王太子宜臼的先生，因为幽王得了褒姒，黜后废太子，所以作此诗以叙其哀痛迫切之情。高子，齐人。公孙丑引了高子的话，对孟子说：高子以《小弁》为小人所做的诗。孟子道："这从何处说起呢？"公孙丑又道："因为这篇诗只是怨。"固者，不知变通，固执一种见识也。孟子道："固哉，高叟之为《诗》也。"高叟，即高子，因他年纪大些，故孟子称他高叟。言高子之读诗，只固执一种识见而不知变通也。于是孟子就譬解着说："有一个人在这里，我看见南蛮的越人，弯了弓去射他，我则谈笑地向这越人说着，叫他不要射。为什么如此随便呢？因为本来是疏远的人，由他去犯罪。若是我的兄，弯了弓去射他，则我必哭哭泣泣去劝兄，不要射他了。为什么如此着急呢？因为是自己亲近的人。不愿他去犯罪也。"孟子说了上面的话，于是评论《小弁》这篇诗。"《小弁》之怨，亲亲也；亲亲，仁也"者，言《小弁》诗里的怨苦话，是亲爱他的亲属，亲爱他的亲属，便是仁德。这样说来，这篇诗哪里还是小人之诗呢？因此孟子又道："固矣夫，高叟之为《诗》也。"重说一遍，叹息着高子说《诗》的固执。

曰："《凯风》何以不怨？"曰："《凯风》，亲之过小者也。《小弁》，亲之过大者也。亲之过大而不怨，是愈疏也。亲之过小而怨，是不可矶*也。愈疏，不孝也。不可矶，亦不孝也。孔子曰：'舜其至孝矣，五十而慕！'"

矶，音饥。

《凯风》，《诗经》里《邶风》中的一篇诗名，据说是卫有七子之母，不能安其室，七子作此以自责。公孙丑又问："《凯风》何以不怨其母？"孟子乃解释道："《凯风》，因为其亲的过失小，所以不怨。《小弁》因为其亲的过失大，所以不得不怨也。"矶，水激石也。孟子接着解释道："亲之过失大了而不知怨，是对亲愈加疏远也。亲之过失小而即生怨，怨会转为怒，那是不可以的，故言"是不可矶也"。愈疏是不孝，为了一些小事便发怒，也是不孝也。"又引孔子的话说："如虞舜，好算是至孝的了，他到了五十岁，还是思慕着父母！"

（问） 何谓固哉？

（研究）《小弁》怨亲，《凯风》不怨者，以其亲之事实不同。应怨而不怨，是将其亲当做路人。不应怨而怨，是如水之不能激石，太对不起其亲了。

宋牼*将之楚，孟子遇于石丘。曰："先生将何之？"曰："吾闻秦、楚构兵，我将见楚王说*而罢之。楚王不悦，我将见秦王说而罢之。二王，我将有所遇焉。"

牼，音铿。说，音税。

宋牼，是姓宋名牼的一个人。他将要到楚国去，孟子和他相遇于石丘。孟子问他："先生将到哪里去？"宋牼道："我听得秦国和楚国要打仗（构兵）了！我将要去见楚王，说服他不要打仗，把兵事罢了。若楚王不喜欢我的话，我将要去见秦王，说服他不要打仗，把兵事罢了。这两方面，我总有一方面碰得着机会的。"故云。

曰："轲也，请无问其详，愿闻其指：说之将何如？"曰："我将言其不利也。"曰："先生之志则大矣，先生之号则不可。先生以利说秦、楚之王，秦、楚之王悦于利以罢三军之师，是三军之士乐罢而悦于利也。为人臣者，怀利以事其君；为人子者，怀利以事其父；为人弟者，怀利以事其兄，是君臣、父子、兄弟终去仁义怀利以相接。然而不亡者，未之有也。先生以仁义说秦、楚之王，秦、楚之王，悦于仁义而罢三军之师，是三军之士乐罢而悦于仁义也。为人臣者，怀仁义以事其君；为人子者，怀仁义以事其父；为人弟者，怀仁义以事其兄，是君臣、父子、兄弟去利怀仁义以相接也。然而不王*者，未之有也。何必曰利！"

王，去声。

此章与第一章孟子见梁惠王同一意思。故末句，也以"何必曰利"作结。"请无问其详，愿闻其指"者，孟子自言，我孟轲不要问你详细的情形，只愿听听你的大旨。指与旨同。你去说他们，将怎样说法呢？故曰："说之将何如？"宋牼道："我将说打仗是不利的事情。"孟子又道："先生所存的志趣是大的了，先生所用的名义（号）却是不可以的。"盖此所谓号者，即持以说秦、楚之王，以不利为名义也。孟子接着道："先生持了利不利之说，去说秦、楚之王，秦、楚之王，因为喜欢有利，遂罢了三军的兵队，这样，三军的兵士所乐而罢兵者，为喜欢于自己有利罢了。于是为人臣者，只怀着利的思想，去事他的君；为人子者，只怀着利的思想，去事他的父；为人弟者，只怀着利的思想，去事他的兄，这样，是使君臣、父子、兄弟终必去掉仁义，只怀着利以相交接了：如此而不灭亡者，真是不会有的！先生如以仁义之说，去说秦、楚之王，秦、楚之王喜欢了仁义而遂罢三军的兵队，这样，三军的兵士所乐而罢兵者，是喜欢于仁义了。于是为人臣者，怀着仁义去事他的君；为人子者，怀着仁义，去事他的父；为人弟者，怀着仁义，去事他的兄，这样，是君臣、父子、兄弟都去掉利而怀着仁义以相交接了：此而不王天下者，也是不会有的。总而言之，何必曰利呢。"

（问） 怀与去，是何意义？

（研究）孟子之时，正合纵连横盛行的时代，宋牼说秦、楚罢兵，也是这一派的话头，故孟子反对之，以为不如仁义之为美也。

孟子居邹，季任为任处*守，以币交，受之而不报。处于平陆，储子为相，以币交，受之而不报。他日由邹之任，见季子。由平陆之齐，不见储子。屋庐子喜曰："连得间*矣。"问曰："夫子之任见季子，之齐不见储子，为其为相与*？"曰："非也。《书》曰：'享多仪，仪不及物曰不享，惟不役志于享。'为其不成享也。"屋庐子悦。或问之。屋庐子曰："季子不得之邹，储子得之平陆。"

处，上声。间，去声。与，作欤。

季任，任君之弟。任，薛之同姓小国。储子，齐相也。孟子住在邹国的时候，季任为任居（处）守，以币帛来交结孟子，孟子受了他的币帛，不去报答他。孟子住平陆的时候，储子时为齐相，也以币帛来交结孟子，孟子也受了不去报他。后来有一日，孟子从邹到任去，就去见见季子。又一次，从平陆到齐去，却不去见储子。屋庐子见了这情形，欢喜道："我有机会去问问他一见一不见的道理了。"因问孟子道："夫子到任就见季子，到齐却不见储子，因为储子是为相的缘故吗？"孟子道："不是的。""享多仪，仪不及物曰不享，惟不役志于享，"是《书经》里《周书·洛诰》之篇的文句。享者，朱注曰："享，奉上也。仪，礼也。物，币也。役，用也。言虽享而礼意不及其币，则是不享矣；以其不用志于享故也。"意思是说：送礼（享，奉上）最要紧的（多）是礼仪，假使礼仪少而不及物品之多，就可以叫做没有送礼（不享），因为送礼的人并没有用心于送礼也。如此，也就可以说"为其不成享也，"因为他不成奉上之礼也。屋庐子听见了这道理很喜悦。别人却还不懂，因此有人来"或问"屋庐子，屋庐子道："季子不得之邹，储子得之平陆。"原来季子为君居守，不得往他国以见孟子，则以币交而礼意已备，储子为齐相，可以至齐之境内而不来见，则虽以币交，而礼意不及其物也。所以孟子到任就去见季子，到齐却不去见储子也。

（问） 孟子何以之任见季子，之齐不见储子？

（研究）以币帛为交，无甚礼意，本在可见不可见之间。惟季子有守城责任，自己不来是不能来，应答拜他。储子可来而不来。所以不答拜他也。

淳于髡曰："先名实者，为 * 人也。后名实者，自为 * 也。夫子在三卿之中，名实未加于上下而去之，仁者固如此乎？"孟子曰："居下位，不以贤事不肖者，伯夷也。五就汤，五就桀者，伊尹也。不恶 * 污君，不辞小官者，柳下惠也。三子者不同道，其趋 * 一也。一者何也？曰，仁也。君子亦仁而已矣，何必同？"

为，去声。恶，音污。趋，去声。

名，名望。实，实惠。淳于髡说："以名望实惠为重者，是为他人，就是志在济世救民。以名望实惠为轻者，是为自己，就是志在明哲保身。今你夫子在齐国三卿之中，名望实惠都未建立，上未能辅君王，下未能救臣民，竟自己去了，仁的人，固宜这样吗？"孟子道："居在下位的贤人，不肯服事不肖的人，这是伯夷。五次到汤那里去，又五次到桀那里去的，是伊尹。不厌恶污浊的君主，不因小官而辞去不做的是柳下惠。这三个人，不同在一条道路上做人；至于志趋，却是一样的。一样的是什么？就都是仁。做君子，也只要仁就罢了，何必一定要同呢？"

曰："鲁缪公之时，公仪子为政，子柳、子思为臣，鲁之削也滋甚，若是乎贤者之无益于国也？"曰："虞不用百里奚而亡，秦穆公用之而霸，不用贤则亡，削，何可得与*！"

与，作欤。

公仪子名休，鲁国的宰相。子柳就是泄柳。淳于髡又道："鲁缪公的时候，公仪子施行政治，子柳、子思都做臣子，那时候鲁国的削弱更甚于前，像这样，可见贤人是无益于国家的吧？"孟子道："虞国因不用百里奚而亡，秦穆公用了他而霸，不用贤人，就要亡国，想削弱而不亡国，哪里可得呢！"意思是贤人为政，到底可以使国不亡。削与亡相比，究竟还是小事。

曰："昔者王豹处于淇而河西善讴，绵驹处于高唐而齐右善歌，华周、杞梁之妻善哭其夫而变国俗。有诸内，必形诸外。为其事而无其功者，髡未尝睹之也。是故无贤者也，有则髡必识之。"曰："孔子为鲁司寇，不用。从而祭，燔肉不至，不税*冕而行。不知者以为为*肉

也;其知者以为为* 无礼也。乃孔子则欲以微罪行,不欲为苟去。君子之所为,众人固不识也。"

税,同脱。为,去声。

王豹,卫国人。讴,齐声唱曲。淇,水名。绵驹,齐国人。歌,也是唱曲。高唐,地名,在现在的山东禹城县西南。齐右,齐国西边的地方。华周号还,齐国的大夫,庄公伐莒时战死。杞梁名殖,和华周同为大夫,同时战死。淳于髡说了以上四个人,每个人都有他的擅长。为了他们的擅长,和他们在一起的人,也都变得和他们一样。于是他下断论道:"一个人只要身内有本事,必定能够把这本事表现到外面的。若说做了这件事而没有功效者,我淳于髡却还未尝见过呢。所以大概世界上真的没有贤人,如果有贤人,我淳于髡必定能够识得他的。"孟子道:"孔子做鲁国司寇的官,鲁国不用他的政策。有一天,孔子从鲁君去祭祀,祭祀的熟肉尚未送来,孔子连祭祀时所戴的帽子都来不及脱去就走了。不知道究竟的人以为孔子是为了肉;那些自命知道究竟的人,也只以为孔子为了无礼。不知道孔子早有欲去之心,只想借一件微微的过错而去,不要无故而苟去。所以君子的行为,平常的众人是不能识得的。"

(问) 何谓君子之所为?

(研究)淳于髡以为孟子之离开齐国为无谓。不知孟子自有意义,盖因齐王不能用他,所以不愿留也。孟子顺便也说出批评君子,应该看他的内心,不可单看他外面的举动。孟子又将孔子的离开鲁国来作了证明。

孟子曰:"五霸者,三王之罪人也。今之诸侯,五霸之罪人也。今之大夫,今之诸侯之罪人也。天子适诸侯曰巡狩,诸侯朝* 于天子曰

述职。春省耕而补不足，秋省敛而助不给。入其疆，土地辟*，田野治，养老尊贤，俊杰在位，则有庆；庆以地。入其疆，土地荒芜，遗老失贤，掊克在位，则有让。一不朝*，则贬其爵。再不朝*，则削其地。三不朝*，则六师移之。是故天子讨而不伐，诸侯伐而不讨。五霸者，搂诸侯以伐诸侯者也；故曰，五霸者，三王之罪人也。”

朝，音潮。辟，今作阚。

五霸者，就是春秋时的五个霸主：齐桓公、晋文公、秦穆公、宋襄公、楚庄王。三王者，就是夏禹、商汤、周文武。“天子适诸侯”者，言天子每过十二年到诸侯的国里去考察一次，叫做巡狩。诸侯照礼，每过五年去朝一次天子，称述自己的职务，叫做述职。治国的要务，全在教养人民，在春天要去省察百姓的耕种，而补充他们的不足之处；在秋天要去省察百姓的收成（敛），而资助他们的不够吃，故曰“春省耕而补不足，秋省敛而助不给”也。孟子解释了上面的话以后，又道：“天子入了诸侯的国里（疆），见他土地开辟，田野整理得很好，能够养活老人，尊敬贤士，有才能（俊杰）的人，在位做官，这样，天子就予以奖赏（庆），奖赏以土地。如果天子入了诸侯的国里，土地荒芜得不种稻麦，把老人遗弃不养，贤人失掉不用，只有刮地皮（掊克）的人在位做官，这样，就要责罚（让）。诸侯一次不入朝，把他的官爵贬一级。再不入朝，则割削他的土地。三次不朝，则起了天子的六军去征讨他而另立别人。所以天子只是讨有罪而不是伐人国；诸侯对诸侯的争战，是不应该的，所以只是伐而不讨。像五霸诸人，他是硬拉（搂）了诸侯，去伐别个诸侯的，所以说他们是三王的罪人也。”

“五霸桓公为盛。葵丘之会诸侯，束牲载书而不歃*血。初命曰：‘诛不孝，无易树子，无以妾为妻。’再命曰：‘尊贤育才，以彰有德。’三

命曰：'敬老慈幼，无忘宾旅。'四命曰：'士无世官，官事无摄，取士必得，无专杀大夫。'五命曰：'无曲防，无遏籴*，无有封而不告。'曰：'凡我同盟之人，既盟之后，言归于好。'今之诸侯，皆犯此五禁，故曰，今之诸侯，五霸之罪人也。"

歃，音杀。籴，音狄。

葵丘，春秋时宋国的地名，在现在的河南省考城县。孟子说春秋时的五霸，以齐桓公为最盛。他在葵丘地方，会合诸侯，只把牲畜束缚，上载所盟的书，并不杀那牲畜来歃血。这是因为诸侯都畏服桓公，不必歃血，就已听命了。那盟书的第一条是说："诛不孝"，诛杀不孝的人；"无易树子"，树子，诸侯之嫡长子也，太子已立定，不得擅自变易；"无以妾为妻"，不得以爱幸之妾，立以为正妻。第二条说："贤者当尊敬他，有才能者，当养之于学校，显扬有德行的人。"第三条说："敬重老人，慈爱年幼的人，他国的宾客，羁旅在境内的，不要忘记他，不要使他流落。"第四条说："士人不得世袭职位；做官的专办一事，不得兼摄他职；取士必定要得实在有用的人，不许擅自诛杀大夫。"第五条的"无曲防"者，曲，遍也；防，隄也；言不要到处筑堤，使水不能流入邻国，致邻国不能耕种；"无遏籴"者，言不许邻国来采购粮食，使邻国人民受饿；"无有封而不告"者，言不得有私自封赏，而不告于天子。上述五条，是齐桓公会诸侯的盟约。会盟时读完之后，又说道："凡我们同盟的人，自从既盟之后，大家都要和好。"孟子讲了这些古话之后，又道："现在的诸侯都犯这五条禁令，所以说，现在的诸侯是五霸的罪人。"

"长君之恶其罪小，逢君之恶其罪大。今之大夫，皆逢君之恶，故曰，今之大夫，今之诸侯之罪人也。"

人君有过处，为臣的不能谏止，又顺着他做去，叫做"长君之恶"。人君有过处，为臣的不仅不加谏止，反而曲意逢迎，百般为之辩护，使之愈陷愈深，叫做"逢君之恶"。孟子以为"长君之恶"的罪还小，"逢君之恶"的罪就大了。现在的大夫，都是逢君之恶的，所以说如今的大夫，都是如今的诸侯的罪人。

(问) 何谓罪人？

(研究)周代盛时，天子有权，诸侯都遵从命令。到五霸时，则弱小的诸侯只听从强大诸侯的命令。到战国时，则各自擅为，大夫还有引诱国君做恶事的，所以都是罪人了。

鲁欲使慎子为将军，孟子曰："不教民而用之，谓之殃民。殃民者，不容于尧、舜之世。一战胜齐，遂有南阳，然且不可。"慎子勃然不悦曰："此则滑*厘*所不识也。"

滑，音骨。厘，音离。

慎子，名滑厘。南阳，齐国地名，就是现在山东的邹县。这时鲁国想夺齐国的南阳地方，所以"鲁使慎子为将军"也。孟子道："不先教练百姓，就用他们去当兵，叫做祸害(殃)百姓。祸害百姓的人，是不能容留在尧、舜的时候做人的。"说了这几句话，然后落到本题道："就使打一仗，胜了齐国，遂取得了南阳，还是不可以的。"慎子听了这话，突然变了面貌，不喜欢起来，说道："你这种话，真是我慎滑厘所不懂的了。"

曰："吾明告子：天子之地方千里；不千里，不足以待诸侯。诸侯之地方百里；不百里，不足以守宗庙之典籍。周公之封于鲁，为方百里也；地非不足而俭于百里。太公之封于齐也，亦为方百里也；地非不足也，而俭于百里。今鲁方百里者五，子以为有王者作，则鲁在所损乎？在所益乎？徒取诸彼以与此，然且仁者不为，况于杀人以求之乎？君

子之事君也,务引其君以当道,志于仁而已。”

孟子道:“我明明白白地告诉你:天子的地方,是一千方里;没有一千里,就不足以接待诸侯。诸侯的地方是一百方里,没有一百里,就不足以保守宗庙里的各种典册书籍。周公之封于鲁国也只得一百方里;不是土地不足而只给他百里,实在为了定制的关系。太公之封于齐,也是一百方里地,也不是土地不足而只给他百里,也是为了定制的关系。现在鲁国的地方,已经有一百方里的五倍,你以为有圣王出来,则鲁国的地方还是应该损减些呢?还是应该增益些呢?空手去把那南阳地方来给予鲁国,尚且有仁心的人不肯为,何况还要杀了人去求这地方呢?君子事他的君上,务须引导他的君上做应当的事,一心在于施行仁政就罢了!”

(问) 何谓杀人以求之?

(研究)鲁国弱小,不敌齐国的强大,今使慎子为将军,去攻夺齐国的南阳,未必能得;即使能得,反有不利,故孟子非之。

孟子曰:“今之事君者曰:‘我能为君辟* 土地,充府库。’今之所谓良臣,古之所谓民贼也。君不乡* 道,不志于仁,而求富之,是富桀也。‘我能为君约与国,战必克。’今之所谓良臣,古之所谓民贼也。君不乡* 道,不志于仁,而求为之强战,是辅桀也。由今之道,无变今之俗,虽与之天下,不能一朝居也。”

辟,今作阐。乡,今作向。

良臣,言能干的臣子。民贼,言残害百姓的盗贼。约与国者,交接友好的国家,与之结盟。乡道者,言志向于正道与仁心也。孟子道:“现今的事君主者说:‘我能够为君主开辟土地,充满府库的钱谷。’这种人,就是现今所称的能干的臣子，在古时候就是所称的民贼。君主不肯向着道义，不肯立志行仁政，却还想法子使他富起来，那就等于是让夏桀富起来了。又有人道：'我能够为君主邀结盟国去战敌国，而且必能战胜。'这也是现今所称的能干的臣子，在古时就是所称的民贼。君主不肯向着道义，不肯立志行仁政，却偏要为他用力打仗，那就是去帮助桀了。""由今之道"云云者，言由着现今这样所行的道理，不把现今这种人心风俗去改变改变，纵然给了他天下，也是一天都坐不稳的。

（问） 何谓良臣？何谓民贼？

（研究）此章言当时能干的人，以富强辅助君主，这种方法，虽得天下，也必即亡，如秦即其例也。

白圭曰："吾欲二十而取一，何如？"孟子曰："子之道，貉* 道也。万室之国，一人陶，则可乎？"曰："不可，器不足用也。"曰："夫貉*，五谷不生，惟黍生之。无城郭宫室宗庙祭祀之礼，无诸侯币帛饔飧*，无百官有司，故二十取一而足也。今居中国，去人伦，无君子，如之何其可也？陶以寡，且不可以为国，况无君子乎？欲轻之于尧、舜之道者，大貉小貉也。欲重之于尧、舜之道者，大桀小桀也。"

貉，音陌。飧，音孙。

白圭，名丹，周朝人。他对孟子说："我对于田赋，想要在百姓的收成二十分中，取他一分，你以为怎样？"貉者，北方的一种夷狄。陶是烧窑。孟子道："你的道理，是貉人的道理。譬如一万家人家的一个国度，只叫一个人去烧窑，可以不可以呢？"白圭道："不可以的，因为窑器不够用。"孟子又道："貉人的地方是五谷不生的，只生高粱（黍）。他们没有城郭宫室宗庙祭祀等等的礼节，没有和诸侯用钱财布帛送礼请客饮食等事体，也没有百官吏胥，一切用途都很省，所以二十分取一分，就够用了。现今居在中国，废去人伦，没有君子做官，怎样可以呢？烧窑的人少了，尚且不可以成国家，何况没有治理政事的君子呢？要想轻于尧、舜十分取一的制度的，是大小貉种那样的夷狄。要想重于尧、舜十分取一的制度的，是大小桀王那样的暴君。”

（问） 何谓大貉小貉？大桀小桀？

（研究）尧、舜取人民的田赋，都是十分之一。只有貉种人，政事简陋，生产稀少，可以二十取一。至于夏桀之取田赋，又重于尧、舜了。总之为政应该适得其中，过与不及，都是不对的。

白圭曰：“丹之治水也愈于禹。”孟子曰：“子过矣！禹之治水，水之道也。是故禹以四海为壑。今吾子以邻国为壑。水逆行，谓之洚水；洚水者，洪水也，仁人之所恶*也。吾子过矣！”

恶，音污。

当时有一个国里有水灾，白圭为他们筑了堤，把水挤到邻国去。壑者，低地，贮水的地方。白圭自言：“我丹治水的才能，胜过大禹。”孟子驳道：“你这句话说错了！大禹之治水，是顺着水的性道的。这样，所以他把水疏通到四面海里去贮着，今你把水挤到邻国去，以邻国做了贮水的地方。凡水倒流着的，叫做洚水。洚水，就是大水，是仁心的人，所恶恨的。你今把水挤到邻国，叫邻国的人受祸害，你真是错了！”

（问） 何谓以四海为壑？以邻国为壑？

（研究）白圭治水，只知自己免害，不顾人家受灾，此种人最无仁心，故孟子反复说他错也。

孟子曰:“君子不亮,恶* 乎执?”

恶,音乌。

亮,信也,与谅同意。“君子不亮”者,言君子而没有信用,他凭什么坚持他的操守呢? 故曰“恶乎执”也。

(问) 何谓亮?

(自省)我知亮而实行之否?

鲁欲使乐正子为政。孟子曰:“吾闻之,喜而不寐。”公孙丑曰:“乐正子强乎?”曰:“否。”“有知* 虑乎?”曰:“否。”“多闻识乎?”曰:“否。”“然则奚为喜而不寐?”曰:“其为人也好善。”“好善足乎?”曰:“好善优于天下,而况鲁国乎! 夫* 苟好善,则四海之内,皆将轻千里而来,告之以善。夫* 苟不好善,则人将曰訑* 訑,予既已知之矣。訑訑之声音颜色,距人于千里之外。士止于千里之外,则谗谄面谀之人至矣。与谗谄面谀之人居。国欲治,可得乎?”

知,同智。夫,音扶。訑,音移。

鲁国欲使乐正子去施行政治。孟子道:“我听见了这消息,欢喜得睡不着。”公孙丑问道:“乐正子能干吗?”孟子道:“不是的。”公孙丑道:“有智慧能虑事吗?”孟子道:“不是的。”公孙丑道:“多听得事理,有识见吗?”孟子道:“不是的。”公孙丑道:“那么夫子为什么欢喜得睡不着呢?”孟子道:“他的做人,能够喜好听取善言。”公孙丑道:“喜好听取善言就够了吗?”孟子道:“喜好听取善言就能够治天下,何况一个鲁国呢? 一个人只要喜好听取善言,则四海之内的好人,都将不远千里来告诉他种种善事。若是不喜好听取善言,则别人要说他这个人自以为智(訑訑者,谓自足其智,不嗜善言),种种道理我都晓得了。这种自以为智,不喜听善言的声音颜色，会距（同拒）来告诉他好话的人于千里之外。等到士都止住脚步于千里之外，那么，讲人坏话、当面趋奉的人就到了。与那些讲人坏话、当面趋奉的人，住在一处，国要治理得好，能做到吗？”

（问） 何谓訑訑之声音颜色，距人于千里之外？

（研究）自以为智的人，不肯听受善言，则即有肯助他的人，也远远地避开了他。如此，他面前只有坏人，没有好人，一切事务，都办不成。好善者反是，故曰“优于天下也”。

陈子曰：“古之君子，何如则仕？”孟子曰：“所就三；所去三。迎之致敬以有礼，言将行其言也，则就之。礼貌未衰，言弗行也，则去之。其次：虽未行其言也，迎之致敬以有礼，则就之。礼貌衰，则去之。其下：朝不食，夕不食，饥饿不能出门户，君闻之曰：‘吾大者不能行其道，又不能从其言也，使饥饿于我土地，吾耻之。’周之，亦可受也；免死而已矣。”

陈子，即陈臻。他说：“古时候的君子，怎样才肯做官呢？”孟子道：“所可做官的道理有三项，所不可做官的道理也有三项。人君来迎接他，能尽恭敬之心，又有礼貌，又说将照行他说的言语，就可以就职做官。人君对他的礼貌，虽然还是如前，未尝衰薄，但他的言语不肯照行，就可以去了。次一等的，虽然未能照行他的言语，但来接他，能尽恭敬之心而有礼貌，则可以就职做官。看得礼貌衰薄了，就可去了。下等的，朝起没有饭吃，晚上也没有饭吃，弄得饥饿到不能出门户，人君听得他这个情形，说道：‘我于大的，不能够行他的道理，又不能从他的言语，使他饥饿在我的国土里面，我也觉得惭愧的。’因此，用俸禄周济他，这样，也还可以收受的；不过免得死罢了。”

（问） 古人对于做官有哪三项？

（研究）上说三项，一是上等人的行为，二是中等人的行为，三是平常人的行为。然还不至于有怎样下流的神情，若是蝇营狗苟，那是不齿于人类的，所以孟子不说。

孟子曰："舜发于畎亩之中，傅说* 举于版筑之间，胶鬲举于鱼盐之中，管夷吾举于士，孙叔敖举于海，百里奚举于市。故天将降大任于斯人也，必先苦其心志，劳其筋骨，饿其体肤，空乏其身，行拂乱其所为，所以动心忍性，曾* 益其所不能。人恒过，然后能改。困于心，衡* 于虑，而后作。征于色，发于声，而后喻。入则无法家拂* 士，出则无敌国外患者，国恒亡。然后知生于忧患而死于安乐* 也。"

说，音悦。曾，今作增。衡，同横。拂，同弼。乐，音洛。

舜发于畎亩，言舜从耕田而发达作天子也。傅说商朝人，版筑，是以版夹起，把泥土放进去，舂实，然后筑成墙垣。傅说本来就做这个事，殷王武丁举他出来做官。胶鬲，殷末周初人，贩卖鱼盐等事，文王举他出来做官。管夷吾，即管仲，本囚于狱中，齐桓公举他为相国。孙叔敖，楚国人，隐在海边，楚庄王举他做了令尹。百里奚事，前已见过。孟子说了六个人以后，总结起来道："所以天将要降下大责任于这个人，必定先要困苦他的心志，劳动他的筋骨，饥饿他的身体，使他财用空乏。又使他所行的事，常常不能如愿；这些都是所以激动他的心，忍耐着他的性气，增益他所不能的事情。因为做人，常常因有过处，然后能改而为善。在心上受到了困苦，在思虑方面受到了不顺当，才能够发愤起来做事。看到了别人的面色，听到了别人的声音，然后才明白别人的意思。"总之一个人要历尽了艰辛，经历了人生种种磨难，才会决然有所得。而且不但一个人如此，一个国也是如此。法家者，有法度的大臣。拂士者，辅助的贤士也。敌国外患，谓国家所遇的强敌和外面侵来的患难也。生于忧患，死于安乐者，言一个人或一个国，都要先受过患难，后来用心振作，才能生存下去，安乐了反而易于死亡。孟子道："一个国家，里面没有有法度的大臣，辅助的贤士，外面没有强敌和侵入的患难，则这种国家常常是要弄到灭亡的。看了这种道理，然后知道人是生于忧患，而死于安乐的。"

(问) 何谓天将降大任于斯人？

(研究)凡人与国，往往因安乐而百事废弛，遂至家破国亡。又往往因遇困苦患难而家盛国兴。人不可不以此为鉴也。

孟子曰："教亦多术矣。予不屑之教诲也者，是亦教诲之而已矣。"

术，方法也。不屑，不高兴理人也。孟子言教导人的方法也有许多。我有时不高兴理他而教诲他，也是一种教诲他的方法。

(问) 不屑教诲，何谓是亦教诲？

(研究)人皆应教诲他人为善。但有一种人，教诲他，他不听受；不去理他，他反能自己想想，何以人不理我，因此而改为善人。所以这也是一种教诲人的方法。

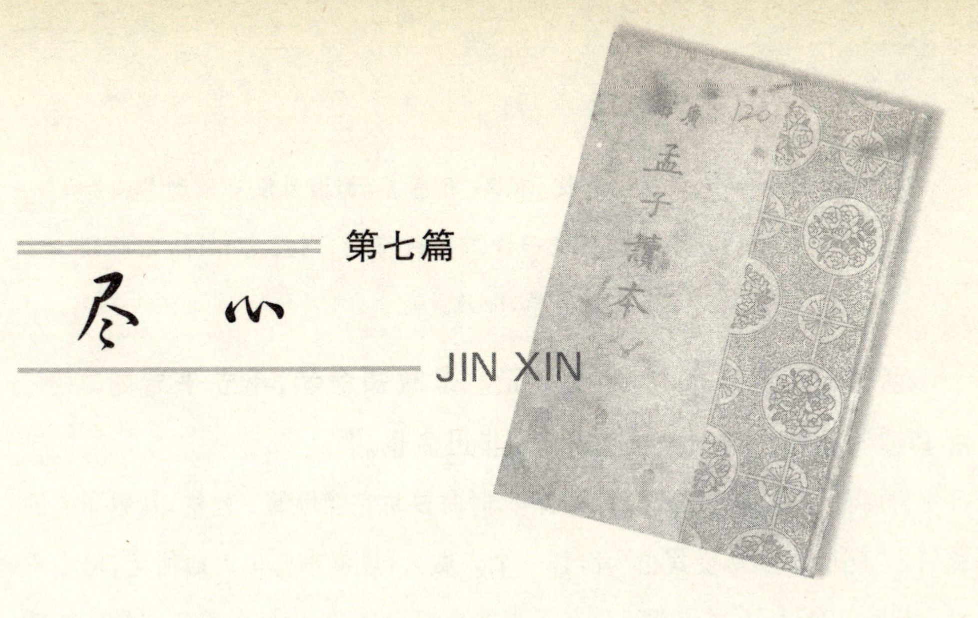

第七篇

尽心

JIN XIN

孟子曰："尽其心者，知其性也。知其性，则知天矣。存其心，养其性，所以事天也。夭寿不贰，修身以俟之，所以立命也。"

此章言心性，实开宋儒理学之端。不过宋儒受了佛学的影响，更为深微之言，孟子时，未必如此耳。孟子言要知道人的本性的作用，须尽他的心去思想。既然明晓人的本性的作用了，则宇宙间之事物变化，以及一切现象，就无不能知其所以然的道理了，故曰："尽其心者，知其性也。知其性，则知天矣。"如此，一个人保存着他这样的心思，培养着他这样的本性，就能够对付一切了。故曰："存其心，养其性，所以事天也。"此外，或者早年丧亡（夭），或者长寿久视，都如此做去，不变不惑，修炼自己一身的行为，以候天然的变化，这就保全了天之托付，做了善人，不虚此生了。故曰："夭寿不贰，修身以俟之，所以立命也。"此章立意精微，即孔子自言"五十而知天命"，也是这个道理。

（问） 何谓尽心？

（研究）一个人之所以有忧、有惧、有惑者，都因为没有做到尽心知性的一步工夫。这一步工夫做得到，则优游自得，无所烦扰矣。圣贤立命之学，即此是也。

孟子曰："莫非命也，顺受其正。是故知命者，不立乎岩墙之下。尽其道而死者，正命也；桎梏死者，非正命也。"

岩墙者，如山岩向外面倾斜的墙壁，时时要防它倒塌的。桎梏，是犯罪人的镣铐。"莫非命也，顺受其正"者，言一个人做人，虽事事皆由天命所定，但也不可一切听其自然，不加注意。只有正当的事情，我们才应该顺着它去做。能够明晓这个道理，可以算是真正的知命了。除了正当应做的事情，如岩墙的下面，明知它时刻可以倒塌的，就应当避免，不可立在它下面。故曰"知命者，不立乎岩墙之下"也。能尽他的心力，在正当的道理上做人而死的，才是正当的天命。否则不从正经的道理，自己去横行乱闯，弄到犯罪受了桎梏而死的，便不是正当的天命。故曰："尽其道而死者，正命也；桎梏死者，非正命也。"

（问） 何谓顺受其正？

（研究）此章论命，不是如一般颓废人的委心任运，是说要自己拣着了正义，才可以顺着行去。不合正义的危险，是要避免的。

孟子曰："求则得之，舍* 则失之，是求有益于得也，求在我者也。求之有道，得之有命，是求无益于得也，求在外者也。"

舍，上声。

做人的种种事情，及事情中种种道理，都要自己去寻求它，才能够得来。若舍弃不求，就无异将种种事情和道理，都失去了。这种寻求，获得了是有益的，因为这种寻求，是在我自己身上的。故曰："求则得之，舍则失之，是求有益于得也，求在我者也。"然虽如此，我去寻求，也须合乎道理，而不可乱去妄求。故曰："求之有道"也。"得之有命"者，言我虽然合乎道理的去求，但得或不得，我是没有一定把握的。"是求无益于得也，求在外者也"，言这样的寻求，获得了也是无益的，因为所寻求的东西，是在我身外的。

（问） 何谓求？何谓舍？

（研究）所谓在我自己者，便是指仁义礼智，这是应该求的。所谓在身外者，便是指富贵利达，这是不应该求的。

孟子曰："万物皆备于我矣，反身而诚，乐* 莫大焉。强* 恕而行，求仁莫近焉。"

乐，音洛。强，上声。

万物，就是人伦物理，一切关于为人的事物。这种种本来是人人所有的，无异都备在我的身上，故曰："万物皆备于我。""反身而诚，乐莫大焉"者，言我只要弃了别事别物，把身子回返到人伦日用的道理里去做人，这个欢乐是莫有更大的了。恕者，即"己所不欲，勿施于人"。我把"己所不欲，勿施于人"的心思，用着力勉强做去，这就是求到仁人的地位最近的路了。故曰："强恕而行，求仁莫近焉。"

（问） 何谓强恕而行？

（研究）此章也是言为人之道。人只要诚，便有乐。人只要强恕，便近仁。上章只说一个求字，此章便明白说出求些什么。

孟子曰："行之而不著焉，习矣而不察焉，终身由之而不知其道者，

众也。"

著，是明白的意思。察，是仔细考察。言一个人所行的事，只照着向来的方法行去，而不能明白它的道理；又在向来的习惯里混着过去，而不仔细考察它的当不当，因此终身照着这样过（由之）去而不明白做人的道理的，这种人很多。

（问） 为什么人会这样的？

（研究）这是说人必须努力求知识，不要过糊涂生活。

孟子曰："人不可以无耻，无耻之耻，无耻矣。"

做人不可以无耻，即《论语》所谓"行己有耻"也。"无耻之耻，无耻矣"者，赵岐注曰："人能耻己之无所耻，是为改行从善之人，终身无复有耻辱之累也。"意思是说：一个人能够晓得无耻是不好的行为，自己因而以此为耻，就能够改去坏行为而从善，则终身不会有耻了。

（问） 无耻之耻，是何讲法？

（研究）这是教人免耻的法子。

孟子曰："耻之于人大矣！为机变之巧者，无所用耻焉。不耻不若人，何若人有？"

此章承上章，言耻于做人是最重大的事情。只管用心机做变诈之事，自以为巧妙的人，是没有地方用得着羞耻的。故曰："为机变之巧者，无所用耻焉。""不耻不若人，何若人有"者，朱子注曰："不耻其不如人，则何能有如人之事？"反转来，意思是因为自己耻不及人，所以能够及人也。

（问） 何谓机变之巧？

（研究）这亦是说人须知耻，方能进而若人之为圣为贤。

孟子曰："古之贤王，好善而忘势。古之贤士，何独不然，乐* 其道而忘人之势。故王公不致敬尽礼，则不得亟* 见之。见且犹不得亟*，而况得而臣之乎？"

乐，音洛。亟，音器。

孟子道："古时候贤明的国王，好人之有善而忘却自己的权势。古时候贤明的士人，也是如此。这因为他能够享乐自己所信之道，所以把别人的权势忘掉也。王公大人，对于贤士不致敬尽礼，就不能常常（亟）与贤士相见。只一常常相见，尚且不可得，何况要把贤士作臣下，听己使令呢？"

（问） 何谓乐其道而忘人之势？

（研究）贤君对贤士，必须致敬尽礼；否则见且见不到，自然不能得他为臣下了。这也说明了贤君贤士所以自处之道。

孟子谓宋句* 践曰："子好游乎？吾语* 子游。人知之，亦嚣嚣。人不知，亦嚣嚣。"曰："何如斯可以嚣嚣矣？"曰："尊德乐* 义，则可以嚣嚣矣。故士穷不失义，达不离道。穷不失义，故士得己焉。达不离道，故民不失望焉。古之人，得志泽加于民，不得志修身见* 于世。穷则独善其身，达则兼善天下。"

句，音钩。语，去声。乐，音洛。见，音现。

宋句践，姓宋名句践，战国时人。游者，战国时的游说诸侯也。嚣嚣，自得无欲之貌。孟子对宋句践道："你喜欢游说吗？我告你游说的道理。人家晓得你这个人了，你固然可以悠然自得，不必要求人。人家不晓得你这个人呢，你也要悠然自得，不必要求人。言游说尽管游说，不必把得失放在心上。这样，就无往而不利了。"宋句践因问："怎样就可以嚣嚣呢？"孟子道："尊重道德，爱乐义理，那就可以嚣嚣了。”“故士穷不失义，达不离道”者，言一个士人，在穷困的时候，不可失去义理。到显达的时候，不可离开素来所怀抱的道德也。得己者，言不失自己的身份也。民不失望者，言人民仍旧相信他也。孟子又道：“古时候的人，得志了，显达了，就把恩泽加于人民。不得志而穷困，就只有修身，勿做坏事，使世人都看见自己是这样的一个人。所以在穷困的时候，独自善养自己的身子，就是保全自己的德义；显达的时候，就可以兼养天下的人民，将天下人民的德义都带好也。”

（问） 何谓嚣嚣？

（研究）孟子告宋句践的话，很切实用。虽然是对于游士而言，实在也就是对一般士人而言。常见一班浅识无学的人，在穷困的时候，则和颜悦色，奉承人家；一到显达，立即骄傲对人。这是最下流的行为，万不可沾染着这种丑恶的态度。

孟子曰：“待文王而后兴者，凡民也。若夫* 豪杰之士，虽无文王犹兴。”

夫，音扶。

此章以邢疏解释最好，今从之。疏曰：“小人待化，乃不邪僻。君子特立，不为俗移。故称豪杰自兴者也。孟子言必待文王之化，而乃能兴起以从善者，凡民也；以其无自知者也。若夫才有过于千万人之豪杰者，虽不遭遇文王之化，犹能自兴以从善，而正立其身也。”意思是：平凡的百姓，要有文王的教育后，才知道从善。有学识的豪杰，虽无文王的教育，自己也能知道善为立身之具。

（问） 何谓豪杰之士？

（研究）此章必如邢疏解释，乃不与孟子他说冲突。不过也有人说，兴者是感动奋发之义。此章的意思是要人做造时世的英雄，不要做为时世所造的英雄。

孟子曰："附之以韩、魏之家，如其自视欿*然，则过人远矣。"

欿，音坎。

韩、魏，晋国之卿，富贵之家也。欿然者，不自满足，不放在心上也。附之者，言自己本已富贵又附益以韩、魏的权势。如果这样的人自己看看，并不在意，这可知他不以富贵为怀而志于道者，可以称他"过人远矣"，言胜于平常的人不少也。

（问） 何谓自视欿然？

（研究）人既富贵，又益以权势，不自满足者实少。能自视欿然者，方是一等人物。要看人是什么样的人，就只要看他对于富贵权势的态度。

孟子曰："以佚道使民，虽劳不怨。以生道杀民，虽死不怨杀者。"

"以佚道使民"者，言如教民种田，他们虽劳苦，不会生怨望的。因为种了田，收获米谷，就有安佚的日子可过，故不怨也。"以生道杀民"者，言如国君诛戮杀人的罪犯，本意是可使社会间消失杀人的凶手，所以称为生道。诛杀凶手，则人民决无怨者。故曰"虽死不怨杀者"也。

（问） 何谓佚道？何谓生道？

（研究）此章意思，言国君为政，只要事事为人民着想，不以自己的权利为重，则人民虽然吃苦受死，自无不乐从之也。

孟子曰："霸者之民，驩*虞*如也。王者之民，皞*皞*如也。杀

之而不怨，利之而不庸，民日迁善而不知为之者。夫君子所过者化，所存者神，上下与天地同流，岂曰小补之哉！”

驩，同欢。虞，同娱。皞，音浩。

现在所谓古文，在古人实是当时的言语。他们要把这言语写在简上，因为尚无通行之字，于是把音同或音近的字拿来代用，此六书中之假借也。如此章驩虞二字，即是欢娱二字。“霸者之民，驩虞如也”，即言霸国的百姓，好像欢乐娱快的样子。皞皞者，广大自得之态度，言天子的百姓，都有胸襟广大，悠然自得的样子。“杀之而不怨”者，即如前章所说，以“生道杀民，虽死不怨”也。“利之而不庸”者，庸，功也。言王者将好处给了百姓，百姓也不感激他的功劳也。如此，所以“民日迁善而不知为之者”。就是说百姓受了这种教化，自己不知不觉迁到善的行为，竟不知道哪个是使他这样的。所以接着说，“夫君子所过者化”也。君子，即王者，他所行过仁政的地方，百姓莫不感化也。“所存者神”者，言君子心所注意之处，便好像神秘不测，神存其中。这种教化之流行，可上与天、下与地相同，岂可以说他只是一些小小的补益呢！故曰：“上下与天地同流，岂曰小补之哉！”

（问） 何谓驩虞？何谓皞皞？

（研究）霸国的政令，虽或骤致富强，然人皆易见。王者的教化，乃在潜移默运，使人自己乐于为善，不肯为恶，所以儒者只言王道。

孟子曰：“仁言不如仁声之入人深也。善政不如善教之得民也。善政民畏之。善教民爱之。善政得民财，善教得民心。”

此章承上章而申说王霸之不同也。仁言者，程子谓以仁爱之言加于民。

仁声者，程子谓有仁之实而为众人所称道者也。照此讲：仁言者，是为政者口头所说的好听话，如现在人之什么宣言，无不仁至义尽。仁声则不尚空谈，而将实惠施及民身，于是有了仁爱的名声。这种名声比空洞的好话更能深入人心。故曰："仁言不如仁声之入人深也。""善政不如善教之得民也"，即言霸国之政令虽善，不如王者教化，更能得到人民的悦服。因为霸国的善政，不过使人民畏惧他，王者的善教却能使人民爱他。霸国之所为，整理财政，为第一要务，故曰"善政得民财"。王者与民同苦乐，人民之心，与之同体，故曰"善教得民心"。

（问） 善政与善教，分别何在？

（研究）善政易而善教难。善政易见功效，亦易消失。善教得民心，功效虽迟缓，然一时不易即失也。如齐桓晋文，身死即国不振。汤武之王，六七百年未易动摇也。

孟子曰："人之所不学而能者，其良能也。所不虑而知者，其良知也。孩提之童，无不知爱其亲也。及其长也，无不知敬其兄也。亲亲，仁也。敬长，义也。无他，达之天下也。"

良者，本来自有的善质也。良能，本来自有的才能；良知，本来自有的知识，所以可不学而能，不思虑而知。孩提，是二三岁的孩童。他没有不知道爱其亲的。等他稍长大些，没有不知道敬重其兄的。人能亲爱自己的亲就是仁，敬重自己的兄长就是义。这是没有其他道理的，普天下的人，都是相同的，所以可以为仁义也。

（问） 何谓良能？何谓良知？

（研究）明代王阳明倡“致良知”的学说，即出于《孟子》此章。良知者，言一个人良心固有的知觉也。致者，言不可把这知觉丢掉，要保存它，还要推广它，与孟子同意。

孟子曰：“舜之居深山之中，与木石居，与鹿豕游，其所以异于深山之野人者几希。及其闻一善言，见一善行*，若决江河，沛然莫之能御也。”

行，去声。

此章言舜做百姓时，和树木土石居在一处，和麋鹿猪羊等同在一处游息。与深山里没有知识的野人，相去没有多少。故曰：“异于深山之野人者几希。”“及其闻一善言，见一善行，若决江河，沛然莫之能御也”者，言等到他听得一句善的言语，看见一件善的行为，他立刻去照做，好像长江大河决了口，浩浩荡荡（沛然），谁也阻挡不住他。言人只要存心向善，不管出身如何，环境如何，总可以成为圣贤。

（问） 何谓沛然若决江河？

（研究）孟子屡次言舜起于畎亩之中，此章忽言居于深山之中，前后不同，难免使人怀疑。其实舜耕历山，本来是耕的山中之田，所以与木石鹿豕相处也。

孟子曰：“无为其所不为，无欲其所不欲，如此而已矣。”

此章邢疏的解释是：“无使人为己所不欲为者，无使人欲己之所不欲者，每以身先之，如此，则人道足矣。”犹孔子言“己所不欲，勿施于人”也。无，当作毋，言不要使人家做我自己所不要做的事情，不要使人家要我所不要的事情也。做人的道理就是这样罢了。但是一般的解释却是：“不要做自己本心所不肯做的事情，不要想自己本心所不肯想的事情”；或者说：“不要做不应该做的事情，不要要求不应该要求的事情”，都说得过去。

（问） 何谓无为其所不为，无欲其所不欲？

（研究）圣贤所讲仁义之道，并无新奇深奥之处，只要把自己和人家立于同等地位，不作利己损人之事，或者说，不违背良心做事，就是了。

孟子曰：“人之有德慧术知*者，恒存乎疢*疾。独孤臣孽子，其操心也危，其虑患也深，故达。”

知，去声。疢，音趁。

疢疾，犹患难也。孤臣、孽子者，不见容于君父之人也。孟子言：“有德行、智慧、艺术、才智（知）的人，常常是在患难中磨练出来的。所以只有在远处的孤臣和庶出的孽子，他时常提高警惕，所忧虑的患难很深刻，故能成一个明达事理的人”。

（问） 何谓疢疾？

（研究）此章言人多困苦的经验，方能于道德和知识方面有进境。

孟子曰:“有事君人者,事是君,则为容悦者也。有安社稷臣者,以安社稷为悦者也。有天民者,达可行于天下而后行之者也。有大人者,正己而物正者也。”

“有事君人者”,言有一种事君的人。这种人的事君,只求合君之意,以此为苟容而欢喜他。社稷,即国家。“有安社稷臣者,以安社稷为悦者也”,言又有一种安稳国家的臣子,是专以安稳国家而取悦于君的。天民者,是能尽天理的人,他一定要有机会在天下行他的道理,才肯出来事君行道。故曰:“有天民者,达可行于天下而后行之者也。”大人者,道德完全的君子。他先正自己,人家见了都感化了,跟着做个正人。故曰:“有大人者,正己而物正者也。”

(问) 此四种人,以哪一种为最高?

(自省)我想做哪一种人?

孟子曰:“君子有三乐*,而王*天下不与*存焉。父母俱存,兄弟无故,一乐*也;仰不愧于天,俯不怍*于人,二乐*也;得天下英才而教育之,三乐*也。君子有三乐*,而王*天下不与*存焉。”

乐,音洛。王,音旺。与,去声。怍,音昨。

此言君子有三种快乐,做君王一统天下的快乐,却不在其内。“父母俱存,兄弟无故”,是一乐。怍与愧是一样的意思。一个人只要自己做得不错,仰起头来对天,低下头来对人,都没有惭愧,这也是一乐。“得天下英才而教育之”,使英才能成大材大器,亦是一乐。孟子末了再说一遍,郑重表示:君子之乐,连做君王都不足为奇。

(问) 何谓三乐?

(自省)我能仰不愧于天,俯不怍于人吗?

孟子曰："广土众民，君子欲之，所乐*不存焉。中天下而立，定四海之民，君子乐*之，所性不存焉。君子所性，虽大行不加焉，虽穷居不损焉，分*定故也。君子所性，仁义礼智根于心。其生色也，睟*然见*于面，盎*于背，施于四体，四体不言而喻。"

乐，音洛。分，去声。睟，音粹。见，去声。盎，音 àng。

"广土众民，君子欲之，所乐不存焉"者，言君子做了人主，有广大的土地、众多的人民，虽心中好之，但欢乐不在其内也。在天下之中心地立了国家，能安定四海的百姓，这是君子所喜乐的，但他本来的天性，却不在其内。故曰："中天下而立，定四海之民，君子乐之，所性不存焉。"故下言"君子所性，虽大行不加焉，虽穷居不损焉，分定故也"。是言君子所禀的本来天性，虽其道大行于天下，不以加人一等；虽穷而困居在草野，不自减损一分。何则？这是因为所受于天的分量有一定之故也。又言"君子所性，仁义礼智根于心"者，言所禀于天之性，就是仁义礼智四件美德的根本从心而出。生，发出也。睟然，是清和泽润之貌。盎然，是丰厚盈溢之意。言君子因根本于仁义礼智的四件美德，所以他发出来的形色，有清和润泽之貌，现在面上，有丰厚盈溢的意思，显在背上，而且散布到四肢上面，四肢就自然而然，能照样表现，好像不必对它说就会明白的。故曰"其生色也，睟然见于面，盎于背，施于四体，四体不言而喻"也。

（问） 何谓君子所性？

（研究）这是孟子说明君子的真乐，是在涵养他的本性。本性一充足，一肢一体，一举一动，就都顺适了。

孟子曰："伯夷辟*纣，居北海之滨，闻文王作，兴曰：'盍归乎来！吾闻西伯善养老者。'大*公辟纣，居东海之滨，闻文王作，兴曰：'盍归

乎来！吾闻西伯善养老者。'天下有善养老，则仁人以为己归矣。

辟，作避。大，作太。

伯夷、太(大)公，前都见过。“天下有善养老，则仁人以为己归矣”者，言天下有善养耆老的人，则仁人就都将他做自己的归宿地方了。

“五亩之宅，树墙下以桑，匹妇蚕之，则老者足以衣*帛矣。五母鸡，二母彘，无失其时，老者足以无失肉矣。百亩之田，匹夫耕之，八口之家，可以无饥矣。

衣，去声。

五亩地的屋宅，墙下面种以桑树，叫女人看蚕，则老年人足以穿绸衣了。五只雌鸡，两只雌猪，不要失了它们怀孕哺乳的时候，则老年人足以没有失肉之感了。一百亩的田，男人耕种它，则八个人口的人家，可以没有饥饿之忧了。这是文王治岐时实施的政绩。

“所谓西伯善养老者，制其田里，教之树畜，导其妻子，使养其老。五十非帛不暖，七十非肉不饱。不暖不饱，谓之冻馁。文王之民，无冻馁之老者，此之谓也。”

孟子叙述了文王的政绩，然后又加以议论道：“所说的西伯善于养老年人的事，就是制定百姓的田亩里宅，教他们种桑(树)和养鸡养猪(畜)。教导他们的妻子，奉养他们的老年人。这是因为人到了五十岁，不是绸(帛也，犹今之丝绵)不暖；七十岁的，不是肉不饱。不暖不饱者，叫做冻馁。文王的百姓，没有受冻受馁的老年人，就是因为有了这种办法。”

(问)　何谓西伯善养老？

(研究)王政无他新奇，就是使幼者得长，老者得养，壮者不失业。

此章尤重养老，以为真能养老，天下自然归心。

孟子曰：“易* 其田畴，薄其税敛，民可使富也。食之以时，用之以礼，财不可胜* 用也。民非水火不生活，昏暮叩人之门户求水火，无弗与者，至足矣。圣人治天下，使有菽粟如水火；菽粟如水火，而民焉* 有不仁者乎？”

易，去声。胜，平声。焉，音烟。

邢疏云：“使在下者，易治其田畴，而不难耕作，则地无遗利；在上者，又薄其赋敛，而无横赋，则民皆可令其富足也。又食之以时，而其用不屈，用之以礼，而其欲不穷，则财用有余而不可胜用也。”此解“易其田畴，薄其税敛，民可使富也。食之以时，用之以礼，财不可胜用也”一节，最为精审。大意是：治国者，使百姓尽力耕治他的田地，而薄收其赋税，百姓就可富足。吃食照时候，用钱依规矩，百姓的钱就用不完了。“民非水火不生活”云云者，谓人民非得其水火，则不能生活，昏暮之时，有敲人之门户而求水火者，没有不给他的，这是因为水火是再多不过的东西，不足为奇。圣人治理天下，一定要使百姓有菽粟如水火之多，这样大家有饭吃，哪一个百姓还有什么不仁爱呢？盖百姓的不仁爱，或至于为盗，大都为衣食所迫，不得已铤而走险的。

（问） 何谓菽粟如水火？

（研究）按韩非子亦言丰岁则饷过客，而饥岁则不食幼弟，亦以人之为非作恶，皆由经济所迫故也。古哲见到此义者多矣，故治国必先从阜民衣食入手。

孟子曰：“孔子登东山而小鲁，登泰山而小天下。故观于海者难为水，游于圣人之门者难为言。观水有术，必观其澜。日月有明，容

光必照焉。流水之为物也,不盈科不行。君子之志于道也,不成章不达。”

东山,鲁国境内之山。泰山,齐、鲁两国共有之山。泰山高于东山,故孔子在平地望不见鲁国时,不知鲁国地方之大小。及登东山之上,则知鲁国地方,也不算大。故曰“登东山而小鲁”也。及登泰山,因山愈高,所见愈广,觉得天下也不算大。故曰“登泰山而小天下”也。下节曰:“故观于海者难为水,游于圣人之门者难为言”者,即譬喻一个人所见愈广,则所知愈多;而因所知愈多,便觉得从前所知的算不了什么。人见一杯水,或一池水,以为水就不过如此而已。及见海洋,则知水是那样大,别的就难于算水了。而游于圣人之门者,见圣人之德高智广,名言谠论层出不穷,就觉得别的难于算作言论了。“观水有术”者,因水必有波澜。见波澜之湍急,则知水来有源,所以滔滔不绝。故曰“必观其澜”也。日月亦然。日月的本原,因为本体的明亮,所以凡是容得光亮的地方,就无隙不照。故曰:“日月有明,容光必照焉。”此言道之有本,以水与日月作比。“流水之为物也,不盈科不行”者,言水这样东西,不到空陷的地方满溢,是不向前进的。“君子之志于道也,不成章不达”者,言君子的注意在道理上,不先成一个体段,是不会由此通彼的。合拢来便是说,凡事必须渐进。

(问) 何谓成章?

(研究)此章言人于学问,全在识见;识见高则学问可以求进步。而求进步之法,则在渐进,决不能一蹴而就。

孟子曰:“鸡鸣而起,孳*孳*为善者,舜之徒也。鸡鸣而起,孳*孳*为利者,跖之徒也。欲知舜与跖之分,无他,利与善之间也。”

孳,音之。孳孳,今作孜孜。

跖，古时候的大强盗，《庄子》上说他是柳下惠的兄弟。鸡鸣而起者，就是一听见鸡啼就起来。孳孳者，做事继续不倦也。这个人一早起来，只继续不倦做善事，就可以知道他是舜的一类人。若只继续不倦求获利，就可以知道他是盗跖一类的人。所以要看这个人是舜一类人，或是跖一类人，不必他求，只要看他所做的事是为利的，还是为善的。故曰："舜与跖之分，无他，利与善之间也。"

（问） 何谓孳孳？

（自省）我所孳孳而为之者何事？

孟子曰："杨子取为 * 我，拔一毛而利天下，不为也。墨子兼爱，摩顶放 * 踵，利天下，为之。子莫执中，执中为近之。执中无权，犹执一也。所恶 * 执一者，为其贼道也，举一而废百也。"

为，去声。放，音昉。恶，音污。

杨子，名朱；墨子，名翟，都是春秋后战国前的人。取字是只顾的意思。"取为我"者，言只知为自己，不顾别人也。"拔一毛而利天下，不为也"者，是一句譬喻的话，故《列子·杨朱篇》记杨朱曰："世固非一毛之所济。"拔一毛，利天下，是没有的事情，不过反对杨子者，则说他如此而已。孟子亦引前人所说的话，故云云。"兼爱"者，墨子的学说，就是无所不爱。顶，是头顶。踵，是脚跟。"摩顶放踵"云云者，言虽摩秃头顶，走破脚跟，苟有利于天下，也肯为之。子莫，是鲁国的贤人。他以为杨子为我，墨子兼爱，都不免太过，自己却守着酌乎其中的道理，故曰："子莫执中。""执中为近之"者，孟子的批评也。以为子莫比杨墨为近于圣人之道也。权，是称物轻重的秤锤。无论何物，它的轻重，总须用权才能知道。"执中无权"者，言子莫虽能执杨墨之中，而不知遇事权其轻重，予以变化，也与执一的无异，故曰："犹执一也。""所恶执一者，为其贼道也"者，贼，害也。言我们所以厌恶不知权其轻重的执一者，就是为了它有害于圣人之道也，也是为了它举着一端的道理，不知变通，把其余的百端，都废掉也。故曰："举一而废百也。"

（问） 何谓为我？何谓兼爱？

（研究）杨墨学说，趋于极端。杨子只知为我，视天下之苦痛，与我无关。墨子兼爱，只知为人，而牺牲自己。不知人之所以为人，个人与社会，立于对待平等的地位。只知为己，非也；只知为人，亦非也。子莫自以能执两者之中，所以孟子以为近之。然不知权事物之轻重，以为事事都执两者之中，即是圣人，不知仍与执一无异也。惟有孔子，不偏不倚，和平正大，而又能因时制宜，与春秋战国时他家学说专趋于一端者不同，故孟子自言："乃所愿，则学孔子也。"孔子所以与杨墨子莫不同者，即《论语》所记："己欲立而立人，己欲达而达人"之仁是也。仁字古文为"忎"，即言一社会的人，都当同此心以立达之。后来小篆改为"仁"，则言自二人以上。二人以上，即社会也。此古人造字之精意，而孔子独取一"仁"字，以为学说教旨的核心，此儒家之所以流行也。

孟子曰："饥者甘食，渴者甘饮，是未得饮食之正也，饥渴害之也。岂惟口腹有饥渴之害，人心亦皆有害。人能无以饥渴之害为心害，则不及人不为忧矣。"

人在饥极渴极的时候，不论什么食物、什么饮料，只要有得吃喝，都觉得是甘甜的；他得不着饮食的正当味道，都是饥渴害他的。但一个人不但口腹如此，就连心也会受到同样的损害。人如果能使心不遭受口腹饥渴那样的损害，那么即使自己不如别人，也就不必忧虑了。

（问） 何谓心亦皆有害？

（研究）不正当的行为，本非心之所愿乃因经济压迫，或其他不得已而为之，正如饥渴之不知味一样。人能以此把持己心，使不堕落，则心不为害矣。

孟子曰："柳下惠不以三公易其介。"

介者，坚定自己的操守，不随俗浮沉也。柳下惠虽做的小官，又三次被黜，只因自己不失操守，不以为辱。反之即以三公之高爵诱之，亦不肯卑辞屈就，故曰"不以三公易其介"也。三公，指太师、太傅、太保。

（问） 何谓介？

（自省）我见高官厚禄，能不动心否？

孟子曰："有为者，辟* 若掘井。掘井九轫而不及泉，犹为弃井也。"

辟，今作譬。

有作为的人，必须把目的达到才对。当他谋策事业之时，譬如掘一口井。掘得虽有九轫深，而看不见泉水，还是个无用的弃井也。所以做事半途而废的，终于一无所成。轫与仞同，八尺曰仞。

（问） 何谓弃井？

(研究)此章劝人做事要彻底,不可因为辛苦已久,不能成功,遂止而不做,与掘九轫之井,仍不得饮水一样也。

孟子曰:"尧、舜,性之也。汤、武,身之也。五霸,假之也。久假而不归,恶* 知其非有也。"

恶,音乌。

"尧、舜,性之也"者,言尧、舜之施仁政,出于天性,自己喜欢这样做也。"汤、武,身之也"者,言汤、武须修身体道,然后能王天下也。"五霸,假之也"者,言五霸假借仁义,挟天子以令诸侯也。"久假而不归,恶知其非有也"者,言五霸永久假借着仁义的好听名声,不知道归还到实在上面去,虽然荣耀一世,哪里知道他是一些没有真实的。

(问) 何谓久假不归?

(研究)尧、舜、汤、武,古时皆称圣人,然实有分别。五霸则只知假仁假义,后来习惯,以为做人只须这样,便算到家,此所谓一代不如一代也。

公孙丑曰:"伊尹曰:'予不狎于不顺。'放太甲于桐,民大悦。太甲贤,又反之,民大悦。贤者之为人臣也,其君不贤,则固可放与* ?"孟子曰:"有伊尹之志则可,无伊尹之志则篡也。"

与,作欤。

狎者,习见也。顺者,合乎义理也。公孙丑引伊尹的话,"予不狎于不顺"者,伊尹自己说,我看不惯不合乎义理的行为也。"放太甲于桐"云云者,公孙丑叙述伊尹之事也。言伊尹把太甲窜放到桐的地方,百姓大为欢喜。后来太甲改过,极其贤德,伊尹又把太甲归反到京城,仍做天子,百姓又大欢喜。"贤者之为人臣也，其君不贤，则固可放与?”公孙丑叙述之后便问孟子也。他说：贤者做人的臣下，他的君主不贤，固然可以把他流放吗？孟子曰：“有伊尹之志则可，无伊尹之志则篡也”者，言有伊尹那样公正的志向，自己不贪天子之位，就可以如此做，否则就是篡位了。

（问）　何谓不狎于不顺？

（研究）伊尹放太甲，后世只霍光学之，不致篡位。其余废君立君，无不为自己，或为子孙谋天子之位。故曰，“有伊尹之志则可，无伊尹之志则篡也”。

公孙丑曰：“《诗》曰：‘不素餐兮！’君子之不耕而食，何也？”孟子曰：“君子居是国也，其君用之，则安富尊荣。其子弟从之，则孝弟*忠信。‘不素餐兮’，孰大于是！”

弟，作悌。

素餐，犹今人言吃白食，无功受禄也，“不素餐兮”，是《诗经》上《伐檀》篇里一句诗，意思是不肯吃白食。公孙丑引了这句诗，问孟子道：世所称道的君子，多是不耕而食禄的，是何意义呢？意思是：岂非和《诗经》里说的话相反了？孟子道：“君子住在这个国里，这国的君主用了他，国君就能安安稳稳，富足有余，受尊称，很荣耀。这国的子弟从了他，他们就能修着孝悌忠信的品行，使全国成一善良的风俗。这样看来，所谓不肯吃白食的功劳，还有谁能够比得过呢?”

（问）　何谓不素餐兮？

（研究）这是说君子受人奉养，并不是吃白食。他的功劳很大，谁也比不上。不过有君子之实，是可以不耕而食的。否则窃君子之名，而受人奉养，便是吃白食了。

王子垫*问曰："士何事？"孟子曰："尚志。"曰："何谓尚志？"曰："仁义而已矣。杀一无罪，非仁也。非其有而取之，非义也。居恶*在？仁是也。路恶*在？义是也。居仁由义，大人之事备矣。"

垫，音店。恶，音乌。

王子垫，齐王之子，名垫也。"士何事"者，垫以为公卿大夫，有政治之事，农工商贾，亦皆有其职事。独士则不作事而坐食，故有此问也。"尚志"者，言做士的，既不得行公卿大夫之道，又不得就农工商贾之业，就只是怀抱着一种高尚（尚同上）的志向罢了。垫又问："何谓尚志？"孟子答以"仁义而已矣"者，言志在仁义就是了。"杀一无罪，非仁也"者，言不应乱杀也。士本不能直接杀人，但他很可以使操生杀之权者，间接为他杀人。"非其有而取之者，非义也"者，言不是他应该得的财物，去取了它来，就不是义也。人必有住屋，士所住的屋在哪里呢？就是仁。故曰："居恶在？仁是也。"人必要行路，士所行的路在哪里呢？就是义。故曰："路恶在？义是也。"能够如此居于仁宅，行于义路，做公卿大夫（大人）的事，也已完备了。可见士非但不是没有事，并且是有重大的事的。故曰："居仁由义，大人之事备矣。"

（问）　何谓尚志？

（研究）志是空的，如何尚法？就是或居或行，都不脱仁义，那么他的重要就和大人一般了。

孟子曰："仲子不义与之齐国而弗受，人皆信之。是舍*箪食*豆羹之义也。人莫大焉，亡*亲戚君臣上下。以其小者，信其大者，奚可哉！"

舍，上声。食，音寺。亡，音无。

仲子，即前所记之陈仲子。如以没有道义的举动，把齐国给予仲子，他必定不肯受，这是大家都相信他的，故曰“仲子不义与之齐国而弗受，人皆信之”也。“是舍箪食豆羹之义也”者，是孟子的批评也。言仲子不过不受一筐饭、一木碗汤那样的小义气罢了。“人莫大焉，亡亲戚君臣上下”者，言做人所最大的罪过，就是毁灭了亲戚君臣上下的伦理。如果我们因为他一些小义，就相信他的大义也不错，这怎么可以呢！故曰：“以其小者，信其大者，奚可哉！”

（问） 如仲子所为，究竟义乎不义乎？

（研究）这是教人行义，要从大处着眼，不要沾沾于小廉小义。

桃应问曰：“舜为天子，皋陶为士，瞽瞍杀人，则如之何？”孟子曰：“执之而已矣！”“然则舜不禁与*？”曰：“夫*舜，恶得而禁之！夫*有所受之也。”“然则舜如之何？”曰：“舜视弃天下，犹弃敝蹝*也。窃负而逃，遵海滨而处，终身䜣然*乐*而忘天下。”

与，作欤。夫，音扶。蹝，音徙。䜣，同欣。乐，音洛。

桃应，孟子弟子。士即士师，法官也。敝蹝，破草鞋也。䜣然，高兴的样子。桃应问道：“舜做天子，皋陶做士，这时候，倘若瞽瞍杀了人，则怎么样呢？”孟子道：“这时候的皋陶，只有把瞽瞍捉来罢了！”桃应又问道：“然则舜不去禁止他吗？”孟子道：“那个舜怎可以禁止他呢！皋陶之可以捉人，是有地方接受到这个权柄的，不是私自的行动。”桃应又道：“然则这时候的舜，将怎么样呢？”孟子道：“舜看得弃掉天下，犹之乎丢掉一双破草鞋。他只好把天子丢掉不做，私下把父亲驮在背上逃走，在海边住下，一辈子快快活活，把天下都忘记了。”

（问） 何谓窃负而逃？

（研究）这是孟子师生假借问答，来说明圣贤处世各尽其道的道理。事情本来不是真的，但假使有此事情，舜就只好窃负而逃也。

孟子自范之齐，望见齐王之子，喟然叹曰："居移气，养移体，大哉居乎！夫* 非尽人之子与*？"

夫，音扶。与，作欤。

范，是齐国的一邑。孟子从范县到齐国都城去的时候，望见齐王的儿子，长叹了一声，说道："居的地位足以改变人的气魄。吃养的食物，足以改变人的身体。居处的关系真大啊！像王子，不也是人的儿子吗？"

孟子曰："王子宫室车马衣服，多与人同；而王子若彼者，其居使之然也。况居天下之广居者乎！鲁君之宋，呼于垤泽之门，守者曰：'此非吾君也；何其声之似我君也！'此无他，居相似也。"

此节是孟子说过了前面那番话，停了一会又说也。垤泽，宋国城门的名称。孟子又道："王子住的宫室，坐的车马，穿的衣服，多与别人相同。乃王子的神气，像那样不与人同者，因为他所居的地位，所以使他这样的。何况是那些信守仁义的人呢？""广居"者，仁也。又引证一件事情道："鲁国的君主到宋国去，叫管垤泽城门的人开门。管城门的人说道：'这个人不是我们的君主，何以他叫的声音这样像我们的君主呢！'这个没有其他的缘故，也因为他们国君的地位相像罢了！"

（问） 何谓居移气？养移体？

（研究）这是说环境会造成人的习气，意思便是人能居仁由义，久而久之,自然会与仁义俱化,一举一动,无不仁义了。

孟子曰:“食* 而弗爱,豕交之也。爱而不敬,兽畜之也。恭敬者,币之未将者也。恭敬而无实,君子不可虚拘。”

食,音寺。

此章言人的交际朋友,只给吃食而没爱护的心思,像养猪一样。故曰:“食而弗爱,豕交之也。”豕交者,犹言像对待猪那样与人交往,只要给它食物便是了。“爱而不敬,兽畜之也”者,言虽能爱护,而没有恭敬的心思,也和畜养禽兽无异也。恭敬这件事,就是没有拿出来的礼物。若只有表面的恭敬而没有实在的恭敬心,那么君子就不可受这虚礼的拘束。故曰:“恭敬者,币之未将者也。恭敬而无实,君子不可虚拘”也。意思是恭敬心最要紧,假使只有一些礼物,并没有真的恭敬心,君子就不必受这种礼物的拘束。

(问) 何谓豕交兽畜?

(研究)这是孟子看了当时国君接待贤人的方式而发的议论,也可以引用到一般人的交往上来说。总之看人待我如何,总要看他有无恭敬的诚心,不可贪一些的礼物,就为人所牢笼。

孟子曰:“形色,天性也;惟圣人然后可以践形。”

形,人的形状也。色,人的颜色也。天性者,天然的性质也。践者,邢疏云:“惟圣人能因形以求其性,体性以践其形。”意思是:人的身体容貌是天生的,只有圣人能够用内在的美来充实外在的形体,使形与实相符,故曰:“惟圣人然后可以践形”也。

(问) 何谓形色天性?

（研究）这是说做人自有道理，不是有了形色就可以算人的。

齐宣王欲短丧。公孙丑曰："为期之丧，犹愈于已乎？"孟子曰："是犹或紾其兄之臂，子谓之姑徐徐云尔；亦教之孝弟*而已矣。"

弟，作悌。

齐宣王以为穿三年的丧服太长久，想把丧期减短。公孙丑听见了，就去问孟子。期，一年也。言只穿一年的丧服，总比不穿好些吧？故曰："为期之丧，犹愈于已乎？"已者，停止也，言不穿丧服也。"是犹或紾其兄之臂"云云者，孟子言这个犹之乎有人捩转（紾）着其兄的臂膊，你只叫他且慢慢地捩转来，这说得过去吗？兄的臂，是不应该捩转的，虽捩转得慢些，难道好算敬兄吗？你不必对他说慢慢地捩转其兄的臂膊的，你也只须教他孝悌罢了！故曰："亦教之孝弟而已矣！"

王子有其母死者，其傅为*之请数月之丧。公孙丑曰："若此者，何如也？"曰："是欲终之而不可得也，虽加一日愈于已。谓夫*莫之禁而弗为者也。"

为，去声。夫，音扶。

这时候刚巧有个王子的生母死了，他的生母是庶母，因为有嫡母，不能穿长期丧服。照古礼：一落葬，就要把丧服除掉。王子的师傅，就为他向齐王请求，由他为生母服数个月的丧。公孙丑就引了这件事，问孟子道："像这件事何如呢？"孟子说，这是他本来想要穿三年之丧的，因为被礼所阻，所以办不到。故曰："是欲终之而不可得也。""虽加一日愈于已"者，是言王子要终丧而不可得，他的心是不错的。不但数月，就是能够加一日，也比不加好些。因此孟子又声明，他之所以不赞成短丧的缘故，是对那些并没有谁禁止他，他自己却不肯尽礼、不肯终丧的人说的。故曰:"谓夫莫之禁而弗为者也。"

(问) 何谓终之而不可得?

(研究)这是说明三年之丧,断不可减少,而且须出以至情。知礼的人,决不可阿循他人之意,而妄自增减。

孟子曰:"君子之所以教者五:有如时雨化之者,有成德者,有达财*者,有答问者,有私淑艾*者。此五者,君子之所以教也。"

财,通材。艾,音乂。

此章言君子教导人的法子有五种:"有如时雨化之者",言譬如用合时的雨,来润化万物,使之发荣滋长也。"有成德者",言因他固有的德性,更教之使有成就也。"有达财者",言因他的材料,更使他通达而有用也。"有答问者",言只回答弟子所问,解他疑惑,此外不多说什么也。"有私淑艾者",言虽未能直接教诲,而弟子私自慕其淑德而修治(艾)其身也。如孟子自言:"予未得为孔子徒也,予私淑诸人也";即无异孔子之教之也。

(问) 何谓时雨化之?

(研究)孟子前言乐得天下英才而教育之,此章又言教人的方法,正可与孔子"诲人不倦"、"循循善诱",互相发明。可见圣贤教人之道,都是差不多的。

公孙丑曰:"道则高矣,美矣,宜若登天然,似不可及也。何不使彼为可几*及,而日孳孳也?"孟子曰:"大匠不为*拙工,改废绳墨。羿不为*拙射,变其彀*率*。君子引而不发,跃如也。中道而立,能者从之。"

几，平声。为，去声。彀，音遘。率，音律。

公孙丑对孟子说："像你夫子之道，高极了，美极了，无怪学道的人看来，好像登天那样，似乎是不可以及到的。为什么你的道不浅近一点，使他们以为可以渐渐学到（几及）而日日孳孳不倦地学起来呢？"大匠，是手段高的木匠。孟子说，大匠不因为新来学习的徒弟手段拙劣，便改变或者废掉用绳墨的方法。羿是善于射箭的人，也不因为新来学射的人，手段拙劣，便改变弯弓的限度（彀率），言大匠和羿，都不肯为了要求速效起见，将自己的本事藏起来，迁就教人也。故曰："大匠不为拙工改废绳墨。羿不为拙射变其彀率"也。"君子引而不发，跃如也"者，言君子教人，如教人射箭那样，只教人张着弓而不发箭，但发箭的道理，已经很踊跃地在人的心目中，就能使人自己会悟到道术的高美了。没有过头，没有不及的地方，叫做中道。"中道而立，能者从之"者，言君子教人，只在酌中的地方站着，让能够学的人都去跟他学也。

（问） 何谓中道而立？

（研究）君子教人，自有一定的方法。如木匠之用绳墨，羿之弯弓有限度。学的人也一定要照他的方法做去，才得有成。

孟子曰："天下有道，以道殉身。天下无道，以身殉道。未闻以道殉乎人者也。"

殉者，从也；为之牺牲也。"天下有道，以道殉身"者，言天下有道的时候，道从我，道为我所用。"天下无道，以身殉道"者，言天下无道的时候，为了守道，不惜为道牺牲。这是孟子素来所知道的，却不曾听见为了人家，而把自己所怀抱的道去牺牲了的，故曰："未闻以道殉乎人者也。"

（问） 殉是什么意义？

（研究）本章最注重的是末了一句。总是说，人之进退，自己总要有个道理，决不可枉曲了自己的正道，去迁就他人。

公都子曰："滕更*之在门也，若在所礼，而不答，何也？"孟子曰："挟贵而问，挟贤而问，挟长*而问，挟有勋劳而问，挟故而问，皆所不答也。滕更*有二焉。"

更，平声。长，长辈之长。

滕更，滕君之弟，来就学于孟子者。公都子问孟子道："滕更既在夫子门下，似乎也应该以常礼待他，今他来问，夫子不答他，是何意思呢？"挟者，自己有所挟持也。挟贵者，自以为贵族也。挟贤者，自以为有贤德也。挟长者，自以为年长也。挟有勋劳者，自以为在国家有功劳也，挟故者，自以为是亲戚故旧也。孟子言，假若弟子中有这五项挟持的，他来问我，都是我所不答的。如今滕更有二项挟持，所以不答。所谓二项挟持者，便是贵与贤。

（问） 何谓挟？

（研究）这是说，师道尊严，决不是受人挟持的。因此受教的人，应当虚心诚恳，不可自满，方有所得。

孟子曰："于不可已而已者，无所不已。于所厚者薄，无所不薄也。其进锐者其退速。"

已，停止也。不可已者，言这一件事，是不可停止的。不可停止的事而竟停止，那么无论什么事，就都要停止了。故曰"于不可已而已者，无所不已"也。对于某一个人，应该厚待的，竟薄待了他，那么对无论什么人，就都无不薄待了。故曰："于所厚者薄，无所不薄也。"一个人求学做事，进步得太猛烈，虽然有所成就，但是其气易衰，其力难继，他的退下来，也一定是很快的。故曰"其进锐者其退速”也。

（问） 何谓进锐退速？

（研究）前两桩是不及，后一桩是太过。过与不及，其弊相同。这是说，为人做事，都须适得其可。

孟子曰：“君子之于物也，爱之而弗仁。于民也，仁之而弗亲。亲亲而仁民，仁民而爱物。”

物，人类以外的物类也。邢疏云：“君子于凡物，但当爱育之，而弗当以仁加之，若牺牲，则不得不杀也。”“于民也，仁之而弗亲”者，邢疏云：“君子对于人民，当仁爱之，而弗当亲之，以爱有差等也。”差等，如“老吾老，以及人之老；幼吾幼，以及人之幼”是也。所以对于亲人则当亲，然后对于人民则当仁；对于人民则当仁，然后对于凡物则当爱。故曰：“亲亲而仁民，仁民而爱物。”

（问） 亲与民与物有何分别？

（研究）此章即儒家与墨家之异点。墨家言无论何人何物，皆当兼而爱之。儒家之仁，虽亦训爱人，但须由亲而及疏，由近而及远，此合于人类的本性者，故儒家之道行，而墨家之道，虽盛极于一时，不久即衰绝也。

孟子曰：“知 * 者，无不知也，当务之为急。仁者，无不爱也，急亲贤之为务。尧、舜之知 * 而不遍物，急先务也。尧、舜之仁不遍爱人，急亲贤也。”

知，作智。

“智者，无不知也，当务之为急”者，言有智慧的人，对于人情物理，无不通晓，但总拣应当用力干的事情为急务，先去治理，不是随便什么事情，都一齐去做也。“仁者，无不爱也，急亲贤之为务”者，言仁者对人，虽无不存爱护之心，但施行起来，也须先急于亲爱贤者，不是人人都一律亲爱之也。所以如尧、舜的智慧，而不能物物都去整治，就是晓得哪件应该先办的道理。故曰：“尧、舜之智而不遍物，急先务也。”尧、舜之为仁君，人人皆知，但他也并不能遍爱一切人民，因为急于先要亲爱贤人。故曰：“尧、舜之仁不遍爱人，急亲贤也。”

“不能三年之丧，而缌小功之察。放饭*流歠*，而问无齿决。是之谓不知务。”

饭，去声。歠，音撮。

三年之丧，言服之最重者。缌，是缌麻，只三个月的丧服，小功是五个月的丧服。都是丧服之轻者。“不能三年之丧，而缌小功之察”者，言不能服三年之丧，是大不孝；乃偏偏注意（察）在三个月缌麻服和五个月小功服的小礼节，就是不知先后缓急之故也。放饭，大吃也。流歠，大喝也。齿决，拿牙齿咬断干肉也。在尊长前面吃饭，狼吞虎咽大吃大喝就是不敬。至于用牙齿咬断干肉，不用手去擘分，这不过不守小礼节罢了，没有什么要紧的。现在则大吃大喝的大不敬倒不问，而问干肉用牙齿咬断的小礼节，也就是不知先后缓急之故也。

(问) 何谓放饭流歠，而问无齿决？

(研究)此章与上章言爱物仁民亲亲之意，互相发明。爱物仁民亲亲，就是知道对物对人，都有先后轻重之分别。此章言尧、舜之不遍爱物，不遍爱人，就是知先后轻重之道。而一般人则只知论轻的丧服，漠视重的丧服。至于在尊长前吃饭，尚不知何者为不敬、何者为敬，皆可叹之事也。

孟子曰："不仁哉，梁惠王也！仁者以其所爱及其所不爱。不仁者以其所不爱及其所爱。"公孙丑曰："何谓也？""梁惠王以土地之故，糜烂其民而战之。大败，将复之。恐不能胜，故驱其所爱子弟以殉之。是之谓以其所不爱及其所爱也。"

"仁者以其所爱及其所不爱"者，言有仁心的人，因爱自己的亲人，把这心思推开去，即不是亲人，也一律爱他也。即"推己及人"之意。"不仁者以其所不爱，及其所爱"者，适得其反，即下述梁惠王所行之事是也。公孙丑因不解此意，所以问孟子。孟子即将"不仁哉梁惠王"所以然的缘故，明白说出。糜烂，犹言把人的血肉，弄得烂如粥糜。"梁惠王为争夺土地之故，不管百姓身体的糜烂，迫百姓去打仗。打了一个大败仗，又想复仇。恐怕不能够得胜，所以又驱自己所爱的子弟，压着百姓去打。不料又打了一个大败仗，连自己的子弟也为了他死在里头，这个就是以他所不爱的百姓，连及他所爱的子弟也。"

(问) 何谓以其所不爱及其所爱？

(研究)世上无知识的武人，以部下不肯力战，往往派亲信的人去监督。岂知一败之后，大家同死，皆以其所不爱，及其所爱，不仁之流也。不过近来时势与古不同。所谓高级军官——如军长、师长，都躲在军队后面，虽打败仗，他仍旧逃得性命，所以战事越多了。一叹！

孟子曰："春秋无义战，彼善于此，则有之矣。征者，上伐下也，敌国不相征也。"

义战，是合理的战事。"春秋无义战"者，言春秋这一时代，没有合理的战事也。"彼善于此，则有之矣"者，如齐桓公、晋文公，假托尊奉周天子的名义，去和楚国交战，比没有假托名义，擅自作战者，稍为好一些也。"征者，上伐下也，敌国不相征也"者，言征伐的名义，只有诸侯犯罪，天子下令讨伐，是正当的。若彼此都是诸侯，只算是乱战不能算讨伐也。敌国，即同等的国家。

（问） 何谓义战？

（研究）在春秋时，诸侯已无义战，在战国时，就更加不必说了。孟子这话，是警戒当时好战的国君说的，可惜毫无效果，战者自战，终于成其为战国而已。不过征者亦不一定要上伐下，也许下伐上的，有如汤武的吊民伐罪，南面而征等。所以只要看这战争义不义，就可以定规它是不是征。近代合理的革命，便都是义战，便可以说是征。

孟子曰："尽信《书》，则不如无《书》，吾于《武成》，取二三策而已矣。仁人无敌于天下，以至仁伐至不仁，而何其血之流杵 * 也？"

杵，音处。

《书》，《尚书》也，也有当作普通一般的书讲的。《武成》，《尚书》中之篇名，记周武王伐纣的战事。因武王武功告成，故名《武成》。里面有"血流漂杵"一句话。杵者,舂米的木杆,一说是藤牌。言杀人之多,流血成河,连杵都漂浮着。孟子以为这句话,是靠不住的。故曰:"尽信《书》,则不如无《书》,吾于《武成》,取二三策而已矣。"言完全相信书里的话,还不如没有书的好。即如《武成》一篇古书,我不过取它两三条罢了。策,就是古时写字的竹片。这是说可信的信它,不可信的不信它也。"仁人无敌于天下"者,言仁人所统率的是王者的兵,它去征伐,别国的兵只有欢迎,没有抵抗,所以在天下是没有人能敌的。如周武王是最仁义的人,去伐纣王最不仁义的人,决定没有十分激烈的抵抗的,如此,则不必杀很多的人,哪里有这许多血,连杵都会漂浮着呢?故曰:"以至仁伐至不仁,而何其血之流杵也?"

(问) 何谓血流漂杵?

(研究)其实武王伐纣,《尚书》中说血流漂杵,固未免是过甚其词,然战争是不能免的。儒家因主张仁政、仁者无敌等议论,所以驳斥《尚书》中的文句,以为不足尽信。而孟子则更有些故意如此说,亦所以杜绝天下的乱源也。

孟子曰:"有人曰:'我善为陈*,我善为战',大罪也。国君好*仁,天下无敌焉。南面而征北狄怨,东面而征西夷怨,曰:'奚为后我?'武王之伐殷也,革车三百两*,虎贲*三千人,王曰:'无畏,宁尔也,非敌百姓也。''若崩厥角稽首。'征之为言正也;各欲正己也,焉*用战?"

陈,作阵。好,去声。两,作辆。贲,音奔。焉,音烟。

陈,即战事中列阵之阵。孟子痛斥战事,故曰:"有人说:'我善于摆阵,我善于作战',这是大罪也。只要国君喜欢行仁政,就可以无敌于天下。""南面而征北狄怨,东面而征西夷怨,曰'奚为后我?'"是引用汤的事情,前已见过。革车者，古时用车战，以皮革所裹的战车也。其数只有三百辆。虎贲，犹言如虎的兵士也。专为君主作义卫的，有如禁卫军。其数只有三千人。王指武王。武王对殷人说，你们不要怕，我是来安抚你们的，不是来跟你们百姓为敌的。故曰："无畏，宁尔也，非敌百姓也。""若崩厥角稽首"者，言殷朝的百姓，听了武王的话，好像一齐把额角崩倒下来，连连叩头也。"征之为言正也，各欲正己也，焉用战"者，孟子又解释征字的说法，原是矫正的意思；各处受暴虐的百姓，都想有仁人来矫正他的本国，对于仁人的军队，只有欢迎，没有抵抗，所以哪里用得着战争呢？

（问） 何谓焉用战？

（研究）此章系仍旧阐明上章"血流漂杵"之意，故亦引《尚书》中《泰誓》，"若崩厥角稽首"之语，以明殷朝的百姓，既已叩头相迎，哪里还有杀多数人，使血流漂杵的事。此外，当然也说明圣王用兵全为人民，使当时好战的人君有所觉悟，其意义也是与上章一贯的。

孟子曰："梓匠轮舆，能与人规矩，不能使人巧。"

梓，即梓树。梓匠，即木匠也。轮，车子的轮盘。舆，车子。轮舆，即指车匠。规矩，方的圆的做法。巧，是自己悟得的巧妙。孟子言木匠和车匠，只能教人如何做方的，如何做圆的，不能把里面的巧妙诀窍告诉人。故曰："梓匠轮舆，能与人规矩，不能与人巧"也。与者，即把方法教与人也。

（问） 何谓巧？

（研究）无论何种学问，只有普通的大端道理，可以求师学得。至于精微妙道，均非自己悟彻不可也。

孟子曰:"舜之饭*糗*茹*草也,若将终身焉。及其为天子也,被*袗*衣,鼓琴,二女果*,若固有之。"

饭,上声。糗,音 qiǔ。茹,音汝。被,音披。袗,音轸。果,《说文》作婐,音我。

糗,干粮也。茹草,犹言吃草茎野菜也。袗衣,画花的衣。果,犹侍也。孟子道:"舜在吃干粮吃野菜的时候,好像打算终身就这个样子过下去的。等到后来做了天子,穿了画花的衣裳,弹着琴,有尧帝两个女儿服侍他,又像他本来有这回事的样子。"

(问) 何谓若固有之?

(研究)寻常人贫苦时,总不肯安心过日子。一得富贵,心思更其不定。只有舜始终行所无事,不因其处境不同而改变其心情。

孟子曰:"吾今而后知杀人亲之重也。杀人之父,人亦杀其父;杀人之兄,人亦杀其兄,然则非自杀之也,一间*耳!"

间,去声。

孟子道:"我今天才知道杀人的亲属,是一件最重大的事情。杀了别人的父,别人也杀他的父;杀了别人的兄,别人也杀他的兄。这样说起来,自己的父兄,虽不是自己杀的,其实与自己杀的,不过相去一些罢了!"

(问) 何谓非自杀之?

(研究)此章言做人须推己及人,杀害他人,自己亦必还受人之报复,是不能幸免的。

孟子曰:“古之为关也,将以御暴。今之为关也,将以为暴。”

关者,关卡城门之类。古时候人的造关,是用以抵御盗贼或抵抗邻国的兵来侵伐的,所以称为“御暴”。今时人的造关,只知征收捐税,阻难行旅,暴虐人民,所以称为“为暴”。

(问) 何谓御暴?为暴?

(研究)《左传》言:“作法于凉,其敝犹贪。”为关者,本为利民,后乃病民,政治无不如此也。

孟子曰:“身不行道,不行于妻子。使人不以道,不能行于妻子。”

此言自身不行道义,即不能将道义行于妻子。使唤人如不以道义,虽妻子尚不能听,更不必论他人了。

(问) 何谓身不行道,不行于妻子?

(研究)此与《论语》孔子说“其身正,不令而行;其身不正,虽令不从”,同一意思。

孟子曰:“周于利者,凶年不能杀。周于德者,邪世不能乱。”

周者,足也。此章所言之利,系指积蓄,言能足于积蓄,虽遇凶年,不至饿死。足于道德者,虽处邪乱的时世,也不能乱他的心意也。

(问) 何谓周于利?周于德?

(研究)孟子开口即言“何必曰利”,此章则赞“周于利”,因梁惠王所言之利,系指富国强兵,与人打仗。此则言人不可不积蓄,以备凶荒的年岁也。不过本章所重,还在周于德,意思是德也要像利一般的周起来,才可以防备未来的变端。

孟子曰："好*名之人，能让千乘*之国。苟非其人，箪食*豆羹见*于色。"

好，去声。乘，去声。食，音寺。见，音现。

此章言喜欢声名的人，能辞诸侯的大国而不要。但是倘若不是真正能让的人，虽然为了一筐饭、一木碗羹，得之则喜，失之则怒，喜怒之情，就要从面上露出颜色来了。

（问） 何谓好名？

（研究）这是说，喜欢名声的人，总有一天要露出马脚来的。至于我们看人呢，当从其人所忽略的地方看去，然后才能得其人之真相。孟子这话，是为欺世盗名之人而发的。

孟子曰："不信仁贤，则国空虚。无礼义，则上下乱。无政事，则财用不足。"

此章孟子言人君治国的道理也。不信仁人贤人，势必信任坏人小人，就如无人一样了。故曰："不信仁贤，则国空虚"也。礼者，定上下之分。义者，辨应为之事。没有了礼义，天下当然大乱了。故曰："无礼义，则上下乱"也。不知生财之道，取之无度，用之无节，就是无政治，这样，自然出多入少，财用不足了。故曰："无政事，则财用不足"也。

（问） 何谓空虚？

（研究）按韩非子《亡征篇》，言："亡国之廷无人焉。"与此言"空虚"是一样的意思。本章的总意，是指出国家危殆的所以然。

孟子曰："不仁而得国者有之矣。不仁而得天下，未之有也。"

此按孟子以前的历史而言也。言不仁的人，虽然尚能得国为诸侯，至得天下为天子，乃是没有的。

（问） 何谓不仁？

（研究）孟子劝人君行仁政，所以言不仁者，不能得天下也。

孟子曰："民为贵，社稷次之，君为轻。是故得乎丘民而为天子，得乎天子为诸侯，得乎诸侯为大夫。诸侯危社稷，则变置。牺牲既成，粢盛*既洁，祭祀以时，然而旱干水溢，则变置社稷。"

盛，音成。

民，百姓也。社稷，社是土神，祭祀五土的；稷是谷神，祭祀五谷的。社坛设在东面，稷坛设在西面，都在开国时候立的。古时是神权政治，所以社稷即代表国家。君者，君主也。凡国家的成立，以得民心为第一，民即国本也。故曰："民为贵。""社稷次之"者，因国家之所以设制度，施政治，无非为民也，故其重要次于民。君者，不过办理国家政治的人罢了，故曰："君为轻"也。丘民者，即田野之民。王天下者，必须得到田野人民的心，然后可为天子。这样推下去，所以得了天子之心，天子可以封之为诸侯，得了诸侯之心，诸侯可以命之为大夫。故曰："是故得乎丘民而为天子，得乎天子为诸侯，得乎诸侯为大夫"也。亦是说明民为贵的道理。"诸侯危社稷，则变置"者，言诸侯无道，有危害国家之举动者，就可以废掉他，另置贤君。这就是君为轻。牺牲是祭祀用的牲畜，粢盛是祭品，黍稷叫做粢，在器中的食物叫做盛。如果祭祀的牛羊已经齐备，祭祀的饭食已经清洁，祭祀是按着时候举行的，然而社稷之神却仍使这种国家有干的旱灾、溢的水灾，那么就当毁坏社稷的坛，另置新社稷坛以奉祀之，以为神不能保护人民之惩罚。这就是社稷重于君而轻于民。

（问） 民贵君轻，是何意义？

（研究）世界各国都经过神权政治的阶段。只有中国古代，虽奉神权，然以人民为神的代表。如《尚书·皋陶谟》言："天工，人其代之。"《泰誓》言："天视自我民视，天听自我民听。"是以天子之尊贵，须受人民之监督也。其事实，则如周幽王暴虐，百姓起而革命，流幽王于国外是也。孟子此言，固为当时视民如草芥的国君而发，然而也正合着近世民权的真谛。

孟子曰："圣人，百世之师也，伯夷、柳下惠是也。故闻伯夷之风者，顽夫廉，懦夫有立志。闻柳下惠之风者，薄夫敦，鄙夫宽。奋乎百世之上，百世之下，闻者莫不兴起也，非圣人而能若是乎？而况于亲炙之者乎？"

圣人的行为，虽在百世之后，尚可师法，故曰："圣人，百世之师也。"伯夷、柳下惠之风，前已见过。"奋乎百世之上"者，言古时候的圣人，在百世以前奋起来做师表的人，故虽在"百世之下，闻者莫不兴起也"。要不是圣人，能够这样么？亲炙者，言亲身受过圣人的教化，好像被火熏炙过一样。百世以下的人，尚能仰慕圣人，何况亲身感受过圣人的教化呢？故曰："非圣人而能若是乎？而况于亲炙之者乎？"

（问） 何谓亲炙？

（研究）圣人的感化力最大，能够感动人心，变换习尚。

孟子曰："仁也者，人也；合而言之，道也。"

儒家的中心学说，就是一个"仁"字。仁者，就是所以为人的道理。仁与人合，就是“道”也。

（问） 何谓仁？

（研究）按仁字古文为忎，是说一千个人，都同此一心也。小篆改忎为仁者，以忎为千心，似乎人各一心，所以改为仁者，言二人以上也。一个人独处空山荒岛，无所谓人道。必与人相偶，由二人以上，至全体人类，乃可施行人道，故仁者，即施行做人之道也。

孟子曰：“孔子之去鲁，曰：‘迟迟吾行也，’去父母国之道也。去齐，接淅而行，去他国之道也。”

此章系重出，已见于《万章》篇。

孟子曰：“君子之戹 * 于陈、蔡之间，无上下之交也。”

戹，同厄。

此君子，指孔子。孔子受困戹于陈国和蔡国的交界地方，甚至绝粮受围，为什么呢？为了在上没有贤君，在下没有贤臣与他交往，所以如此也。

（问） 何谓无上下之交？

（研究）这章的意思是说，君子的见厄，并非自己有什么不对，乃是不能与恶人同流合污之故。孟子如此说，隐然也指着自己。

貉 * 稽曰：“稽大不理于口。”孟子曰：“无伤也。士憎兹多口。《诗》云：‘忧心悄悄，愠于群小’，孔子也。‘肆不殄厥愠，亦不陨厥问’，文王也。”

貉，音陌。

貉稽者，姓貉，名稽，当时一士人也。他自己称名对孟子说："我貉稽大大不见容于众人之口"，谓人家都毁坏他也。孟子答他道："不要紧的。士人是时常被众人讨厌的。""忧心悄悄，愠于群小"者，是《诗经》里《邶风·柏舟》这一篇的两句诗。悄悄，言忧思在心，未能除去也。愠者，怨恨也。群小，一班小人也。此言孔子处危难的时候，忧虑的心思未能除去，因为被一班小人所怨恨故也。"肆不殄厥愠，亦不殒厥问"，也是《诗经》里《大雅·绵》这一篇的句子。肆，是发语词。殄，绝也。殒，丧失的意思。问，声问也。此诗是咏文王，言虽不能殄绝小人的怨恨，然而也不至于丧失文王的善声也。

（问） 何谓士憎兹多口？

（研究）貉稽以被人毁恨来问孟子，孟子告以如孔子、文王这样的圣人，尚且有人毁恨，做人只要自己不错，何必理人家的多口呢？

孟子曰："贤者以其昭昭，使人昭昭。今以其昏昏，使人昭昭。"

昭昭，明白也。贤德的人，自己先明白道理，然后以其所明白的道理，也教人明白。今日的人，自己则昏昏不知义理，却要教人明白，真所谓不知自己也。

（问） 何谓昭昭？何谓昏昏？

（研究）这是指一班在位的人，自己不知道道义，只知贪污自私，倒要用了法令来叫百姓奉公守法，这哪里能成呢！

孟子谓高子曰："山径之蹊间，介*然用之而成路。为间*不用，则茅塞之矣。今茅塞子之心矣。"

介，音戛。间，去声。

“山径之蹊间”，山上小路人所脚踏之处也。“介然用之而成路”者，言忽然之间，因为来去的人走得多，用了它，竟成了一条大路也。“为间不用”者，言隔了一些时候不去走，就给茅草塞住了路，走不来了，故曰：“则茅塞之矣。”“今茅塞子之心矣”，孟子说高子，现在你的心，也被茅草塞住了！言高子物欲丛生，义理不明，做人糊涂也。

（问） 何谓茅塞人心？

（研究）人要求得道义，就须时时努力，不可间断，否则一曝十寒，决然无成。

高子曰：“禹之声，尚文王之声。”孟子曰：“何以言之？”曰：“以追*蠡*。”曰：“是奚足哉？城门之轨，两马之力与*？”

追蠡，音堆礼。与，作欤。

高子言禹王之乐声，过于文王的乐声。孟子便问他，何以说这句话呢？追，钟纽也。蠡，虫蛀过的样子。高子以为禹王所用的钟，它的钮好像虫蛀过的样子，就要断绝了，可见它用得多。文王的钟钮，还没有断绝的形状，可见它不大为人所用，因此便以为禹王的乐声胜于文王也。“孟子道：‘是奚足哉’”者，言这个岂足以为标准呢？“城门之轨，两马之力与”，言如城门下面车轮拉过的凹痕，难道是两匹马拉过车子所能造成的么？意思是：并非一车二马之力所能致此，乃是年深月久，自然而然也。同样，禹王的钟钮将要断绝，是年时已久。文王后于禹王千余年，所以他的钟钮还不见断绝的形状，并不是禹的乐声果然胜过文王的也。

（问） 何谓以追蠡？

(研究)世人对于事理,只看见表面的形状,不明里面的原因,皆高子论乐声之类也。

齐饥,陈臻曰:"国人皆以夫子将复* 为发棠,殆不可复*?"孟子曰:"是为冯妇也。晋人有冯妇者,善搏虎,卒为善士。则之野,有众逐虎,虎负嵎,莫之敢撄。望见冯妇,趋而迎之。冯妇攘臂下车,众皆悦之,其为士者笑之。"

复,音付。

齐饥者,齐国遭饥荒的年岁也。棠,齐国的邑名。发棠者。以前齐国饥荒,孟子曾请齐王发棠邑的谷米,赈济人民。这回齐国又闹饥荒了,所以陈臻来告诉孟子,国中的人都以为孟子又将去请齐王发棠邑的谷米了。故曰:"国人皆以夫子将复为发棠。""殆不可复"者,陈臻自己猜想而问孟子的话,说:"恐怕是不会再来一下了吧?"孟子就告诉了他一个故事,以表明自己的意思。冯妇,是一个勇士,晋国人,善于空手打(搏)老虎。后来以为勇士不好,改从善行,终成了善士。有一日,冯妇偶然到野地方去,有许多人在那里追逐老虎,老虎依靠着山凹(嵎)抵抗人,这些人都不敢走近前去惹它。远远地望见冯妇来了,大家就跑过去迎他来打老虎。冯妇把衣裳的袖口一卷,伸出了膀子(攘臂)走下车来去打虎,大家看着都欢喜起来,只有读书人却笑着冯妇。因为他已经改为善士了,何必自命勇猛,再去打老虎呢?这样就是说,孟子是不肯做冯妇,再去请发棠的了。

(问) 为士者何以笑冯妇?

(研究)邢疏解此章云:"今齐王恃威虐以敛民,亦若虎之负隅。以难合之说,述于暴人之前,又若迎而搏虎也。是以孟子将复为发棠，非不足以悦众目，自君子观之，亦若为士者之笑冯妇也，以其不知止也。”意思是说了一遍，齐王勉强听从，自己已很觉乏味，现在明知其不听，何必再去说第二遍也。

孟子曰：“口之于味也，目之于色也，耳之于声也，鼻之于臭也，四肢之于安佚也，性也。有命焉，君子不谓性也。仁之于父子也，义之于君臣也，礼之于宾主也，智之于贤者也，圣人之于天道也，命也。有性焉，君子不谓命也。”

人口之于美味，人目之于美色，人耳之于妙音，人鼻之于香气，人四肢之于安逸，是人的本来性质，都喜欢的，故曰“性也”。“有命焉，君子不谓性也”者，言这五项虽为人人所喜欢，却有一定的限度，不能过分，所以君子不说它是天性也。父子之间的讲仁爱，君臣之间的讲道义，宾主之间的讲谦敬之礼，贤人的讲智慧，圣人的讲天道，都是有限度的，故曰“命也”。“有性焉，君子不谓命也”者，言这五项虽都有限度，却都有天性在内，所以君子又不说它是命了。

（问） 何谓性？何谓命？

（研究）朱子曰：“此二条者，皆性之所有而命于天者也；然世人以前五者为性，虽有不得而必欲求之。以后五者为命，一有不至，则不复致力；故孟子各就其重处言之，以伸此而抑彼也。”

浩生不害问曰：“乐正子何人也？”孟子曰：“善人也。信人也。”“何谓善？何谓信？”曰：“可欲之谓善，有诸己之谓信，充实之谓美，充实而有光辉之谓大，大而化之之谓圣，圣而不可知之之谓神。乐正子二之

中，四之下也。”

浩生是姓，不害是名，齐国人。他问孟子：“乐正子是怎样的一个人?”孟子答以乐正子是“善人。又是信人”。浩生不害又问：“何谓善？何谓信?”孟子告以“可欲之谓善”者，言人人都觉得他可爱而不可恶，所以这就叫做善。“有诸己之谓信”者，言凡是善的，他都实在有的，这就叫做信。“充实之谓美”者，言力行他的善，至于充满而积实，这就叫做美。“充实而有光辉之谓大”者，言善既充满在身，又能发挥而光大之(光辉)，这就叫做大。“大而化之之谓圣”者，言光大了的美德，又能加以变化，这就叫做圣。“圣而不可知之之谓神”者，言如《周易》言“与天地合其德”，《论语》记孔子曰“天何言哉”，就是圣人的作为，如天地自然之变化，众人不能够晓得，这就叫做神了。孟子说了六者之后，又说到乐正子的为人，在善与信二者之中，而不及美、大、圣、神四者，故在四者之下 。

(问) 何谓善？信？美？大？圣？神？

(研究)浩生不害之问乐正子为何如人，系见孟子闻乐正子为政于鲁，喜而不寐故也。孟子举其善信二端之长，尚不及美大圣神之四德，皆公论也。本章用意，则在说明道是没有尽头的，求道的总要逐步精进，不可自止。

孟子曰：“逃墨必归于杨，逃杨必归于儒。归，斯受之而已矣。今之与杨、墨辩者，如追放豚，既入其苙，又从而招之。”

墨即墨翟，杨即杨朱。孟子时，墨翟、杨朱与孔子的儒家分为三大派，所有的学者都以此三派为归宿。逃者，逃出这一派，去入那一派也。“逃墨必归于杨，逃杨必归于儒。归，斯受之而已矣”者，言这班学者，有逃出墨派，归入杨派的；又有逃出杨派，归入儒派的。他既来归，就接受他罢了。放豚者，逃出猪栏外的猪也。苙，即猪栏。"今之与杨、墨辩者，如追放豚，既入其苙，又从而招之"者，言现在儒家之与杨派、墨派辩论道义者，好像追逐逃出的猪，既已把猪追入栏里了，又把它的脚缚了起来。（招）意思是：墨派、杨派的人，既来归儒，应该好端端地待他，不可以为他前曾向儒家攻击过，仍旧存一点歧视的心思也。

（问） 何谓归斯受之？

（研究）儒家道义，本来重在恕字。杨、墨学者虽与儒异趋，然他既自知杨、墨之非而来归，就不可咎其既往也。

孟子曰："有布缕之征、粟米之征、力役之征。君子用其一，缓其二。用其二而民有殍，用其三而父子离。"

征就是收税。古时向人民收税，有上述三种。布缕者，所织的布与所纺的丝缕也。粟米者，人民的粮食也。力役者，国家有什么工程建筑，把人民招来，叫他们出气力做工也。君子治国，只用一项而缓用其他的二项。如三项之中，用了二项，则人民就要成为饿殍。三项都一齐用起来，则必至人民父子离散，不能安居，而乱事起矣。

（问） 何谓用其一，缓其二？

（研究）国家以人民为主，然要办理政治，不得不征取人民之财赋气力，以为国家之用。但取之过分，则人民不能胜任，为政者切不可横征暴敛，害人而自害。

孟子曰："诸侯之宝三：土地、人民、政事。宝珠玉者，殃必及身。"

殃，即祸患也。言诸侯所宝贵的，是土地、人民、政事三项。若宝贵珠玉，祸患必定到他的身上去也。

（问） 何谓殃必及身？

（研究）愚暗的君主，往往以珠玉为宝贝，而于土地、人民、政事则不注意，所以召乱亡之祸也。

盆成括仕于齐，孟子曰："死矣盆成括！"盆成括见杀。门人问曰："夫子何以知其将见杀？"曰："其为人也，小有才，未闻君子之大道也，则足以杀其躯而已矣。"

盆成是姓，括是名。他在齐国做起官来了，孟子一听见，就道："将要死了，这个盆成括也！"后来盆成括果然被人杀死，孟子的门人问孟子道："你夫子怎么会知道他将要被杀的呢？"孟子道："他的做人，有些小小的才能，却还没有听见君子做人的大道理，这就足以杀死他的身子也。"

（问） 何谓小有才？

（研究）世间常有一种人，自负才智，胡作妄为，不知道将来必有反应，自受其祸也。

孟子之滕，馆于上宫。有业屦* 于牖上，馆人求之弗得。或问之曰："若是乎，从者之廋* 也？"曰："子以是为* 窃屦来与* ？"曰："殆非也。夫子之设科也，往者不追，来者不拒，苟以是心至，斯受之而已矣。"

屦，音句。廋，音廋。为，去声。与，作欤。

上宫，是滕君的别宫。"馆于上宫"，孟子住在上宫那里也。屦，麻鞋也。业屦者，织着尚未完成的麻鞋也。牖，窗洞也。"有业屦于牖上，馆人求之弗得"者，言有个人把未完工的麻鞋放在窗洞上面，忽而不见，馆里的人来寻找时，却找不到也。廋，藏匿也。有人来问孟子道："竟是这样么，难道是你夫子的学生们所藏匿的吗？"故曰："若是乎，从者之廋也？"孟子道："照你这样说，你以为我的学生是专为偷麻鞋来的吗？"故曰："子以是为窃屦来与？"那人道："这个，大约不是的。"故曰"殆非也"。又说了"夫子之设科也，往者不追，来者不拒，苟以是心至，斯受之而已矣"这一番话。设科者，设立规条也。那人既知失言，因又说道："你夫子所设立的规条，本来对于学生已往的事情，是不去追究的。有到来就学的，是不加拒绝的。他们只要为了求道义的心，到你这里来，你就接受他罢了。"言下的含意，是说孟子的学生，也许有些是手脚不安的人，孟子也不能保证他们，但也为孟子开脱，苟有此事，孟子是不必负责的。

(问) 何谓设科？

(研究)"夫子之设科也"一段，邢疏以为是孟子自己说的。朱注以为是其他人说的。然文中明言夫子，则以朱注为是。

孟子曰："人皆有所不忍，达之于其所忍，仁也。人皆有所不为，达之于其所为，义也。人能充无欲害人之心，而仁不可胜*用也。人能充无穿窬之心，而义不可胜*用也。人能充无受尔汝之实，无所往而不为义也。

胜，平声。

"人皆有所不忍，达之于其所忍，仁也"者，言凡人都有所爱，对于这所爱的，总硬不起心肠来，苟把这个心思，推到所不爱的身上，就是仁也。"人皆有所不为，达之于其所为，义也"者，言凡人都有所不肯做的事情，苟把这个心思，推到所肯做的事情上面去，就是义也。一个人能够扩充不要害他人的心思，这个仁就用不完了。一个人能够扩充不要偷窃他人利益的心思，这个义也就用不完了。故曰:“人能充无欲害人之心,而仁不可胜用也。人能充无穿窬之心,而义不可胜用也。”尔汝,轻慢的称呼也。人们能够扩充不肯受轻慢称呼的真心,就不论到什么地方去不必愁不做到义的地步了。因为人们所以肯受别人的轻慢,一定是自己做了什么亏心事,不敢反抗之故。假使问心无愧,自然不肯受人的轻慢了,也就可见自己行为的合义了。故曰:“人能充无受尔汝之实,无所往而不为义也。”

“士未可以言而言,是以言餂*之也。可以言而不言,是以不言餂之也。是皆穿窬之类也。”

餂,音忝。

餂,即以舌头餂物,试试味道而后吃,有试探的意思。“士未可以言而言,是以言餂之也”者,言士人当不可以说话时而说话,是要想把言语去试探别人也。“可以言而不言,是以不言餂之也”者,言到了可以说话的时候,而不说话,是要想以不言去试探别人也。这种行为,都不诚实,只想偷窃人家的利益,都是窃贼一类的人。故曰:“是皆穿窬之类也。”

(问) 此章所指的穿窬,是何意义?

(自省)我有如穿窬的行为吗?

孟子曰:“言近而指远者,善言也。守约而施*博者,善道也。君子之言也,不下带而道存焉。君子之守,修其身而天下平。人病舍*其田而芸*人之田,所求于人者重,而所以自任者轻。”

施,去声。舍,作捨。芸,即耘。

言近指远者,言所说的话虽极其浅近,而所含的旨义则极其远大,这是极好极有用的话,故曰“善言也”。“守约而施博者”,言我对于事事物物,所明悉的是最简约的纲领，而我的应用却处处可通，这当是最好的道理了，故曰“善道也”。带谓腰带，古人视不下带，谓只视带之上，注意目前常见之事物而已。“君子之言也，不下带而道存焉”者，是说君子所说的话，都是常见之近事，而大道却存乎其间也。“君子之守，修其身而天下平”者，言君子所守的道理，就是修他的自身，天下人见之，都能效法，天下自然会平也。不是这样，即不是君子。因为一班平常人，往往不知修他的自身，只知对于他人吹毛求疵，这无异是舍掉了自己的田，却去耘人家的田，所希望于人家的地方太重，而使自己做善人的责任却太轻。这是最大的毛病。故曰：“人病舍其田而芸人之田，所求于人者重，而所以自任者轻”也。

（问） 何谓言近指远？守约施博？

（研究）韩退之《原毁》说：“古之君子，其责己也重以周，其待人也轻以约”，理论即出于此章，可参观也。

孟子曰：“尧、舜，性者也。汤、武，反之也。动容周旋中*礼者，盛德之至也。哭死而哀，非为*生者也。经德不回，非以干禄也。言语必信，非以正行*也，君子行法以俟命而已矣。”

中，去声。为，去声。行，去声。

尧、舜所行的善事仁政，都是从本心里自然流出的，故曰：“尧、舜，性者也。”“反之”者，修身求学，回反到本性上去之谓，这是汤、武也。“动容周旋中礼者”，一切动作与容貌，以及来往对付，种种细微曲折，无不合于礼节者，这是盛德的君子，好到极处了。故曰：“盛德之至也。”“哭死而哀，非为生者也”者，言哭死人而悲哀着，全是对于死者而感发，不是为活的人看看而哭也。经，常也。回，曲也。守着常德，不肯有一点邪曲，并非为了求官做。故曰：“经德不回，非以干禄也。""言语必信,非以正行也"者,言所说的话,必须信实,不忍欺骗他人,不是用以修正自己的品行,自己的品行本来是正的也。法者,朱注曰:"天理之当然者也。"言君子做人,只要行天理当然之事,等候着天命就罢了!故曰:"君子行法以俟命而已矣。"

(问) 何谓行法俟命?

(研究)行法俟命,程子曰:"'朝闻道,夕死可矣'之意也。"《论语》晨门称孔子,"是知其不可而为之"。汉诸葛亮言:"鞠躬尽瘁,死而后已",皆是也。本章用意,说要做圣贤,应该从本性做去,不可有什么贪图。

孟子曰:"说*大人则藐*之,勿视其巍巍然。堂高数仞,榱*题数尺,我得志弗为也。食前方丈,侍妾数百人,我得志弗为也。般*乐*饮酒,驱骋田猎,后车千乘*,我得志弗为也。在彼者,皆我所不为也;在我者,皆古之制也。吾何畏彼哉!"

说,音税。藐,音妙。榱,音衰。般,音盘。乐,音洛。乘,去声。

此处所说之大人,指有权势富贵之人。藐之者,看轻他也。巍巍者,指权势富贵的显焕也。"说大人则藐之,勿视其巍巍然"者,言去劝说有权势富贵的人,要存一个看轻他的心,勿要注意他的显焕也。八尺为一仞。榱者,檐下椽子也。题者,头也。言数丈高的堂,檐下长数尺的椽子头,孟子说,他就是得志了,也不肯这样做的。故曰:"堂高数仞,榱题数尺,我得志弗为也。""食前方丈"者,言吃食的案桌,排列碗碟甚多,占有一方丈的地方也。"侍妾数百人",言侍奉的姬妾众多也。"般乐饮酒"者,任性地游玩喝酒也。"驱骋田猎"者,骑着马奔来奔去打猎也。"后车千乘"者,言随从的仆役众多也。上述种种,孟子自言,使我得志如大人者，我也是不肯这样做的。所以接着总结道：“在彼者，皆我所不为也。”“在我者，皆古之制也”者，言我所有的，都是古时候的法度也。这样两方面比较起来，一则不过势派阔绰，至于才能道德，都是无所有的，我何必怕他呢！故曰：“吾何畏彼哉！”

（问） 为何说大人则藐之？

（研究）一般人和有权势富贵的人说话，因先存谄媚奉承的心，以故所谓大人者，更看人不起。能如孟子所言，不但自己不失身份，且能使俗物般的大人知而警惕也。

孟子曰：“养心莫善于寡欲*。其为人也寡欲*，虽有不存焉者寡矣。其为人也多欲*，虽有存焉者寡矣。”

欲，通慾。

欲，即声、色、臭、味等嗜欲。要把心养正，最好减少嗜欲之事。他的做人如果是少嗜欲的，虽然真理也有不存在他心上的时候，到底是难得的了。他的做人如果是多嗜欲的，虽然真理也有存在他心上的时候，到底也是难得的了。

（问） 何谓寡欲？

（研究）人要做圣贤，必从养心始。养心之法，以减少嗜欲为第一义也。

曾皙嗜羊枣，而曾子不忍食羊枣。公孙丑问曰：“脍*炙与羊枣孰美？”孟子曰：“脍*炙哉！”公孙丑曰：“然则曾子何为食脍*炙而不食羊枣？”曰：“脍*炙所同也，羊枣所独也。讳名不讳姓；姓所同也，名所

独也。”

脍，音桧。

羊枣，形圆色黑的小枣，又叫羊矢枣。曾皙喜欢吃羊枣，后来曾皙死了，曾子不忍再吃羊枣，因为看见羊枣，不看见曾皙，思父之心切，很难过也。脍炙者，肉丝和熏肉。公孙丑因问：“脍炙比了羊枣的味道，哪一种好？”孟子道：“自然是脍炙了。”公孙丑又问：“那末曾子为什么吃脍炙，不吃羊枣呢？”这因为脍炙既然味道好，曾皙一定也是喜欢吃的，所以公孙丑如此问也。孟子道：“脍炙是一种普通的菜，人人所同喜欢吃的。羊枣是只有曾皙独自喜欢吃的东西。”意思便是曾子因为羊枣是曾皙独自喜欢吃的东西，所以他看见羊枣，就要想起父亲，因此不忍吃也。孟子又说明这道理，譬如避亲的讳，姓是大家所同的，所以不必讳，至于名，只有一个人独有，所以要讳也。

（问） 何以曾子不食羊枣？

（研究）圣贤思亲之心，是随处触发的，但也不可过于拘泥。

万章问曰：“孔子在陈曰：‘盍归乎来！吾党之士狂简，进取不忘其初。’孔子在陈，何思鲁之狂士？”孟子曰：“孔子不得中道而与之，必也狂獧*乎！狂者进取，獧*者有所不为也。孔子岂不欲中道哉？不可必得，故思其次也。”

獧，音绢，同狷。

狂者，志向高大也。简者，作事疏忽也。万章道：“孔子在陈国的时候，他说：‘何不归去呢！我们一党里的士人有的有大志，有的做事脱略，都还晓得向前进取，不曾忘记当初的志愿。’”于是万章问道：“孔子在陈国，为什么想到鲁国的狂士呢？”孟子道：“孔子因为得不到合乎中道的人，将大道传给他，所以只好想到那班狂猥的人了。狂的人,能够专心向上面进取,猥的人,有操守,有些事情是不肯做的。孔子难道不想得个合乎中道的人吗? 因为不可必定得到,所以只好想到次一等的人物也。"

"敢问何如斯可谓狂矣?"曰:"如琴张、曾晳、牧皮者,孔子之所谓狂矣。""何以谓之狂也?"曰:"其志嘐*嘐然,曰:'古之人! 古之人!'夷考其行而不掩焉者也。

嘐,音交。

万章又问:"怎样就可以说他是狂呢?"孟子道:"如琴张、曾晳、牧皮这一类人,就是孔子所说的狂者了。"琴张名牢,号子张,孔子的学生。牧皮姓牧名皮,是事奉孔子的。万章又问:"这种人,何以说他是狂者呢?"嘐嘐者,志大言大也。孟子道:"他们这种人,志大言大的样子,嘴里说:古时候的人怎样! 古时候的人怎样!"平心考察他的行为,却又不能遮盖得住这种话。故曰:"夷考其行而不掩焉者也。"言他说的话,虽然很有大志,但一考察他的行为,都不能和他的言相符也。

"狂者又不可得,欲得不屑不洁之士而与之,是猥也,是又其次也。孔子曰:'过我门而不入我室,我不憾焉者,其惟乡原*乎! 乡原,德之贼也。'"

原,同愿。

"不屑不洁之士"者,指不愿意作污秽龌龊之士也。孔子想得狂者将大道传与他,乃不可得,于是只好想得个不愿意污秽龌龊的人,将大道传给他,这就是猥的人了,是又次了一等也。故曰:"狂者又不可得,欲得不屑不洁之士而与之,是猥也,是又其次也。"乡原者,即貌似有道德的滥好人。孔子最厌恶这一种人,所以说："他走过我的门，不走进我的屋里来，而我不怨恨他的，只有乡原这一种人。因为乡原，是德之贼也。"意思是有害道德的贼人。

曰："何如斯可谓之乡原矣？"曰："'何以是嘐嘐也？言不顾行，行不顾言，则曰："古之人！古之人！"行何为踽踽凉凉？生斯世也，为斯世也，善斯可矣。'阉*然媚于世也者，是乡原也。"

阉，音奄。

万章又问："怎样可以说他是乡原呢？"孟子道："有一种人，他讥笑狂者道：'何以这样的志大言大呢？说的话不顾着做的事，做的事不顾着说的话。自己却还说："古时候的人怎样！古时候的人怎样！"又讥笑猥者道："他的做事，为什么孤零零（踽踽），冷清清（凉凉）呢？一个人生在这个世上，做这世上的事，使一般人说他是个善人就好了！"'他讥笑狂者，又讥笑猥者，所以自己则如太监（阉）的样子，谄媚世上的人，这就是乡原也。"

万章曰："一乡皆称原人焉，无所往而不为原人。孔子以为德之贼，何哉？"曰："非之无举也，刺之无刺也。同乎流俗，合乎污世。居之似忠信，行之似廉洁。众皆悦之，自以为是，而不可与入尧、舜之道。故曰：'德之贼也。'孔子曰：'恶*似而非者：恶*莠，恐其乱苗也。恶*佞，恐其乱义也。恶*利口，恐其乱信也。恶*郑声，恐其乱乐也。恶*紫，恐其乱朱也。恶*乡原，恐其乱德也。'君子反经而已矣！经正则庶民兴；庶民兴，斯无邪慝*矣！"

恶，皆音污。慝，音忒。

原人，犹现在所说的忠厚人。万章以为如乡原者，"一乡里的人，都称他是忠厚人，不论到什么地方，也没有不说他是忠厚人的，独孔子以为他是德之贼，是何意义呢?”这是万章听了孟子解释乡原之后,还不明白,所以再问也。孟子道:“此种人,说他不是,则没有可举的事迹。攻击他,也没有可攻击他的地方。他只是在颓靡风俗里混日子,与污浊的世界相合。他做人,像是忠信而不是忠信。他行事,像是廉洁而不是廉洁。所以无智识的众人,都喜欢他,他也自以为是,其实他终生不过如此,到底是不可与他入于尧、舜的真道中的,所以说是德之贼也。”孟子解释了乡原为德之贼以后,又引孔子的话以证之:“所最可恶可恨的,就是似是而实不是的:所以恶恨莠草,因为恐怕它和稻苗混在一处,人也误为稻苗也。恶恨有才智的人,因为恐怕他搅乱真的义理也。恶恨会说会话的人,因为恐怕他混乱信实也。恶恨郑国的淫声,因为恐怕它杂乱雅乐也。恶恨紫的颜色,因为恐怕它羼乱真的大红也。恶恨乡原,因为恐怕他搅乱真的道德也。”上面是述孔子的话,孟子又加一评语道:“君子反经而已矣!”经者,常也,真也。反者,回复也。言君子只要回复到真实的、平常的大道理上去就罢了!正经的大道理得到了正当的地位,则所有的小百姓看了都自然感动奋发起来了,小百姓都起来了,那就没有藏匿在心(慝)里的邪念了。故曰:“经正则庶民兴;庶民兴,斯无邪慝矣!”

(问) 何谓乡原?

(研究)德之贼者,犹人民中之有盗贼也。盗贼也是人,然未破案时,人都称他是人。乡原的假行为,在未被识破的时候,人也都称他为君子。故曰德之贼,犹人民之与盗贼也。

孟子曰:“由尧、舜至于汤,五百有余岁。若禹、皋陶,则见而知之。若汤,则闻而知之。由汤至于文王,五百有余岁。若伊尹、莱朱,则见而知之。若文王,则闻而知之。由文王至于孔子,五百有余岁。若太

公望散宜生，则见而知之。若孔子，则闻而知之。由孔子而来，至于今，百有余岁，去圣人之世，若此其未远也。近圣人之居，若此其甚也。然而无有乎尔！则亦无有乎尔！”

此后世道统之说之所由出也。其中所举人名前多见过，只莱朱、散宜生二人未见。莱朱为汤贤臣，就是仲虺。散宜生为文王贤臣。刑疏言：“此孟子欲归道于己，故历言其世代也。”意思是：“自尧、舜二帝至于商汤，有五百余年。如禹、皋陶为尧、舜之臣，是亲见尧、舜而得知其所行之大道的。至于商汤之于尧、舜，相离五百余年，但听知尧、舜之道，遵而行之。其时如伊尹、莱朱，则亲见商汤而知其所行之道的，至于文王之于商汤，也相离五百余年，但听知商汤之道，遵而行之。同样，其时如太公望散宜生，则亲见文王而知其所行之道的，至于孔子之于文王，也相离五百余年，也但听知文王所行之道，因不得其位，但遵行而发挥之。自孔子以来到现今只有百余年，这样，离孔子的时代并未甚远。离圣人居住的鲁国，又如此之近。照理应该有人出来，承受这个道统的。”“然而无有乎尔，则亦无有乎尔”者，言已经没有人能继承孔子的道统了，真的没有人能继承孔子的道统了。这是孟子自谦不敢承受这种道统，而又叹息无人以继此道统也。

(问)　何谓道统？

(研究)此章为《孟子》终篇，故历叙古来圣道之继起，一面固然自谦而叹其无人，一面亦所以表明道统的传授，还在他自己身上，免得后来学者误入歧途。因为他屡次说过，他是学孔子、私淑孔子的，他当然是这道统的承受者。